I Ging

I Ging

Das Buch der Wandlungen

Aus dem Chinesischen ins Deutsche übertragen
und erläutert von

Richard Wilhelm

atmosphären

Quellen der Weisheit, Band 1

Neuausgabe

Umschlaggestaltung, Layout und Satz: Greenstuff, München
Druck und Bindearbeiten: Westermann Druck, Zwickau
Printed in Germany

ISBN 3-86533-008-8

www.atmosphaeren-verlag.de
www.at-verlag.ch

INHALT

ÜBERSICHT DER HEXAGRAMME

Einleitung zur Neuausgabe

von Georg Zimmermann

»Es ist in diesem Buch, das ich niemals mehr als ahnungsweise und für Augenblicke werde verstehen können, ein System für die ganze Welt aufgebaut.«

Hermann Hesse

Das I Ging, »Buch der Wandlungen«, offenbart in der Tat ein »System für die ganze Welt«. Niemand weiß genauer, wann es geschaffen wurde und wer es geschaffen hat. Indessen war man sich in China über die Jahrtausende einig, dass dessen Schöpfer zu den größten Weisen des Altertums gezählt werden müssen. Gleichsam als ein einzigartiger »Wegweiser« für das menschliche Leben hat es die gesamte Geschichte Chinas begleitet und dabei dessen größte Geister zu tiefen Gedanken, ja, zur Entwicklung ganzer philosophischer Systeme angeregt. Man kann es die »Bibel« der Chinesen nennen, war es in China doch seit über zweitausend Jahren »das Buch der Bücher«. Dass das I Ging nicht nur die Bibel der Chinesen, sondern ein »Weltbuch« ist, hat sich vor allem seit der epochalen deutschen Übersetzung durch Richard Wilhelm erwiesen, die erstmals 1924 erschien und die inzwischen in sämtliche westliche Kultursprachen weiter übersetzt worden ist.

DAS I GING ALS ORAKEL- UND WEISHEITSBUCH

Wilhelm charakterisiert in einem längeren Artikel über das I Ging in der Frankfurter Zeitung vom 7. November 1928 folgendermaßen: »... So war das Buch ursprünglich nichts anderes als eine Sammlung von Orakelzeichen von je drei Linien, die man später durch Vereinigung von je zwei solcher Zeichen auf 64 vermehrt hat. Allein diese Sammlung von Orakelzeichen enthält Möglichkeiten, die sie weit über das hinaushoben, was sonst unter Orakelbüchern bekannt ist. Sie waren durch die Weite der Bedeutungsmöglichkeit und durch die Elastizität der dynamischen Beziehungen, die sie enthielten, imstande, den Anhaltspunkt zu bilden für ein tiefeindringendes Weltdenken. Und so wurde aus dem Orakelbuch gleichzeitig ein Weisheitsbuch. Die verschiedenen Situationen des

menschlichen Lebens fand man in den verschiedenen Beziehungen seiner Linien angedeutet. Und aus diesen Beziehungen heraus konnte der Eingeweihte die Gesetze dieser lebendigen Situation ablesen, um sich auf diese Weise, indem er sein Handeln sinngemäß gestaltete, zum Herrn der jeweiligen Situation zu machen.« Und weiter: »Was das Denksystem des Buchs der Wandlungen nun so interessant macht, das ist der Umstand, dass es – ohne primitiv zu sein – aus dem Denken der Primitiven gewisse Grundlagen festgehalten und ausgebildet hat, die uns Europäern im Laufe der Entwicklung verlorengegangen zu sein scheinen.«
Diese »Zeichen« bezeichnet man heute allgemein als »Trigramme« und »Hexagramme«. Aufgebaut werden sie mit gebrochenen ▬ ▬ und durchgezogenen Linien ▬▬. Diese repräsentieren die beiden kosmischen Grundkräfte, die ruhend bewahrenden, Yin, und die schöpferisch bewegenden, Yang.[1] Durch das Übereinanderstellen von je drei Linien ergeben sich die so genannten acht Trigramme, die je nach Kombination von gebrochenen beziehungsweise durchgezogenen Linien jeweils eine charakteristische Dynamik aufzeigen. Durch die Verbindung von je zwei Trigrammen enstehen 64 unterschiedliche Möglichkeiten, die so genannten Hexagramme. Zum Orakelbuch wird das I Ging dadurch, dass man ihm »eine Frage stellt« und nachfolgend 50 Stäbchen in bestimmter Weise durchzählt. Aus einem vielfachen Durchzählen ergeben sich Zahlenwerte, die auf ein bestimmtes Hexagramm verweisen.[2] Dieses Hexagramm mit seinen beigegebenen urtümlichen Sprüchen gilt als »Antwort« auf die gestellte Frage.

[1] Wilhelm konnte seiner deutschen Leserschaft 1924 noch nicht die heute allgemein bekannten Begriffe »Yin« und »Yang« zumuten, er spricht anstelle davon vom »Dunklen und Lichten«.

Wann diese urtümlichen Sprüche entstanden sind – bei den einzelnen Hexagrammen je unter den Titeln »Das Urteil« und »Die einzelnen Linien«, kann nur aufgrund der archaischen Sprache vermutet werden: Es könnte in den ersten Jahrhunderten des ersten vorchristlichen Jahrtausends gewesen sein. Anders die Sätze, die unter dem Titel »Das Bild« stehen. Diese haben eher den Charakter von Ratschlägen. Darin wird meist der »Edle« genannt – diesen Edlen kann man als denjenigen verstehen, der in der betreffenden Situation für alle Seiten das Bestmögliche tut. Diese Sätze könnten etwa aus dem vierten bis dritten vorchristlichen Jahrhundert stammen. In derselben Zeit sind vermutlich die kommentierenden Texte im »Zweiten Buch: Das Material« entstanden.

In einem der erklärenden Texte heißt es dort: »Die Wandlungen haben kein Bewusstsein, keine Handlung, stille sind sie und bewegen sich nicht. Werden sie aber angeregt, so durchdringen sie alle Verhältnisse unter dem Himmel. Wenn sie nicht das Allergöttlichste auf Erden wären, wie könnten sie so etwas?«[3]

Das I Ging zwingt einen also zu nichts. Lässt man es in Ruhe, dann bleibt es auch »stille und bewegt sich nicht«. »Wird es aber angeregt«, sei es, dass man in ihm liest, sei es, dass man das Buch konkret »befragt«, dann verspricht es, »alle Verhältnisse unter dem Himmel« zu durchdringen.

Lassen wir hierzu nochmals Hermann Hesse sprechen: »Wenn man eine der Zeichenkombinationen anblickt, sich in Kiën, das Schöpferische, in Sun, das Sanfte, vertieft, so ist das kein Lesen, und es ist auch kein Denken,

[2] Ein verkürztes Verfahren besteht im sechsmaligen Werfen von drei Münzen (siehe hier Seite 38f.).

[3] *I Ging, Zweites Buch,* Jena 1924, »Die Große Abhandlung«, I. Abteilung, Kap. X, § 4, S. 240.

sondern es ist wie das Blicken in fließendes Wasser oder in ziehende Wolken. Dort steht alles geschrieben, was gedacht und was gelebt werden kann.«[4]

Nach meiner jahrzehntelangen eigenen Erfahrung enthüllt das I Ging allerdings nicht ohne weiteres seine Geheimnisse. Man muss ihm mit Offenheit begegnen, und es gewährt einem erst dann wirklich seinen Zugang, wenn man versteht, was einem solches »fließende Wasser«, solche »ziehenden Wolken« sagen wollen. Insofern ist es ein ganz besonderes Buch: Man kann sich wohl das Funktionieren des ganzen Systems und seiner inneren Bezüge aneignen, dies bleibt jedoch wenn auch ein nützliches, so doch nur vorläufiges Mittel. Denn man kann es damit nicht zwingen, seine Schätze preiszugeben, diese gibt es einem sozusagen nur als ein Geschenk, wenn man sich auf seine satte Bilderwelt einlässt.

Nun könnte man denken, ein Orakel gehörte eigentlich nicht mehr in unsere Zeit, kann man doch dadurch in seinem freien Willen eingeschränkt werden. Indessen ist das I-Ging-Orakel ganz besonderer Art, denn es beansprucht nicht, die Zukunft vorauszusagen, sondern will denjenigen, der das Buch um Rat fragt, mit seinen Bildern auf die gegenwärtigen »Keime« aufmerksam machen.

Entsprechend wird dies im I Ging selbst ausgedrückt: »Die Wandlungen sind es, wodurch die Heiligen und Weisen alle Tiefen erreichen und alle Keime erfaßt haben. Nur durch das Tiefe kann man alle Willen auf Erden durchdringen. Nur durch die Keime kann man alle Sachen auf Erden vollenden.«[5]

Die »Antwort« auf eine »Befragung« des Buchs soll einem also ermöglichen, »alle Keime zu erfassen«, die in

[4] Aus der Rezension der Wilhelm'schen Übersetzung, abgedruckt in Ulf Diederichs (Hrsg.): *Erfahrungen mit dem I Ging*, München [4]1992, S. 134.

[5] *I Ging, Zweites Buch,* »Große Abhandlung«, I. Abteilung, Kap. X, § 5 f., S. 240.

der Gegenwart vorhanden sind. Es verweist nur insofern auf die Zukunft, dass es einem aufgrund dieser »Keime« Tendenzen anzeigt. Was man mit diesen Tendenzen anfängt, in welche Richtung man sich entscheidet, bleibt bei einem selbst. Man kann dies auch so ausdrücken: Mit seinen urtümlichen bildhaften Sätzen regt das Buch zum Nachdenken an, wodurch eigene Intuitionen zu der in Frage stehenden Situation mobilisiert werden können.
Nach meiner langjährigen Erfahrung gibt das I Ging auf entscheidende Fragen aller Lebensbereiche praktisch immer sinnvolle »Antworten«, man muss sich nur offen auf sie einlassen, um sie zu verstehen. Diese Erfahrung bestätigt auch C.G. Jung, der sich intensiv mit dem Buch auseinander gesetzt hat. Wie dies funktionieren kann, bleibt indessen geheimnisvoll, weil es sich rational einfach nicht erklären lässt. Jung spricht geradezu von einer »Wissenschaft des I Ging« – erstmals in seiner Gedächtnisrede für Wilhelm 1930. Diese Wissenschaft beruhe »nicht auf dem Kausalitätsprinzip, sondern auf einem nicht benannten – weil bei uns nicht vorkommenden – Prinzip«, das er versuchsweise als synchronistisches Prinzip bezeichnet habe.[6] – Später verwendete er dafür den Begriff »Synchronizität«, worunter er das Zusammentreffen von zwei kausal voneinander unabhängigen Ereignissen versteht, die trotzdem einen sinnvollen Zusammenhang aufweisen.

ZU RICHARD WILHELM UND SEINER I-GING-ÜBERSETZUNG

Richard Wilhelm (1873–1930) ist sicher eine jener bedeutenden Persönlichkeiten Anfang des letzten Jahrhundert,

[6] Vgl. C.G. Jung, R. Wilhelm: *Das Geheimnis der Goldenen Blüte,* Zürich/Stuttgart [5]1965, S. XIV.

denen eine größere Würdigung gebührt, als dies im Allgemeinen der Fall ist. Daher ist es auch nicht verwunderlich, dass er mit den größten Geistern seiner Zeit freundschaftlich verbunden war. Genannt seien nur Carl Gustav Jung, Albert Schweitzer, Hermann Graf Keyserling und Martin Buber. Hinzu kommt, dass er die bedeutendsten Gelehrten des damaligen Chinas persönlich kannte und von ihnen durchaus als ihresgleichen angenommen wurde.

Hermann Hesse hat mit folgenden Worten kurz nach Wilhelms Tod sein Wirken und seine Persönlichkeit treffend erfasst: »Langsam wächst der Kreis derer, welche gemerkt haben, dass Wilhelms Lebenswerk zu den paar großen unserer Zeit gehört... Inmitten dauernder Missverständnisse stand er lächelnd, freundlich, chinesischweise und tat in Ruhe sein großes Werk, dessen Umfang und Bedeutung von der öffentlichen Meinung Deutschlands noch gar nicht begriffen worden ist. Er hat Zeit, er hat nicht nur für eine Generation gearbeitet.«[7]

Er kam 1899 als Missionar in die gerade gegründete deutsche Kolonie Qingdao[8] (Tsingtau). Hier bemächtigte er sich sehr rasch der chinesischen Sprache und drang auch schon bald in die klassische chinesische Literatur ein, die er mehr und mehr bewunderte. Seine Haupttätigkeit fand er bald in der von ihm gegründeten Schule »Deutsch-Chinesisches Seminar«, in der die klassische chinesische Bildung einen großen Raum einnahm. Er war zeitlebens ein überzeugter Christ, aber in einer sehr offenen Form. So sagte er einmal: »Die Chinesen müssen gerade das lernen, dass mit Jesus eine Kraft Gottes kommt, nicht eine

[7] Zit. nach *Erfahrungen mit dem I Ging*, S. 134f.

[8] Es wird hier die heute allgemein gebräuchliche so genannte *Pinyin*-Umschrift verwendet mit Ausnahme von I Ging – statt *Yijing* – und in den direkten Zitaten.

neue Lehre.« Aus diesem Grund bildete er keine einzige chinesische Gemeinde und taufte keinen einzigen Chinesen, denn beides, meinte er, würde die Menschen nur trennen, statt sie zu verbinden.[9]

Nach der chinesischen Revolution 1911 und der darauf folgenden Proklamation der Republik war in China schlagartig klassische Bildung nicht mehr gefragt. Das brachte es mit sich, dass viele Gelehrte nach Qingdao kamen, die um Wilhelm einen Gelehrtenkreis bildeten. Unter ihnen fand sich sein »verehrter Lehrer« Lao Naixuan (Lao Nai Süan), der ihn bald auf das I Ging aufmerksam machte und ihm vorschlug, es ins Deutsche zu übersetzen. An dem dazu als günstig erachteten 21. März 1913 begannen sie die gemeinsame Arbeit. Wilhelm schreibt dazu in seinem Vorwort: »Wie bezaubert durchwanderte ich unter seiner kundigen Führung diese fremde und doch so vertraute Welt.« Nach ausführlicher Besprechung der Texte übersetzte sie Wilhelm ins Deutsche und diese ohne chinesischen Text wieder ins Chinesische zurück. Erst wenn die Rückübersetzung standhielt, konnte die deutsche als solche gelten. Die Arbeit wurde durch den Krieg unterbrochen, gegen Ende des Jahres 1914 eroberte Japan die Kolonie und Lao zog sich ins Innere Chinas zurück; Wilhelm durchlebte den Krieg als Leiter des chinesischen Roten Kreuzes. Erst 1917 waren die Verhältnisse sicher genug, dass Lao wieder kommen und die Übersetzungsarbeit fortgesetzt werden konnte.

Wilhelms Übersetzung war die erste, die nicht nur Fachgelehrte ansprach, und Wilhelm war der Erste, der das I Ging als Orakel- und Weisheitsbuch ernst nahm.

[9] Später ging er in seiner Kritik an der christlichen konfessionellen Enge noch um einiges weiter. Er sei, schreibt er 1921, der Überzeugung, dass im geistigen Leben der Menschheit neue Grundlagen entstehen würden. Es würde auch »der Bau errichtet werden müssen, der an die Stelle der dürftigen Hütten, die wir jetzt Kirche nennen, in Zukunft treten wird«.

Auch in China fristete es als Orakelbuch zur Zeit Wilhelms in verwässerter Form nur unter Wahrsagern ein kümmerliches Dasein. Daher ist es gewiss nicht übertrieben zu sagen, er habe das I Ging als Weisheits- und Lebensbuch, sozusagen als »die Bibel der Chinesen«, in die Welt hinausgeschickt. Und das macht seine Übersetzung so wertvoll: Er lebte sich ganz in das Buch hinein und gab sein ganzes Herzblut in sein Übersetzungswerk.
Eine der ersten Persönlichkeiten, denen das I Ging zu einem unentbehrlichen Schatz wurde, war C.G. Jung. In seiner Gedächtnisrede für Wilhelm nach dessen Tod 1930 beschreibt er Wilhelm und seine »Mission« mit dem I Ging folgendermaßen: »Wem, wie mir, das seltene Glück zuteil geworden ist, in geistigem Austausch mit Wilhelm die divinatorische Kraft des I Ging zu erfahren, dem kann es auf Dauer nicht verborgen bleiben, dass wir hier einen archimedischen Punkt berühren, von welchem aus unsere abendländische Geisteshaltung aus ihren Angeln gehoben werden könnte. Es ist gewiss kein geringes Verdienst, ein so weitläufiges und farbenreiches Gemälde einer uns fremden Kultur zu entwerfen, wie dies Wilhelm getan hat, aber es will fast wenig bedeuten im Vergleich mit der Tatsache, dass er uns darüber hinaus noch einen lebendigen Keim des chinesischen Geistes eingeimpft hat, der geeignet ist, unser Weltbild wesentlich zu verändern. Wir sind nicht bloß bewundernde oder bloß kritische Zuschauer geblieben, sondern Teilnehmer östlichen Geistes geworden, insofern es uns gelungen ist, die lebendige Wirklichkeit des I Ging zu erfahren.«[10]
Wilhelms Übersetzung ist zweifellos eine Pionierleistung. Doch wie jede Pionierleistung kann sie nichts Endgültiges sein. So sind wir heute aufgerufen, auf dem

[10] Abgedruckt in *Das Geheimnis der Goldenen Blüte*, S. XIII.

soliden Fundament, das er uns geschenkt hat, weiterzubauen. Auf einige Punkte, in denen die Übersetzung nicht mehr zeitgemäß ist, sei hier aufmerksam gemacht. Sie weist einen stark patriarchalischen Zug auf, den man heute als überholt ansehen muss. Dazu mag es teils durch seinen gewiss ausgezeichneten Lehrer Lao Naixuan gekommen sein, teils auch durch den damaligen Zeitgeist in Deutschland und die überaus partriarchal geprägte chinesische Gesellschaft, wie sie Wilhelm anfangs des zwanzigsten Jahrhunderts erlebt hat. So macht er selbstverständlich aus dem wörtlich »großen Menschen« den »großen Mann«; das im Urtext neutrale Wort für »Frau« gibt er meistens mit »Mädchen« wieder. Manche Stellen, vor allem in seinen Erläuterungen, muten heute geradezu grotesk an.[11] Man kann dadurch zur Ansicht kommen, der Grundduktus des I Ging sei patriarchalisch geprägt, was aus heutiger Sicht nicht mehr angenommen werden kann. In etlichen seiner Erläuterungen interpretiert er aus einem politischen und sozialen Standpunkt, bezogen auf das alte chinesische Staatswesen. Diese beziehen sich aber nicht auf dasjenige der Entstehungszeit des I Ging, sondern auf das spätere Kaiserreich. Damit bringt er auch zum Teil moralische Normen mit hinein, die erst lange nachdem das I Ging entstanden ist, aufgestellt wurden.

Hermann Hesse hat wohl gespürt, dass das I Ging nicht so moralisch gemeint sein kann, wie es uns Wilhelm oft glauben lassen will, wenn er in einem Brief an ihn schreibt: »Ihre chinesische Welt zieht mich mit ihrer magischen Seite an, während ihre prachtvolle moralische Ordnung mir, dem Unsozialen, bei aller Bewunderung fremd bleibt. Leider ist mir dadurch auch das I Ging nur teil-

[11] Ein Beispiel ist seine Erläuterung zur »Sechs auf zweitem Platz« im Hexagramm »Die Betrachtung«, S. 142, ein weiteres ein Großteil seiner Erläuterungen zur »Sippe«, S. 211 ff.

weise zugänglich, ich betrachte zuweilen seine tiefe, satte Bilderwelt, ohne zur Ethik der Kommentare eine eigentliche Beziehung zu haben.«[12]

Wilhelms Sprache ist von zwei Stilen geprägt: demjenigen Luthers und demjenigen Goethes. Das ergibt zusammen eine an sich schöne Sprache. Daher mag sie mitunter etwas veraltet klingen und nimmt manchmal einen »prophetischen« Ton an. In den Übersetzungen fasst er sich so knapp wie möglich, so dass es sich oft um gar keine richtigen Sätze mehr handelt. An anderen Stellen bildet er Sätze, die als unkorrekt zu bezeichnen sind, wie beispielsweise: »Fördernd ist es zu haben, wohin man geht.« Dahinter steht die Absicht, den Leser zum Nachdenken anzuregen. Schließlich ist der Originaltext noch um einiges vielschichtiger, und dies galt es, so weit wie möglich nachzubilden.

DAS I GING UND KONFUZIUS

Für Wilhelm stand außer Frage, dass Konfuzius (551–479 v. Chr.), den Wilhelm »Kungtse« nannte, das I Ging redigiert habe. Heute kann man davon ausgehen, dass Konfuzius das I Ging nicht einmal gekannt hat.[13] Tatsächlich wurde im Verlauf des zweiten vorchristlichen Jahrhunderts der Konfuzianismus zur Staatsideologie erkoren – in einer Form, die sich bereits sehr weit von den ursprünglichen Ideen des Konfuzius entfernt hatte. In dieser Zeit wurde das I Ging zum wichtigsten konfuzianischen Klassiker erklärt. An dieser Lehrmeinung wurde bis ins zwanzigste Jahrhundert festgehalten und sie von kaum jemandem in Frage gestellt. In der Tat kann einiges aus den Kommenta-

[12] Zitiert nach *Erfahrungen mit dem I Ging* S. 134.

[13] Vgl. dazu meine Ausführungen in *I Ging für Meister*, München 2000, S. 23f., und in *I Ging*, München 2003, S. 14.

ren in den Materialien des »Zweiten Buches« als konfuzianisch inspiriert angesehen werden, aber gewiss nicht alles. Wenn hier immer wieder ein »Meister« zitiert wird, so können verschiedene »Meister« gemeint sein, und wenn es sich an manchen Stellen tatsächlich um Konfuzius handeln sollte, kann es sich nur um Worte handeln, die von späteren Generationen Konfuzius in den Mund gelegt worden sind.

Nun, vielleicht gehört es und passt es gerade zum I Ging, dass sowohl die Verfasser des Urtextes wie auch diejenigen der Kommentare, die in das Buch aufgenommen wurden, unbekannt bleiben. Umso weniger überrascht es, dass man im Verlauf der Geschichte die Verfasserschaft solchen Persönlichkeiten zugeschrieben hat, die einem am meisten bedeuteten.

DAS I GING IM 21. JAHRHUNDERT

1924 schrieb Wilhelm: »Die Menschheit braucht etwas Neues. Keine der alten Religionen und Weltanschauungen kann unbesehen übernommen werden, keine kann die neue Menschheit einigen. Sondern was uns einen kann und wird, das sind die ewigen Kräfte des Lebens in neuen jungen Formen, und diese Formen müssen geschmiedet werden im Kampf der Geister.«[16]

Mir scheint – und ich bin überzeugt, dass auch Wilhelm in dieser Richtung gedacht hat, dass nun, über siebzig Jahre nach Wilhelms Tod auch das I Ging in die »neuen jungen Formen« mit hineingeschmiedet werden sollte. Denn was das Buch so wertvoll machte, besteht gerade darin, dass es unserer westlichen mathematischen Logik weitestgehend widerspricht, trotzdem aber seine eigene,

[14] Salome Wilhelm: *Richard Wilhelm – Der Geistige Mittler zwischen China und Europa*, Köln/Düsseldorf 1956, S. 299.

weit umfassendere »Logik« hat. Nur wer gewillt ist, sich in einer intuitiven Weise darauf einzulassen, wird dem Buche auch wirklich etwas abgewinnen können. Gerade ein solches Denken, das über das Logisch-Deterministische hinausführt und nach dem Sinn des ganzheitlichen Kosmos fragt, ist heute aber mehr denn je gefragt.
Da das I Ging nur unter der Voraussetzung eines sinnvollen Kosmos einen Wert haben kann, passen sich dazu die folgenden Worte Wilhelms sehr gut ein, auch wenn er sie nicht in direktem Zusammenhang mit dem Buch gesprochen hat: »Kosmos ist sinnvoll gestaltete Wirklichkeit. Was also in der Wirklichkeit des Kosmos vorhanden ist, muß Anteil haben an sinnvoller Gestaltung. Sinnloses, Ungestaltetes gehört dem Chaos an. Wenn wir die Freiheit im Zusammenhang mit dem Kosmos betrachten, so ergibt sich schon daraus die Bestimmung, dass Freiheit nicht sinnlose Willkür sein kann. Kosmische Freiheit ist daher nicht Freiheit von aller Bindung, sondern Freiheit zu sinnvoller Selbstverwirklichung.«[15]

[15] Abgedruckt in Richard Wilhelm, *Der Mensch und das Sein,* hrsg. von Salome Wilhelm, Jena 1931.

Aus der Einleitung zur Originalausgabe

von Richard Wilhelm (1923)

Das Buch der Wandlungen, chinesisch I Ging, gehört unstreitig zu den wichtigsten Büchern der Weltliteratur. Seine Anfänge reichen in mythisches Altertum zurück. Bis auf den heutigen Tag beschäftigt es die bedeutendsten Gelehrten Chinas. Fast alles, was in der über 3000 Jahre alten chinesischen Geschichte an großen und wichtigen Gedanken gedacht wurde, ist teils angeregt durch dieses Buch, teils hat es rückwirkend auf die Erklärung des Buches Einfluß ausgeübt, so daß man ruhig sagen kann, daß im I Ging die reifste Weisheit von Jahrtausenden verarbeitet ist. So ist es denn auch kein Wunder, daß beide Zweige der chinesischen Philosophie, der Konfuzianismus und der Taoismus, ihre gemeinsamen Wurzeln hier haben. Ganz neues Licht ergießt sich von hier aus auf gar manches Geheimnis in den oft dunklen Gedankengängen des geheimnisvollen Alten und seiner Schüler ebenso wie auf manches, was in der konfuzianischen Tradition als festes Axiom sich vorfindet, das ohne weitere Untersuchung hingenommen wird.
Ja, nicht nur die Philosophie, auch die Naturwissenschaft und die Staatskunst Chinas haben immer wieder aus diesem Weisheitsborn geschöpft, und es ist kein Wunder, daß dieses Buch als einziges der alten Weisheitsschriften der Konfuzianer selbst der großen Bücherverbrennung des Tsin Schi Huang entging. Bis in den Alltag hinein ist das ganze chinesische Leben von seinen Einflüssen durchtränkt. Geht man durch die Straßen einer chinesischen Stadt, so sieht man nicht nur da und dort an einer Ecke einen Wahrsager an einem reinlich gedeckten Tisch mit Pinsel und Tafel sitzen, um aus dem alten Weisheitsbuch Rat und Auskunft zu erteilen für die kleinen Nöte des Lebens, sondern selbst die goldbemalten Firmenschilder, die als senkrechte, schwarzlackierte Holzbretter die Häuser zieren, sind mit Zeichen bedeckt, deren blumige

Sprache immer und immer wieder an Gedanken und Zitate jenes Buchs erinnert. Selbst die Politik eines so modernen Staates wie Japan, die sich durch ihre kluge Vorsicht auszeichnet, verschmäht nicht, in schwierigen Lagen auf die Ratschläge des alten Weisheitsbuchs zurückzugreifen.
Der hohe Ruf der Weisheit, in dem das Buch der Wandlungen steht, hat es freilich mit der Zeit bewirkt, daß eine Menge geheimnisvoller Lehren, deren Ursprung in andern Gedankengängen liegt – vielleicht z. T. selbst solchen außerchinesischer Herkunft –, sich mit seinen Lehren verknüpft haben. Seit den Zeiten der Tsin- und Han-Dynastie kam immer mehr eine formelhafte Naturphilosophie auf, die mit einem System von Zahlsymbolen die ganze Welt des Denkbaren umklammerte und durch eine Kombination einer streng durchgeführten Yin-Yang-Lehre dualistischen Gepräges mit der Lehre von den fünf Wandelzuständen, die dem Buch der Urkunden entnommen wurde, die ganze Weltanschauung Chinas immer mehr in starre Formen preßte. So ist es denn gekommen, daß immer spitzfindigere kabbalistische Spekulationen das Buch der Wandlungen wie mit einer Wolke des Geheimnisvollen umgaben, und indem sie alles Vergangene und Künftige in ihr Zahlenschema einfingen, dem I Ging den Ruf eines Buchs voll unverständlicher Tiefe verschafften, wie sie auch die Ursachen wurden, daß die Keime einer freien chinesischen Naturwissenschaft, wie sie zur Zeit eines Mo Di und seiner Schüler unstreitig vorhanden waren, getötet wurden und einer öden, von aller Erfahrung unbeeinflußten Tradition von Bücherschreibern und Bücherlesern Platz gemacht haben, die China in westlichen Augen so lange das Aussehen einer hoffnungslosen Erstarrung verlieh. Doch darf nicht verkannt werden, daß außer jener mechanischen Zahlenmystik auch zu allen Zeiten ein freier Fluß tiefer menschlicher Weisheit auf den Bahnen

dieses Buchs in das praktische Leben sich ergoß und der großen chinesischen Kultur diese Reife abgeklärter Lebensweisheit gab, die wir heute fast wehmütig an den noch vorhandenen Überresten dieser letzten bodenechten Kultur bewundern.
Was ist nun das Buch der Wandlungen eigentlich? Um zu einem Verständnis des Buchs und seiner Lehren zu kommen, müssen wir das dichte Geranke von Erklärungen, die alles Mögliche von außen her in das Buch hineinerklären, energisch ablösen, ganz einerlei, ob es sich um die abergläubischen Geheimnisse alter chinesischer Zauberer oder um die nicht minder abergläubischen Theorien moderner europäischer Gelehrter handelt, die ihre bei primitiven Wilden gemachten Erfahrungen in alle historischen Kulturen hineininterpretieren. Als Grundsatz müssen wir hier festhalten, das Buch der Wandlungen aus sich selbst und seiner Zelt zu erklären. Da lichtet sich denn das Dunkel recht merklich, und wir kommen zu der Erkenntnis, daß das Buch der Wandlungen zwar ein sehr tiefes Buch ist, aber dem Verständnis keine größeren Schwierigkeiten bietet als irgendein Buch, das aus dem Altertum in einer langen Geschichte auf unsere Zeit gekommen ist.

DER GEBRAUCH DES BUCHS DER WANDLUNGEN

a) Das Orakelbuch

Das Buch der Wandlungen war zunächst eine Sammlung von Zeichen für Orakelzwecke. Orakel wurden im Altertum allenthalben gebraucht, und die ursprünglichsten unter ihnen beschränkten sich auf die Antworten Ja und Nein. So liegt auch bei dem Buch der Wandlungen diese Orakelentscheidung zugrunde. Das »Ja« wurde durch einen einfachen ganzen Strich angedeutet ▬▬ , das »Nein« durch einen gebrochenen Strich ▬ ▬. Schon sehr früh scheint jedoch das Bedürfnis zu einer größeren Differenzierung vorhanden gewesen zu sein, und aus den einfachen Strichen ergaben sich Kombinationen durch Verdoppelung ⚌, ⚏, ⚎, ⚍, denen dann noch ein drittes Strichelement hinzugefügt wurde, wodurch die sogenannten acht Zeichen entstanden. Diese acht Zeichen wurden als Bilder dessen, was im Himmel und auf Erden vorging, aufgefaßt. Dabei herrschte die Anschauung eines dauernden Übergangs des einen in das andere, ebenso wie in der Welt ein dauernder Übergang der Erscheinungen ineinander stattfindet. Hier haben wir nun den entscheidenden Grundgedanken der Wandlungen. Die acht Zeichen sind Zeichen wechselnder Übergangszustände, Bilder, die sich dauernd verwandeln. Worauf das Augenmerk gerichtet war, waren nicht die Dinge in ihrem Sein – wie das im Westen hauptsächlich der Fall war –, sondern die Bewegungen der Dinge in ihrem Wechsel. So sind die acht Zeichen nicht Abbildungen der Dinge, sondern Abbildungen ihrer Bewegungstendenzen. Diese acht Bilder haben dann auch einen mannigfaltigen Ausdruck gefunden. Sie stellten gewisse Vorgänge in der Natur dar, die ihrem Wesen entsprachen. Sie stellten ferner eine Familie von Vater, Mutter, drei Söhnen, drei Töchtern dar, nicht in mythologischem Sinn, wie etwa der griechische Olymp von Göttern bevölkert ist, sondern ebenfalls in jenem sozusagen abstrakten Sinn, daß nicht Dinge, sondern Funktionen dargestellt werden.

Gehen wir diese acht Symbole, wie sie dem Buch der Wandlungen zugrunde liegen, durch, so bekommen wir folgende Anordnung:

	NAME	EIGENSCHAFT	BILD	FAMILIE
☰	Kiän, das Schöpferische	stark	Himmel	Vater
☷	Kun, das Empfangende	hingebend	Erde	Mutter
☳	Dschen, das Erregende	bewegend	Donner	1. Sohn
☵	Kan, das Abgründige	gefährlich	Wasser	2. Sohn
☶	Gen, das Stillehalten	ruhend	Berg	3. Sohn
☴	Sun, das Sanfte	eindringend	Wind, Holz	1. Tochter
☲	Li, das Haftende	leuchtend	Feuer	2. Tochter
☱	Dui, das Heitere	fröhlich	See	3. Tochter

Wir haben somit in den Söhnen das bewegende Element in seinen verschiedenen Stadien: Anfang der Bewegung, Gefahr in der Bewegung, Ruhe und Vollendung der Bewegung. In den Töchtern haben wir das Element der Hingebung in seinen verschiedenen Stadien: Sanftes Eindringen, Klarheit und Anpassung, heitere Ruhe.

Um nun eine noch größere Mannigfaltigkeit zu gewinnen, wurden diese acht Bilder sehr früh schon kombiniert, wodurch man die Zahl von 64 Zeichen bekam. Diese 64 Zeichen bestehen nun je aus sechs positiven oder negativen Strichen. Diese Striche sind wandelbar gedacht. So oft ein Strich sich wandelt, geht der durch ein Zeichen dargestellte Zustand in einen andern über.

䷁ So haben wir z.B. das doppelte Zeichen Kun, das Empfangende, die Erde. Es stellt die Art der Erde dar, das kraftvoll Hingebende, im Lauf des Jahres den Spätherbst, da alle Lebenskräfte ruhen.

䷗ Wandelt sich nun der unterste Strich, so bekommen wir das Zeichen Fu, die Wiederkehr. Es stellt den Donner dar, die Bewegung, die sich zur Sonnwendzeit in der Erde wieder regt, die Wiederkehr des Lichten.

Wie aus diesem Beispiel hervorgeht, *müssen* sich nicht alle Striche wandeln. Es hängt ganz davon ab, welchen Charakter der Strich hat. Ein Strich, der die positive Natur in der Steigerung enthält, schlägt um in sein Gegenteil, das Negative; dagegen bleibt ein positiver Strich von geringerer Stärke unverändert, und entsprechend ist es mit den negativen Strichen.

Darüber nun, welche Striche so stark mit positiver oder negativer Kraft geladen zu denken sind, daß sie sich bewegen, geben im zweiten Buch Kapitel IX des ersten Abschnitts der großen Abhandlung sowie der Sonderabschnitt über das Wahrsagen genaueren Aufschluß. Hier sei nur so viel gesagt, daß die sich bewegenden positiven Striche mit Neun, die sich bewegenden negativen Striche mit Sechs bezeichnet werden, während die Striche, die ruhen und also nur als Aufbaumaterial des Zeichens ohne innere Sonderbedeutung dienen, durch eine Sieben bzw. Acht repräsentiert werden. Wenn es also im Text heißt: »Anfangs eine Neun bedeutet«, so heißt das: Wenn der positive Strich auf dem Anfangsplatz durch eine Neun repräsentiert wird, so bedeutet er folgendes: … – Wird er dagegen durch eine Sieben repräsentiert, so kommt er für das Orakel nicht in Betracht. Ebenso ist es mit den Sechsen und Achten. In unserem vorigen Beispiel haben wir das Zeichen Kun, das Empfangende, das sich folgendermaßen zusammensetzt:

8 oben	– –	Es bleiben also die fünf
8 auf fünftem Platz	– –	oberen Striche außer
8 auf viertem Platz	– –	Betracht, und nur die
8 auf drittem Platz	– –	Sechs zu Anfang hat eine
8 auf zweitem Platz	– –	selbständige Bedeutung.
Anfangs 6	– –	

䷁ Durch ihre Umgestaltung geht der Zustand Kun, das Empfangende, in den Zustand Fu, die Wiederkehr, über. ䷗

Auf diese Weise also haben wir eine Reihe von symbolhaft ausgedrückten Zuständen, die durch die Bewegung ihrer Linien ineinander übergehen können (nicht müssen; denn wenn ein Zeichen sich nur aus Siebenen und Achten zusammensetzt, so bewegt es sich nicht, und nur sein Zustand als ganzer kommt in Betracht).
Zu dem Gesetz der Wandlung und den Bildern der Wandelzustände, wie sie durch die 64 Zeichen gegeben waren, kommt nun noch ein weiteres. Jede Situation verlangte eine besondere Handlungsweise, um sich ihr anpassen zu können. In jeder Situation war eine Handlungsweise richtig, eine andere falsch. Offenbar brachte die richtige Handlungsweise Glück, die falsche Unglück. Welche Handlungsweise ist nun in jedem Fall die richtige? Diese Frage war das entscheidende. Sie ist es, die dazu geführt hat, aus dem I Ging mehr zu machen als ein gewöhnliches Wahrsagebuch. Wenn eine Kartenlegerin ihrer Kundin sagt, daß sie in acht Tagen einen Geldbrief aus Amerika bekommen werde, so kann diese nichts tun als warten, bis dieser Brief kommt – oder nicht. Es ist Schicksal, das verkündet wird, das unabhängig ist vom Tun und Lassen des Menschen. Darum bleibt alle Wahrsagung ohne moralische Bedeutung. Indem sich in China zum ersten Male jemand fand, der sich mit den Zukunft verkündenden Zeichen nicht zufrieden gab, sondern fragte: was soll ich tun?, geschah es, daß aus dem Wahrsagebuch ein Weisheitsbuch werden mußte. Dem König Wen, der ums Jahr 1000 v. Chr. lebte, und seinem Sohn, dem Herzog von Dschou, war diese Wendung vorbehalten. Sie versahen die bisher stummen Zeichen und

Linien, aus denen jeweils von Fall zu Fall die Zukunft divinatorisch erraten werden mußte, mit klaren Ratschlägen für richtiges Handeln. Dadurch wurde der Mensch zum Mitgestalter des Schicksals; denn seine Handlungen griffen als entscheidende Faktoren ins Weltgeschehen ein, um so entscheidender, je früher man durch das Buch der Wandlungen die Keime des Geschehens erkennen konnte; denn auf die Keime kam es an. Solange die Dinge noch im Entstehen sind, können sie geleitet werden. Haben sie sich erst in ihren Folgen ausgewachsen, so werden sie zu übermächtigen Wesen, denen der Mensch machtlos gegenübersteht. So wurde denn das Buch der Wandlungen zu einem Wahrsagungsbuche ganz besonderer Art. Seine Zeichen und Linien bildeten in ihren Bewegungen und Wandlungen geheimnisvoll die Bewegungen und Wandlungen des Makrokosmos nach. Durch den Gebrauch der Schafgarbenstengel konnte man den Punkt erhalten, von dem eine Übersicht über die Verhältnisse möglich war. Hatte man die Übersicht, so gaben die Worte Auskunft über das, was man zu tun hatte, um der Zeit zu entsprechen.

Für unser modernes Empfinden ist hierbei nur die Methode, durch Abteilen von Schafgarbenstengeln die Situation zu erfahren, befremdlich. Dieser Vorgang wurde aber als ein geheimnisvoller betrachtet in der Weise, daß eben durch dieses Abteilen dem Unbewußten im Menschen die Möglichkeit verliehen wurde, sich zu betätigen. Nicht jedermann hat in gleicher Weise die Fähigkeit, das Orakel zu fragen. Es bedarf dazu eines klaren und ruhigen Gemüts, das empfänglich ist für die kosmischen Einwirkungen, die in den unscheinbaren Orakelstengeln verborgen sind, die als Produkte der Pflanzenwelt mit dem Urleben in besonderen Beziehungen standen. Sie entstammten heiligen Pflanzen.

b) Das Weisheitsbuch

Was jedoch weit wichtiger geworden ist, ist der andere Gebrauch des Buchs der Wandlungen als Weisheitsbuch. Laotse sah dieses Buch und wurde dadurch angeregt zu einigen seiner tiefsten Aphorismen. Ja, seine ganze Gedankenwelt ist von den Lehren des Buchs durchdrungen. Kungtse sah das Buch der Wandlungen und gab sich dem Nachdenken darüber hin. Er schrieb wohl einige Erklärungen dazu auf und überlieferte andere in mündlicher Lehre seinen Schülern. Dieses von Kungtse herausgegebene und kommentierte Buch der Wandlungen ist es, das auf unsere Zeit gekommen ist.
Fragen wir nach den Grundanschauungen, die einheitlich das Buch durchdringen, so können wir uns auf ganz wenige, aber große Gedanken beschränken.
Der Grundgedanke des Ganzen ist der Gedanke der Wandlung. In den Gesprächen (Lun Yü IX, 16.) wird einmal erzählt, wie der Meister Kung an einem Fluß stand und sprach: »So fließt alles dahin wie dieser Fluß, ohne Aufhalten, Tag und Nacht.« Damit ist der Gedanke der Wandlung ausgesprochen. Der Blick richtet sich für den, der die Wandlung erkannt hat, nicht mehr auf die vorüberfließenden Einzeldinge, sondern auf das unwandelbare ewige Gesetz, das in allem Wandel wirkt. Dieses Gesetz ist der SINN des Laotse, der Lauf, das Eine in allem Vielen. Um sich zu verwirklichen, bedarf es einer Entscheidung, einer Setzung. Diese Grundsetzung ist der große Uranfang alles dessen, was ist: Tai Gi, eigentlich: der Firstbalken. Die spätere Philosophie hat sich mit diesem Uranfang viel beschäftigt. Man hat den Wu Gi, den Ururanfang, als Kreis gezeichnet, und Tai Gi war dann der in Licht und Dunkel, Yin und Yang, geteilte Kreis, der auch in Indien und Europa eine Rolle spielte: ☯. Aber die

Spekulationen gnostisch-dualistischer Art sind dem Urgedanken des I Ging fremd. Diese Setzung ist für ihn einfach der Firstbalken, die Linie. Mit dieser Linie, die an sich eins ist, kommt eine Zweiheit in die Welt. Zugleich mit ihr ist oben und unten, rechts und links, vorn und hinten – kurz die Welt der Gegensätze gesetzt.
Diese Gegensätze sind bekannt geworden unter dem Namen Yin und Yang und haben namentlich in den Wendezeiten der Tsin- und Handynastie in den Jahrhunderten vor unserer Zeitrechnung, als es eine ganze Schule der Yin-Yang-Lehre gab, viel Aufsehen erregt. Damals wurde das Buch der Wandlungen vielfach als Zauberbuch verwendet, und tausend Dinge wurden in das Buch hineingeheimnißt, von denen es ursprünglich nichts weiß. Natürlich hat diese Lehre vom Yin und Yang, vom Weiblichen und Männlichen als Urprinzipien, auch in der fremden Wissenschaft über China Aufsehen erregt. Man vermutete hier nach bewährten Mustern phallische Ursymbole und was damit zusammenhängt. Zur großen Enttäuschung solcher Entdecker muß gesagt werden, daß in dem Ursinn der Worte Yin und Yang nichts liegt, was darauf hinweist. Yin ist in seiner Urbedeutung das Wolkige, Trübe; Yang bedeutet eigentlich: in der Sonne wehende Banner, also etwas Beleuchtetes, Helles. Übertragen wurden die beiden Begriffe auf die erleuchtete und die dunkle (d. h. südliche und nördliche) Seite eines Berges oder Flusses (wo aber die Südseite im Blick auf den Fluß dunkel, d. h. Yin, und die das Licht reflektierende Nordseite hell, d. h. Yang, ist). Von hier aus wurden die Ausdrücke dann auf das Buch der Wandlungen übertragen auf die beiden wechselnden Grundzustände des offenbaren Seins. Es verdient übrigens bemerkt zu werden, daß sie im eigentlichen Text des Buchs in diesem Sinn gar nicht vorkommen, ebensowenig in den ältesten Kommentaren, sondern erst in der großen Abhandlung,

die ja in manchen ihrer Teile schon unter taoistischem Einfluß steht. Im Kommentar zur Entscheidung ist statt dessen von Festem und Weichem die Rede.
Wie es sich aber auch im übrigen damit verhalten mag, soviel steht fest, daß aus dem Wandel und Übergang dieser Kräfte das Dasein sich aufbaut, wobei denn der Wandel teils ein dauernder Umschlag von einem ins andere ist, teils ein kreisförmig geschlossener Ablauf von in sich zusammenhängenden Ereigniskomplexen wie Tag und Nacht, Sommer und Winter. Dieser Wandel aber ist nicht sinnlos, sonst könnte es kein Wissen davon geben, sondern eben dem durchgehenden Gesetz, dem SINN (Tao), unterworfen.
Der zweite Grundgedanke des Buchs der Wandlungen ist seine Ideenlehre. Die acht Zeichen stellen Bilder vor – nicht sowohl von Gegenständen als von Wandlungszuständen. Damit verbindet sich die Auffassung, die sich in Laotses Lehren ebenso wie in denen Kungtses ausspricht, daß alles, was in der Sichtbarkeit geschieht, die Auswirkung eines »Bildes«, einer Idee im Unsichtbaren ist. Insofern ist alles irdische Geschehen nur gleichsam eine Nachbildung eines übersinnlichen Geschehens, die auch, was den zeitlichen Verlauf anlangt, später als jenes übersinnliche Geschehen sich ereignet. Diese Ideen sind den Heiligen und Weisen, die in Kontakt stehen mit jenen höheren Sphären, durch unmittelbare Intuition zugänglich. Dadurch sind diese Heiligen in Stand gesetzt, in das Weltgeschehen bestimmend einzugreifen, und der Mensch bildet so mit dem Himmel, der übersinnlichen Welt der Ideen, und der Erde, der körperlichen Welt der Sichtbarkeit, eine Dreiheit der Urmächte. In doppeltem Sinn findet nun diese Ideenlehre ihre Anwendung. Das Buch der Wandlungen zeigt die Bilder des Geschehens und mit ihnen das Werden der Zustände in statu nascendi.

Indem man nun durch seine Hilfe die Keime erkennt, lernt man die Zukunft voraussehen, ebenso wie man die Vergangenheit verstehen lernt. So dienen die Bilder, die den Zeichen zugrunde liegen, eben dazu, Vorbilder zu sein für das zeitgemäße Handeln in den durch sie angedeuteten Situationen. Aber nicht nur die Anpassung an den Naturverlauf wird auf diese Weise ermöglicht, sondern es wird in der großen Abhandlung (II. Abteilung, Kapitel II) auch der sehr interessante Versuch gemacht, die Schaffung aller Kultureinrichtungen der Menschheit auf solche Ideen und Bilder zurückzuführen. Ganz einerlei, wie man sich zu der Durchführung im einzelnen stellt, dem Grundgedanken nach ist hier eine Wahrheit getroffen.

Außer den Bildern kommen als dritter Hauptbestandteil noch die Urteile in Betracht. Hierdurch bekommen die Bilder gleichsam Worte. Die Urteile deuten an, ob eine Handlung Heil oder Unheil, Reue oder Beschämung mit sich bringt. Damit setzen sie den Menschen in die Lage, sich frei zu entscheiden, eine gegebene Richtung, die sich aus der Zeitsituation an sich ergeben würde, eventuell zu verlassen, wenn sie unheilvoll ist, und auf diese Weise sich vom Zwang der Ereignisse unabhängig zu machen. Indem das Buch der Wandlungen durch seine Urteile und seine Erklärungen, die sich seit Kungtse daran angeschlossen haben, dem Leser den reifsten Schatz chinesischer Lebensweisheit darbietet, gibt es eine umfassende Übersicht über die Gestaltungen des Lebens und setzt ihn in Stand, an der Hand dieser Übersicht sein Leben organisch und souverän zu gestalten, so daß es in Einklang kommt mit dem letzten SINN, der allem, was ist, zugrunde liegt.

Das Orakeln mit dem I Ging

Gebrauchsanweisung

Die Ermittlung eines Hexagramms

Die Methode mit Münzen

Man nehme drei gleichartige Münzen, werfe sie insgesamt sechs Mal mit der linken Hand (bei Linkshändern rechten Hand) auf einen Tisch und zähle bei jedem Wurf die Werte der drei Münzen zusammen.
Der Zahlseite entspricht der Wert 3, der Bildseite der Wert 2. Die Summe der drei Münzen wird bei jedem Wurf 6, 7, 8 oder 9 sein. Jede dieser Zahlen entspricht einer anderen Linie:

9 ——o—— Altes Yang wandelt sich in junges Yin
8 —— —— Junges Yin
7 ——— Junges Yang
6 ——x—— Altes Yin wandelt sich in junges Yang

Es gibt zwei Arten von Linien: die durchgezogene und die gebrochene. Und von diesen beiden Arten gibt es wiederum jeweils zwei Varianten: die normale und die in der Mitte durch einen Kreis oder ein Kreuz markierte Linie.
9 und 6 sind Wandlungslinien, d.h., sie wandeln sich in ihr Gegenteil um (also eine durchgezogene Linie in eine gebrochene Linie und umgekehrt).
Das Hexagramm wird von unten nach oben aufgebaut. Die erste Linie wird als unterste auf ein Blatt gezeichnet, die zweite darüber usw. Man spricht auch von dem »unteren Platz« oder »anfangs« (für den ersten Platz), von der »zweiten Stelle«, dem »dritten Platz« usw. bis zum Platz »oben« (für den sechsten Platz).
Das Hexagramm kann Wandlungslinien enthalten. Ist dies der Fall, dann führt die Umkehrung der Wandlungslinien (alle anderen Linien bleiben dabei gleich) zu einem zweiten Hexagramm.

Allgemein gesagt, zeigt das erste Hexagramm, also das Ausgangshexagramm, die gegenwärtige Situation an. Das zweite Hexagramm, also das Wandlungshexagramm, zeigt hingegen an, wohin sich die Situation entwickelt bzw. was wahrscheinlich passieren wird, wenn die Ratschläge des ersten Hexagramms befolgt werden.
Um das Hexagramm zu finden, das den sechs Münzwürfen entspricht, sucht man in der Hexagrammtabelle auf Seite 43 mit Hilfe der sechs Linien die betreffende Hexagrammnummer heraus. Mit dieser Hexagrammnummer lassen sich dann die entsprechenden Texte im Hauptteil dieses Buches nachschlagen.

Die Methode mit Schafgarbenstängeln

Für diese Methode benötigt man 50 Schafgarbenstängel. Ein Stängel muss gleich zur Seite gelegt werden. Er nimmt gewissermaßen die Rolle des Beobachters oder des Weisen ein und kommt für die Ermittlung des Hexagramms nicht weiter in Betracht.
Man teilt nun die verbliebenen 49 Stängel in zwei zufällig große Haufen.
Nun wird ein Stängel aus dem rechten Haufen genommen und zwischen den Ringfinger und kleinen Finger der linken Hand gesteckt.
Daraufhin nimmt man den linken Haufen in die linke Hand und nimmt davon mit der rechten Hand jeweils Bündel von vier Stäbchen weg, bis vier oder weniger Stäbchen übrig bleiben.
Diesen Rest steckt man sich zwischen Ringfinger und Mittelfinger der linken Hand.
Daraufhin wird in derselben Weise der rechte Haufen durchgezählt und der Rest zwischen Mittel- und Zeigefinger der linken Hand gesteckt.

Die Summe der zwischen den Fingern der linken Hand befindlichen Stäbchen ist nun 9 oder 5 (die verschiedenen Möglichkeiten sind 1+1+4 oder 1+3+1 oder 1+2+2 oder 1+1+3).
Man legt nun diese Stängel der linken Hand zur Seite und fasst nun die beiden Haufen, die übrig geblieben sind, wieder zu einem einzigen Haufen zusammen.
Man führt nun die Durchzählprozedur ein zweites Mal aus und dann, nachdem man wieder die Stängel der linken Hand zusammengezählt und weggelegt hat, ein drittes Mal.
Bei dem zweiten und dritten Durchgang erhält man als Summe 8 oder 4 (die Möglichkeiten sind 1+4+3 oder 1+3+4 oder 1+1+2 oder 1+2+1).
Die Summen 9 und 8 entsprechen dem Wert 2, die Summen 5 und 4 hingegen dem Wert 3.
Die Werte der drei Durchgänge werden nun zusammengezählt, wodurch man als Gesamtsumme entweder die Zahl 6, 7, 8 oder 9 erhält.
Die zugehörigen Linien sind hier dieselben wie beim Münzorakel. Man hat also, um die erste Zahl (und somit die erste, unterste Linie auf dem Platz »anfangs«) zu ermitteln, dreimal alle Stängel durchgezählt und die einzelnen Werte dieser Durchgänge zu einer einzigen Zahl addiert.
Nun wiederholt man den gesamten Vorgang fünf Mal, bis sechs Linien von unten nach oben zu einem Hexagramm aufgebaut sind.

Hexagrammtabelle

Diese Tabelle ist der Schlüssel zum Auffinden der Hexagramme, nachdem man mit Münzen oder Schafgarbenstängeln die sechs Linien ermittelt hat.

OBERE HÄLFTE → UNTERE HÄLFTE ↓	KIÄN ☰	KUN ☷	DSCHEN ☳	KAN ☵	GEN ☶	SUN ☴	LI ☲	DUI ☱
KIÄN ☰	1	11	34	5	26	9	14	43
KUN ☷	12	2	16	8	23	20	35	45
DSCHEN ☳	25	24	51	3	27	42	21	17
KAN ☵	6	7	40	29	4	59	64	47
GEN ☶	33	15	62	39	52	53	56	31
SUN ☴	44	46	32	48	18	57	50	28
LI ☲	13	36	55	63	22	37	30	49
DUI ☱	10	19	54	60	41	61	38	58

Es genügt, das Zeichen aus den sechs Linien – also das Hexagramm, dessen Nummer man sucht – in seine beiden Bestandteile zu trennen, eine untere Hälfte und eine obere Hälfte: die beiden Trigramme, jeweils aus drei Linien bestehend. Man sucht nun in der Tabelle das entsprechende Trigramm: das untere in der linken Spalte, das obere in der rechten Spalte. Nun kann man die Nummer des gesuchten Hexagramms an der Schnittstelle ablesen. – Die Antwort auf die Frage an das I Ging findet sich auf den nachfolgenden Seiten unter der ermittelten Hexagrammnummer.

Der Text

乾

1. KIÄN / DAS SCHÖPFERISCHE

䷀ *oben Kiän, das Schöpferische, der Himmel*
unten Kiän, das Schöpferische, der Himmel

Das Zeichen besteht aus sechs ungeteilten Strichen. Die ungeteilten Striche entsprechen der lichten, starken, geistigen, tätigen Urkraft. Das Zeichen ist ganz einheitlich stark in seiner Natur. Da ihm keinerlei Schwäche anhaftet, ist es seiner Eigenschaft nach die Kraft. Sein Bild ist der Himmel. Die Kraft wird dargestellt als nicht gebunden an bestimmte räumliche Verhältnisse. Darum wird sie aufgefaßt als Bewegung. Als Grundlage dieser Bewegung kommt die Zeit in Betracht. So ist denn auch die Macht der Zeit und die Macht des Beharrens in der Zeit, die Dauer, in dem Zeichen begriffen.

Bei der Erklärung des Zeichens ist durchgehend eine doppelte Deutung zu berücksichtigen: die makrokosmische und die Wirkung in der Menschenwelt. Auf das Weltgeschehen angewandt ist in dem Zeichen das starke schöpferische Wirken der Gottheit ausgedrückt. Auf die Menschenwelt angewandt bezeichnet es das schöpferische Wirken des Heiligen und Weisen, des Herrschers und Führers der Menschen, der ihr höheres Wesen durch seine Kraft weckt und entwickelt*.

DAS URTEIL
Das Schöpferische wirkt erhabenes Gelingen,
fördernd durch Beharrlichkeit.

* Das Zeichen ist dem 4. Monat (April – Mai) zugeordnet, wenn die lichte Kraft auf ihrer Höhe steht, noch ehe die Sonnenwende den Rückgang des Jahres beginnt.

Dem ursprünglichen Sinne nach gehören die Eigenschaften paarweise zusammen. Für den, der dies Orakel gewinnt, bedeutet das, daß ihm Gelingen aus den Urtiefen des Weltgeschehens zuteil werden wird und daß alles darauf ankommt, daß er allein durch Beharrlichkeit im Rechten sein und anderer Glück sucht.
Sehr früh hat sich das Nachdenken den vier Eigenschaften in ihrer Sonderbedeutung zugewandt. Das chinesische Wort, das mit »erhaben« wiedergegeben ist, bedeutet »Haupt, Ursprung, groß«. Darum heißt es in der Erklärung des Kungtse: »Groß wahrlich ist die Ursprungskraft des Schöpferischen, alle Wesen verdanken ihm ihren Anfang. Und diese Kraft durchdringt den ganzen Himmel.« Denn diese erste Eigenschaft geht auch durch die drei andern hindurch.
Der Anfang aller Dinge liegt sozusagen noch im Jenseitigen in der Form von Ideen, die erst zur Verwirklichung kommen müssen. Aber im Schöpferischen liegt auch die Kraft, diesen Urbildern der Ideen Gestalt zu verleihen. Das wird in dem Wort »Gelingen« bezeichnet. Dieser Vorgang wird dargestellt unter einem Bild der Natur*. »Die Wolken gehen, und der Regen wirkt, und alle einzelnen Wesen strömen in ihre Gestalt ein.«
Auf das menschliche Gebiet übertragen zeigen diese Eigenschaften dem großen Mann den Weg zu großem Erfolg: »Indem er in großer Klarheit die Ursachen und Wirkungen schaut, vollendet er zur rechten Zeit die sechs Stufen und steigt zur rechten Zeit auf ihnen wie auf sechs Drachen empor zum Himmel. Die sechs Stufen sind die sechs Einzelpositionen des Zeichens, die weiter unten unter dem Bild von Drachen dargestellt werden. Als Weg zum Erfolg ist hier das Erkennen und Verwirklichen des Welt-

* Vgl. Genesis Kap. 2, 1 ff., wo auch die Entfaltung der Einzelwesen auf das Fallen des Regens zurückgeführt wird.

sinnes bezeichnet, der als durchlaufendes Gesetz durch Ende und Anfang alle zeitlich bedingten Erscheinungen bewirkt. So wird jede erreichte Stufe zugleich die Vorbereitung für die nächste, und die Zeit ist dann kein Hemmnis mehr, sondern das Mittel der Verwirklichung des Möglichen.
Nachdem durch die beiden Eigenschaften erhaben und Gelingen der Schöpfungsakt zum Ausdruck kam, wird im Anschluß an die beiden Ausdrücke »fördernd«, d.h. wörtlich »schaffend, was das dem Wesen Entsprechende ist«, und »beharrlich«, d.h. wörtlich »recht und fest«, das Werk der Erhaltung als fortlaufend sich verwirklichende Ausgestaltung aufgezeigt. »Der Lauf des Schöpferischen verändert und gestaltet die Wesen, bis jedes seine rechte ihm bestimmte Natur erlangt, dann bewahrt er sie in Übereinstimmung mit dem großen Gleichmaß. So zeigt er sich, fördernd durch Beharrlichkeit.«
Auf das menschliche Gebiet übertragen ergibt sich hieraus, wie der große Mann durch seine ordnende Tätigkeit der Welt Frieden und Sicherheit bringt: »Indem er sich mit seinem Haupt erhebt über die Menge der Wesen, kommen alle Lande zusammen in Ruhe.«
Eine andere Spekulation geht mit der Trennung der Worte »erhaben, gelingen, fördernd, beharrlich« noch weiter und setzt sie in Parallele mit den vier menschlichen Kardinaltugenden: Der »Erhabenheit«, die zugleich als Grundprinzip alle andern Eigenschaften einschließt, wird die Liebe zugeordnet. Der Eigenschaft »Gelingen« wird die Sitte zugeordnet, die die Äußerungen der Liebe ordnet, organisiert und darum erfolgreich macht. Der Eigenschaft »fördernd« wird die Gerechtigkeit zugeordnet, die Zustände schafft, in denen jeder das seinem Wesen Entsprechende, was ihm gebührt und sein Glück ausmacht, erhält. Der Eigenschaft der »Beharrlichkeit« wird die Weisheit

zugeordnet, die die festen Gesetze alles Geschehens erkennt und darum dauernde Zustände zu schaffen vermag. Diese Spekulationen, die schon in dem Aufsatz Wen Yän im zweiten Teil des Buchs der Wandlungen angeregt sind, haben dann die Brücke gebildet, auf der die Philosophie der fünf Wandlungsstufen (Elemente), die im Buch der Urkunden verankert ist, mit der Philosophie des Buchs der Wandlungen, die rein auf der polaren Zweiheit von positiven und negativen Prinzipien beruht, kombiniert wurde, wodurch dann im Lauf der Zeit einer immer weiter gehenden Zahlensymbolik die Tür geöffnet wurde*.

DAS BILD
Des Himmels Bewegung ist kraftvoll.
So macht der Edle sich stark und unermüdlich.

Die Verdoppelung des Zeichens Kiän, dessen Bild der Himmel ist, deutet, da es nur einen Himmel gibt, auf die Bewegung des Himmels. Eine vollendete Kreisbewegung des Himmels ist ein Tag. Die Verdoppelung des Zeichens bedeutet, daß auf jeden Tag ein weiterer folgt. Das erzeugt die Vorstellung der Zeit und zugleich, da es derselbe Himmel ist, der sich in unermüdlicher Kraft bewegt, der kraftvollen Dauer in und über der Zeit, einer Bewegung, die nie stillsteht oder erlahmt, wie Tag um Tag einander dauernd folgen. Diese Dauer. in der Zeit ist das Bild der Kraft, wie sie dem Schöpferischen zu eigen ist.

* Das Schöpferische bewirkt Anfang und Zeugung aller Wesen. Man kann es daher bezeichnen als Himmel, lichte Kraft, Vater, Herr. Es ist nun eine Frage, ob das Schöpferische im Chinesischen persönlich gedacht ist wie Zeus bei den Griechen. Die Antwort lautet, daß dieses Problem für das Chinesentum gar nicht das Wichtigste ist. Das Göttlich-Schöpferische ist sozusagen überpersönlich. Es macht sich nur fühlbar und bemerkbar durch seine übermächtige Aktivität. Wohl hat es sozusagen ein Äußeres, das ist der Himmel. Und der Himmel hat wie alles Lebende ein seelisches Selbstbewußtsein, das ist Gott (der höchste Herrscher). Allein ganz objektiv redet man von dem allen als dem Schöpferischen.

Der Weise entnimmt daraus das Vorbild dafür, wie er sich zu dauernder Wirkung zu entwickeln vermag. Er muß sich ganz einheitlich stark machen, indem er alles Niederziehende, Gemeine bewußt ausschaltet. So gewinnt er die Unermüdlichkeit, die auf geschlossenen Tätigkeitskreisen beruht.

DIE EINZELNEN LINIEN*:
ANFANGS EINE NEUN BEDEUTET:
Verdeckter Drache. Handle nicht.

Der Drache hat in China eine ganz andere Bedeutung als in der westlichen Auffassung. Der Drache ist das Symbol der beweglich-elektrischen, starken anregenden Kraft, die sich im Gewitter zeigt. Diese Kraft zieht sich im Winter in die Erde zurück, tritt im Frühsommer wieder in Wirkung und erscheint am Himmel als Blitz und Donner. Infolge davon regen sich dann auf der Erde auch die schöpferischen Kräfte wieder.
Hier ist diese schöpferische Kraft noch verdeckt unterhalb der Erde und hat daher noch keine Wirkung. Das bedeutet, auf menschliche Verhältnisse übertragen, daß ein bedeutender Mensch noch unerkannt ist. Aber er bleibt sich darum dennoch selber treu. Er läßt sich von äußerem Erfolg und Mißerfolg nicht beeinflussen, sondern wartet stark und unbekümmert seine Zeit ab.

*Die Linien werden von unten nach oben gezählt. Der Anfangsstrich ist also der unterste. Erlangt der Fragende eine Sieben, so ist das zwar ein starker Strich, der für den Aufbau des Gesamtzeichens in Betracht kommt, doch bewegt er sich nicht und hat daher in seiner Einzelheit keine Bedeutung. Erlangt der Fragende dagegen eine Neun, so bewegt sich der Strich, und seine Sonderbedeutung tritt dabei hervor und ist im einzelnen zu bedenken. Dasselbe gilt von den übrigen starken Linien im ganzen Buch. In den einzelnen Zeichen bedeuten die bei den unteren Linien die Erde, die mittleren das Gebiet der Menschenwelt. die oberen den Himmel.

So gilt es für den, der diesen Strich zieht, zu warten in ruhig starker Geduld. Die Zeit wird sich schon erfüllen. Man braucht nicht zu fürchten, daß ein starker Wille sich nicht durchsetzt. Doch gilt es, seine Kraft nicht voreilig auszugeben und etwas erzwingen zu wollen, das noch nicht an der Zeit ist.

NEUN AUF ZWEITEM PLATZ BEDEUTET:
Erscheinender Drache auf dem Feld.
Fördernd ist es, den großen Mann zu sehen.

Hier beginnen die Wirkungen der lichten Kraft sich zu zeigen. Auf menschliche Verhältnisse übertragen bedeutet das, daß der große Mann auf dem Felde seiner Tätigkeit erscheint. Noch hat er keine herrschende Stellung, sondern ist noch unter Seinesgleichen. Aber was ihn vor andern auszeichnet, ist sein Ernst, seine unbedingte Zuverlässigkeit, der Einfluß, den er ohne bewußte Anstrengung auf seine Umgebung ausübt. Ein solcher Mensch ist dazu bestimmt, großen Einfluß zu bekommen und die Welt in Ordnung zu bringen. Darum ist es fördernd, ihn zu sehen.

NEUN AUF DRITTEM PLATZ BEDEUTET:
Der Edle ist den ganzen Tag schöpferisch tätig.
Des Abends noch ist er voll innerer Sorge.
Gefahr. Kein Makel.

Ein Wirkungskreis eröffnet sich für den bedeutenden Mann. Sein Ruhm beginnt sich auszubreiten. Die Massen fallen ihm zu. Seine innere Kraft ist der gesteigerten äußeren Tätigkeit gewachsen. Es gibt alle Hände voll zu tun, und selbst abends noch, da andere ruhen, drängen sich die Pläne und Sorgen. Eine Gefahr ist hier vorhanden am Platz des Überganges aus der Niedrigkeit in die Höhe. Schon mancher große Mann ging dadurch zugrunde, daß die Massen ihm zufielen und ihn mitrissen in ihre Bahnen hinein. Ehrgeiz verdarb die innere Reinheit. Aber wahre Größe wird durch Versuchungen nicht beeinträchtigt. Wenn man in Fühlung bleibt mit den Keimen der neuen Zeit und ihren Forderungen, so besitzt man genügende Vorsicht, sich vor Abwegen zu hüten, und bleibt ohne Makel.

NEUN AUF VIERTEM PLATZ BEDEUTET:
Schwankender Aufschwung über die Tiefe. Kein Makel.

Hier ist die Stelle des Übergangs erreicht, wo die Freiheit sich betätigen kann. Eine doppelte Möglichkeit liegt vor dem bedeutenden Mann: entweder sich aufzuschwingen und im großen Leben maßgebend zu sein oder sich zurückzuziehen und in der Stille seine Persönlichkeit auszubilden: der Weg des Helden oder des verborgenen Heiligen. Welches der richtige ist, darüber gibt es kein allgemeines Gesetz. Jeder, der in solcher Lage ist, muß nach den innersten Gesetzen seines Wesens sich frei entscheiden. Wenn er ganz wahr und folgerichtig handelt, so findet er den Weg, der ihm entspricht, und dieser Weg ist für ihn recht und ohne Makel.

NEUN AUF FÜNFTEM PLATZ BEDEUTET:
Fliegender Drache am Himmel.
Fördernd ist es, den großen Mann zu sehen.

Hier ist der große Mann in der Sphäre der Himmlischen angelangt. Sein Einfluß erstreckt sich weithin sichtbar über die ganze Welt. Jeder, der ihn sieht, kann sich selig preisen.

Kungtse sagt darüber: »Was im Ton übereinstimmt, schwingt miteinander. Was wahlverwandt ist im innersten Wesen, das sucht einander. Das Wasser fließt zum Feuchten hin, das Feuer wendet sich dem Trockenen zu. Die Wolken (des Himmels Atem) folgen dem Drachen, der Wind (der Erde Atem) folgt dem Tiger. So erhebt sich der Weise, und alle Wesen blicken nach ihm. Was vom Himmel stammt, fühlt sich verwandt mit dem, was droben ist. Was von der Erde stammt, fühlt sich verwandt mit dem, was drunten ist. Jedes folgt seiner Art.«

OBEN EINE NEUN BEDEUTET:
Hochmütiger Drache wird zu bereuen haben.

Wenn man so hoch emporsteigen will, daß man die Fühlung mit den übrigen Menschen verliert, so wird man vereinsamt, und das führt notwendig zu Mißerfolg. Hier liegt eine Warnung gegen ein titanisches Emporstreben, das über die Kraft geht. Ein Sturz zur Tiefe würde die Folge sein.

WENN LAUTER NEUNEN ERSCHEINEN, BEDEUTET DAS:
Es erscheint eine Schar von Drachen ohne Haupt. Heil!

Wenn alle Linien Neunen sind, so kommt das ganze Zeichen in Bewegung und verwandelt sich in das Zeichen Kun, das Empfangende, dessen Charakter die Hingebung ist. Die Stärke des Schöpferischen und die Milde des Empfangenden vereinen sich. Das Starke ist angedeutet durch die Schar der Drachen, das Milde durch den Umstand, daß ihre Häupter verborgen sind. Das bedeutet: Milde in der Handlungsweise verbunden mit Stärke des Entschlusses bringt Heil.

坤

2. KUN / DAS EMPFANGENDE

䷁ *oben Kun, das Empfangende, die Erde*
unten Kun, das Empfangende, die Erde

Das Zeichen besteht aus lauter geteilten Linien. Die geteilte Linie entspricht der schattigen, weichen, rezeptiven Urkraft des Yin. Die Eigenschaft des Zeichens ist die Hingebung, sein Bild ist die Erde. Es ist das vollkommene Gegenstück zu dem Schöpferischen, das Gegenstück, nicht der Gegensatz; eine Ergänzung, keine Bekämpfung. Es ist die Natur gegenüber dem Geist, die Erde gegenüber dem Himmel, das Räumliche gegenüber dem Zeitlichen, das Weiblich-Mütterliche gegenüber dem Männlich-Väterlichen. Der Grundsatz dieses Gegenstückes findet sich aber, auf menschliche Verhältnisse übertragen, nicht nur in den Beziehungen zwischen Mann und Weib, sondern auch von Fürst und Minister oder Vater und Sohn; ja selbst in den einzelnen Menschen ist diese Zweiheit in dem Zusammensein von Geistigem und Sinnlichem.

Dennoch kann von einem eigentlichen Dualismus nicht geredet werden, denn es besteht zwischen den beiden Zeichen das Verhältnis einer klaren Rangordnung. An sich ist natürlich das Empfangende ebenso wichtig wie das Schöpferische. Aber durch die Eigenschaft der Hingebung ist die Stellung dieser Urkraft dem Schöpferischen gegenüber bezeichnet. Sie muß unter der Leitung und Anregung des Schöpferischen sein, dann wirkt sie heilvoll. Nur wenn sie aus dieser Stellung heraustritt und dem Schöpferischen ebenbürtig zur Seite treten will, wird sie böse. Daraus ergibt sich dann Gegensatz und Kampf gegen das Schöpferische, der für beide Teile unheilvoll wirkt.

DAS URTEIL
Das Empfangende wirkt erhabenes Gelingen,
Fördernd durch die Beharrlichkeit einer Stute.
Hat der Edle etwas zu unternehmen und will voraus,
So geht er irre; doch folgt er nach, so findet er Leitung.
Fördernd ist es, im Westen und Süden Freunde zu finden,
Im Osten und Norden der Freunde zu entraten.
Ruhige Beharrlichkeit bringt Heil!

Die vier Grundrichtungen des Schöpferischen: »erhabenes Gelingen, fördernd durch Beharrlichkeit« finden sich auch als Bezeichnung des Empfangenden. Nur ist die Beharrlichkeit näher definiert als die Beharrlichkeit einer Stute. Das Empfangende bezeichnet die räumliche Wirklichkeit gegenüber der geistigen Möglichkeit des Schöpferischen. Wenn das Mögliche wirklich wird, das Geistige räumlich, so geschieht das immer durch eine einschränkende, individuelle Bestimmung. Das ist bezeichnet dadurch, daß hier dem Ausdruck »Beharrlichkeit« die nähere Bestimmung »einer Stute« beigefügt ist. Das Pferd gehört zur Erde wie der Drache zum Himmel, es symbolisiert durch seine unermüdliche Bewegung über die Ebene hin die Weiträumigkeit der Erde. Der Ausdruck »Stute« ist gewählt, weil die Stute die Kraft und Schnelligkeit des Pferdes mit der Sanftheit und Hingebung der Kuh vereinigt.
Die Natur kann nur darum, weil sie dem Wesen des Schöpferischen gewachsen ist, dessen Anregungen verwirklichen. Ihr Reichtum besteht darin, daß sie alle Wesen ernährt, und ihre Größe, daß sie alles verschönt und herrlich macht. So schafft sie Gedeihen für alles Lebendige. Während das Schöpferische die Dinge zeugt, werden sie vom Empfangenden geboren*. Auf menschliche Verhältnisse übertragen, handelt es sich darum, der Lage entsprechend sich zu verhalten. Man ist nicht in

selbständiger Stellung, sondern als Gehilfe tätig. Da gilt es, etwas zu leisten. Nicht führen zu wollen – dadurch verirrte man sich nur –, sondern sich führen zu lassen, ist die Aufgabe. Wenn man es versteht, dem Schicksal gegenüber sich hingebend zu verhalten, so findet man sicher eine entsprechende Leitung. Der Edle läßt sich leiten. Er geht nicht blindlings voran, sondern er entnimmt den Verhältnissen, was von ihm verlangt wird, und folgt dieser Weisung des Schicksals.

Da man etwas leisten soll, bedarf man der Gehilfen und Freunde zur Zeit der Arbeit und Anstrengung, wenn die Gedanken, die ausgeführt werden sollen, schon festliegen. Die Zeit der Arbeit und Anstrengung wird durch den Westen und Süden ausgedrückt. Denn der Süden und Westen ist das Symbol für den Ort, da das Empfangende für das Schöpferische arbeitet – wie die Natur im Sommer und Herbst; wenn man da nicht alle Kräfte zusammenfaßt, wird man nicht fertig mit der Arbeit, die man zu leisten hat. Darum bedeutet hier, Freunde zu bekommen, eben, daß man Leitung findet. Aber außer der Arbeit und Anstrengung gibt es auch eine Zeit des Planens und Ordnens; da bedarf's der Einsamkeit. Der Osten symbolisiert den Ort, da man die Aufträge von seinem Herrn erhält, und der Norden den Ort, da man über das Gelei-

* Es findet sich hier eine ähnliche Auffassung, wie Goethe sie in den Versen ausdrückt:

So schauet mit bescheidenem Blick
Der ewigen Weberin Meisterstück,
Wie ein Tritt tausend Fäden regt,
Die Schifflein hinüber herüber schießen,
Die Fäden sich begegnend fließen,
Ein Schlag tausend Verbindungen schlägt;
Das hat sie nicht zusammengebettelt,
Sie hat's von Ewigkeit angezettelt,
Damit der ewige Meistermann
Getrost den Einschlag werfen kann.

stete berichtet. Da gilt es allein und sachlich zu sein. In dieser heiligen Stunde muß man der Genossen entraten, damit nicht durch der Parteien Haß und Gunst die Reinheit getrübt wird.

DAS BILD
Der Zustand der Erde ist die empfangende Hingebung.
So trägt der Edle weiträumigen Wesens die Außenwelt.

Ebenso wie es nur einen Himmel gibt, gibt es auch nur eine Erde. Während aber beim Himmel die Verdoppelung des Zeichens zeitliche Dauer bedeutet, bedeutet sie bei der Erde die räumliche Ausdehnung und Festigkeit, mit der sie alles, was da lebt und webt, trägt und erhält. Die Erde in ihrer Hingebung trägt ohne Ausnahme Gut und Böse. So macht der Edle seinen Charakter weiträumig, gediegen und tragfähig, so daß er Menschen und Dinge zu tragen und ertragen vermag.

DIE EINZELNEN LINIEN:
ANFANGS EINE SECHS BEDEUTET:
Tritt man auf Reif, so naht das feste Eis.

Wie die lichte Kraft das Leben darstellt, so die schattige Kraft den Tod. Im Herbst, wenn der Frühreif fällt, ist die Kraft des Dunkels und der Kälte erst in der Entfaltung. Nach den ersten Spuren werden sich nach festen Gesetzen die Äußerungen des Todes allmählich mehren, bis schließlich der starre Winter mit seinem Eis da ist.
Genau so geht es im Leben. Wenn sich gewisse, kaum merkliche Zeichen des Verfalls zeigen, so geht es weiter, bis schließlich der Untergang da ist. Aber im Leben kann man vorbeugen, wenn man die Anzeichen des Verfalls beachtet und ihnen rechtzeitig entgegentritt.

SECHS AUF ZWEITEM PLATZ BEDEUTET:
Gerade, rechtwinklig, groß.
Ohne Absicht bleibt doch nichts ungefördert.

Der Himmel hat als Symbol den Kreis, die Erde das rechtwinklige Quadrat. Somit ist das Rechtwinklige eine ursprüngliche Eigenschaft der Erde. Dagegen ist die geradlinige Bewegung ursprünglich eine Eigenschaft des Schöpferischen, ebenso wie die Größe. Aber alle rechtwinkligen Dinge haben ihre Wurzel in der geraden Linie und bilden ihrerseits wieder körperliche Größen. Wenn man in der Mathematik Linien, Flächen und Körper unterscheidet, so ergeben sich aus geraden Linien rechtwinklige Flächen und aus rechtwinkligen Flächen kubische Größen. Das Empfangende richtet sich nach den Eigenschaften des Schöpferischen und macht sie zu seinen eigenen. So wird aus einer Geraden ein Quadrat und aus einem Quadrat ein Würfel. Das ist die einfache Hingebung an die Gesetze des Schöpferischen, ohne etwas davon- oder dazuzutun. Darum bedarf es für das Empfangende nicht einer besonderen Absicht oder Anstrengung, und alles wird recht.
Die Natur erzeugt die Wesen ohne Falsch, das ist ihre Geradheit; sie ist ruhig und still, das ist ihre Rechtwinkligkeit; sie weigert sich nicht, irgendein Wesen zu dulden, das ist ihre Größe. Darum erreicht sie ohne äußeres Machen oder besondere Absichten für alle das Rechte. Für den Menschen bedeutet es höchste Weisheit, in seinem Wirken so selbstverständlich zu werden wie die Natur.

SECHS AUF DRITTEM PLATZ BEDEUTET:
Verborgene Linien; man vermag beharrlich zu bleiben.
Folgst du etwa eines Königs Diensten,
So suche nicht Werke, aber vollende!

Wenn man frei von Eitelkeit ist, so vermag man seine Vorzüge so zu verdecken, daß sie nicht vorzeitig die öffentliche Aufmerksamkeit auf sich ziehen. So kann man in der Stille reifen. Wenn es die Verhältnisse erfordern, so mag man auch in die Öffentlichkeit hervortreten, aber auch dann zurückhaltend. Der Weise wird den Ruhm gern ändern lassen. Er sucht nicht fertige Tatsachen, die ihm als Verdienste angerechnet werden, wohl aber erhofft er wirkende Ursachen, d.h., er vollendet die Werke so, daß sie für die Zukunft fruchtbringend sind.

SECHS AUF VIERTEM PLATZ BEDEUTET:
Zugebundener Sack. Kein Makel; kein Lob.

Das Schattige öffnet sich, wenn es sich bewegt, und schließt sich, wenn es ruht. Hier ist die strengste Verschlossenheit gezeichnet. Die Zeit ist gefährlich: jedes Hervortreten führt entweder zur Feindschaft übermächtiger Gegner, wenn man sie bekämpfen wollte, oder zu mißverstandener Anerkennung, wenn man sich läßlich gäbe. So gilt es, sich zu verschließen, sei es in der Einsamkeit oder im Weltgetriebe: denn auch da kann man sich so gut verbergen, daß niemand einen kennt.

SECHS AUF FÜNFTEM PLATZ BEDEUTET:
Gelbes Untergewand bringt erhabenes Heil!

Gelb ist die Farbe der Erde und der Mitte, das Symbol des Zuverlässigen und Echten. Das Untergewand ist unauffällig verziert, das Symbol vornehmer Zurückhaltung. Wenn jemand zu wirken berufen ist an hervorragender, doch nicht unabhängiger Stellung, so beruht der wahre Erfolg auf der höchsten Diskretion. Die Echtheit und Feinheit darf nicht direkt hervortreten, sondern nur als Wirkung von innen her sich mittelbar äußern.

OBEN EINE SECHS BEDEUTET:
Drachen kämpfen auf dem Anger.
Ihr Blut ist schwarz und gelb.

Auf dem obersten Platz sollte das Schattige dem Lichten weichen. Will es sich auf dem Platz, der ihm nicht gebührt, behaupten und, statt zu dienen, herrschen, so zieht es sich den Zorn des Starken zu. Es kommt zum Kampf, in dem es gestürzt wird, in dem jedoch beide Teile zu Schaden kommen.
Der Drache, das Symbol des Himmels, kommt herbei und bekämpft den falschen Drachen, zu dessen Bilde hier das Irdische sich gesteigert hat. Schwarzblau ist die Farbe des Himmels, gelb ist die Farbe der Erde. Wenn also schwarzes und gelbes Blut fließt, so ist das ein Zeichen, daß durch diesen unnatürlichen Kampf beide Grundkräfte Schaden leiden*.

WENN LAUTER SECHSEN ERSCHEINEN,
BEDEUTET DAS:
Fördernd ist dauernde Beharrlichkeit.

Wenn lauter Sechsen erscheinen verwandelt sich das Zeichen des Empfangenden in das Zeichen des Schöpferischen. Es gewinnt so die Kraft der Dauer im Festhalten des Rechten. Es gibt zwar keinen Fortschritt, aber auch keinen Rückschritt.

* Während die oberste Linie des Schöpferischen Titanenstolz zeigt und eine Parallele bildet zur griechischen Sage des Ikarus, ist in der obersten Linie des Empfangenden eine Parallele zum Mythos von Luzifer, der sich gegen die oberste Gottheit empört, oder zu dem Kampf der dunklen Mächte gegen die Götter Walhalls, der mit der Götterdämmerung endet.

屯

3. DSCHUN / DIE ANFANGSSCHWIERIGKEIT

䷂ *oben Kan, das Abgründige, das Wasser*
unten Dschen, das Erregende, der Donner

Der Name des Zeichens, Dschun, stellt eigentlich ein Gras dar, das bei seinem Hervorsprießen aus der Erde auf ein Hindernis stößt. Daraus ergibt sich die Bedeutung der Anfangsschwierigkeit. Das Zeichen deutet, wie Himmel und Erde die Einzelwesen hervorbringen. Es ist ihre erste Begegnung, die mit Schwierigkeiten verbunden ist. Das untere Zeichen, Dschen, ist das Erregende; seine Bewegung geht nach oben; zum Bild hat es den Donner. Das obere Zeichen, Kan, ist das Abgründige, Gefährliche; seine Bewegung geht nach unten; zum Bild hat es den Regen. Die Lage deutet also auf dichte, chaotische Fülle. Donner und Regen erfüllen die Luft. Aber das Chaos lichtet sich. Die Bewegung, die nach oben gerichtet ist, während das Abgründige sich senkt, kommt schließlich aus der Gefahr hinaus. Im Gewitter entladen sich die gespannten Kräfte, und alles atmet erleichtert auf.

DAS URTEIL
Die Anfangsschwierigkeit wirkt erhabenes Gelingen.
Fördernd durch Beharrlichkeit.
Man soll nichts unternehmen.
Fördernd ist es, Gehilfen einzusetzen.

Werdezeiten haben Schwierigkeiten. Es ist wie eine Erstgeburt. Aber diese Schwierigkeiten entstehen aus der Fülle dessen, was nach Gestaltung ringt. Es ist alles in Bewegung begriffen, darum ist trotz der vorhandenen Gefahr Aussicht auf großen Erfolg da, wenn man Beharrlichkeit hat. Wenn solche Anfangszeiten als Schicksal kommen, so ist noch alles ungestaltet und dunkel. Darum muß man abwarten, denn jedes vorzeitige Zufassen könnte Mißerfolg bringen. Ebenso ist es von großer Wichtigkeit, daß man nicht allein bleibt. Man muß Gehilfen haben, um gemeinsam mit ihnen das Chaos zu bewältigen. Das heißt aber nicht, daß man selbst untätig den Vorgängen zuschauen soll, sondern man muß mit Hand anlegen, anfeuernd und leitend bei allem dabeisein.

DAS BILD
Wolken und Donner: das Bild der Anfangsschwierigkeit.
So wirkt der Edle entwirrend und ordnend.

Wolken und Donner werden dargestellt durch bestimmte Linienornamente, das heißt, daß in dem Chaos der Anfangsschwierigkeit die Ordnung schon angelegt ist. So muß der Edle in solchen Anfangszeiten die unübersichtliche Fülle gliedern und ordnen, wie man Seidenfäden aus einem Knäuel auseinanderliest und sie zu Strängen verbindet. Man muß, um im Unendlichen sich zu finden, unterscheiden und verbinden.

DIE EINZELNEN LINIEN:
ANFANGS EINE NEUN BEDEUTET:
Zögern und Hemmung.
Fördernd ist es, beharrlich zu bleiben.
Fördernd ist es, Gehilfen einzusetzen.

Wenn man zu Anfang einer Unternehmung auf Hemmung stößt, so darf man den Fortschritt nicht erzwingen wollen, sondern muß vorsichtig innehalten. Aber man darf sich nicht irre machen lassen, sondern muß dauernd und beharrlich sein Ziel im Auge behalten. Wichtig ist es, daß man sich die richtigen Hilfskräfte sucht. Die findet man nur dann, wenn man bescheiden mit den Menschen verkehrt und sich nicht überhebt. Nur dadurch fallen einem die Menschen zu, mit deren Hilfe man die Schwierigkeiten in Angriff nehmen kann.

SECHS AUF ZWEITEM PLATZ BEDEUTET:
Schwierigkeiten türmen sich.
Pferd und Wagen trennen sich.
Nicht Räuber er ist,
Will freien zur Frist.
Das Mädchen ist keusch, verspricht sich nicht.
Zehn Jahre, dann verspricht sie sich.

Man befindet sich in Schwierigkeit und Hemmung. Da zeigt sich plötzlich eine Wendung, wie wenn jemand mit Wagen und Pferden herankäme und ausspannte. Dies Ereignis kommt so überraschend, daß man vermutet, der Herankommende sei ein Räuber. Allmählich zeigt es sich, daß er keine bösen Absichten hat, sondern freundliche Verbindung sucht und Erleichterung anbietet. Aber man nimmt das Anerbieten nicht an, da es nicht von der rechten Seite kommt, sondern wartet, bis die Zeit erfüllt ist – zehn Jahre sind ein geschlossener Zeitraum, eine erfüllte Zeit. Dann kehren von selbst die normalen Verhältnisse wieder, und man kann sich mit dem Freund vereinen, der einem bestimmt ist.
Unter dem Bild einer Braut, die in schweren Konflikten ihrem Geliebten treu bleibt, wird ein Rat für eine besondere Lebenslage erteilt: Wenn in Zeiten der Schwierig-keit, da man auf Hemmung stößt, unerwartet eine Erleichterung angeboten wird von einer Seite, zu der man keine Beziehung hat, so soll man vorsichtig sein und keine Verpflichtungen auf sich nehmen, wie das die Folge einer solchen Hilfe wäre, da man sonst in der Freiheit der Entscheidung beeinträchtigt wäre. Wenn man die Zeit abwartet, so wer-

den die ruhigen Verhältnisse wieder kommen, und man erreicht, was man gehofft*.

SECHS AUF DRITTEM PLATZ BEDEUTET:
Wer den Hirsch jagt ohne Förster,
Der verirrt sich nur im Wald.
Der Edle versteht die Zeichen der Zeit
Und steht lieber ab.
Weitermachen bringt Beschämung.

Wenn man keinen Führer hat und in einem fremden Walde jagen will, so verirrt man sich. Man darf sich aus den Schwierigkeiten, in denen man steht, nicht unbedacht und führerlos herausstehlen wollen. Das Schicksal läßt sich nicht betrügen. Voreiliges Streben ohne die nötige Leitung führt zu Mißerfolg und Schande. Darum wird der Edle, der die Keime des Kommenden erkennt, lieber auf einen Wunsch verzichten, als dadurch, daß er ihn zu erzwingen sucht, sich Mißerfolg und Beschämung zuzuziehen.

SECHS AUF VIERTEM PLATZ BEDEUTET:
Pferd und Wagen trennen sich.
Suche nach Vereinigung.
Hingehen bringt Heil.
Alles wirkt fördernd.

Man ist in einer Lage, da man die Pflicht hat zu handeln, aber die Kraft reicht nicht aus. Doch bietet sich Gelegenheit, Anschluß zu finden. Da gilt es zuzugreifen. Man darf

* Eine andere Deutung ergibt sich aus folgender möglichen Übersetzung:
Schwierigkeiten türmen sich.
Pferd und Wagen wenden sich.
Wär nicht der Räuber da,
Der Freier käme ja.
Das Mädchen ist treu, verspricht sich nicht.
Zehn Jahre, dann verspricht sie sich.

sich nicht durch einen falschen Stolz und falsche Zurückhaltung abhalten lassen. Es ist ein Zeichen innerer Klarheit, wenn man es über sich gewinnt, den ersten Schritt zu tun, selbst wenn eine gewisse Selbstverleugnung damit verbunden ist. In schwieriger Lage ist es keine Schande, sich helfen zu lassen. Wenn man den richtigen Gehilfen findet, geht alles gut.

NEUN AUF FÜNFTEM PLATZ BEDEUTET:
Schwierigkeiten im Segnen.
Kleine Beharrlichkeit bringt Heil,
Große Beharrlichkeit bringt Unheil.

Man findet sich in der Lage, daß man keine Möglichkeit hat, seine guten Absichten so zum Ausdruck zu bringen, daß sie wirklich in die Erscheinung treten und verstanden werden. Andere schieben sich dazwischen und entstellen alles, was man tut. Da muß man dann vorsichtig sein und allmählich vorgehen. Man darf nichts Großartiges gewaltsam durchsetzen wollen; denn so etwas gelingt nur, wenn man das allgemeine Vertrauen schon genießt. Nur im Stillen, durch treue und gewissenhafte Arbeit kann man allmählich dahin wirken, daß die Verhältnisse sich aufklären und die Hemmung fällt.

OBEN EINE SECHS BEDEUTET:
Pferd und Wagen trennen sich.
Blutige Tränen ergießen sich.

Es gibt Menschen, denen werden die Anfangsschwierigkeiten zu schwer. Sie bleiben stecken und finden sich nicht mehr durch. Sie lassen die Hände sinken und geben den Kampf auf. Ein solcher Verzicht gehört zum Traurigsten. Darum macht Kungtse dazu die Bemerkung: »Blutige Tränen ergießen sich: das darf man nicht dauernd tun*.«

蒙

4. MONG / DIE JUGENDTORHEIT

䷃ *oben Gen, das Stillehalten, der Berg*
unten Kan, das Abgründige, das Wasser

Auf doppelte Weise ist das Gedenken der Jugend und Torheit in diesem Zeichen nahegelegt. Das obere Zeichen, Gen, hat als Bild einen Berg, das untere, Kan, hat als Bild das Wasser. Die Quelle, die unten am Berg hervorkommt, ist das Bild der unerfahrenen Jugend. Die Eigenschaft des oberen Zeichens ist das Stillehalten, die des unteren der Abgrund, die Gefahr. Das Stillehalten vor einem gefährlichen Abgrund ist ebenfalls ein Symbol der ratlosen Torheit der Jugend. In den beiden Zeichen liegt aber auch der Weg, wie die Jugendtorheiten überwunden werden können: Das Wasser ist etwas, das mit Notwendigkeit weiterfließt. Wenn die Quelle hervorbricht, so weiß sie zunächst freilich nicht, wohin. Aber sie füllt durch ihr stetiges Fließen die tiefe Stelle, die sie am Fortschritt hindert, aus, und dann ist der Erfolg da.

DAS URTEIL
Jugendtorheit hat Gelingen.
Nicht ich suche den jungen Toren,
der junge Tor sucht mich.

* Wenn man im Kampf des Lebens an solche Stelle gelangt, da man nicht weiterkommt und ein Seufzer sich der Brust entringt, wie an jener berühmten Stelle von Beethovens C-moll-Symphonie: dauernd darf dieser Zustand nicht sein. Man muß die Pferde der willensstarken Gedanken wieder anspannen und den Kampf zu Ende führen. »Wer niemals ruht,
Wer mit Herz und Blut
Auf Unmögliches sinnt,
Der gewinnt.«

Beim ersten Orakel gebe ich Auskunft.
Fragt er zwei-, dreimal, so ist das Belästigung.
Wenn er belästigt, so gebe ich keine Auskunft.
Fördernd ist Beharrlichkeit.

In der Jugend ist Torheit nichts Schlimmes. Es kann ihr doch gelingen. Nur muß man einen erfahrenen Lehrer finden und ihm auf die rechte Weise gegenübertreten. Dazu gehört erstens, daß man die eigene Unerfahrenheit selbst empfindet und einen Lehrer aufsucht. Nur diese Bescheidenheit und dieses Interesse verbürgt die nötige Aufnahmebereitschaft, die sich in ehrfurchtsvoller Anerkennung des Lehrers äußern wird.

Darum muß der Lehrer ruhig warten, bis er aufgesucht wird. Er soll sich nicht von sich aus anbieten: nur so kann die Belehrung zur rechten Zeit und auf die rechte Weise erfolgen.

Die Antwort, die der Lehrer auf die Fragen des Schülers gibt, soll klar und bestimmt sein wie die Antwort, die ein Orakelsucher zu erhalten wünscht. Sie muß dann als Lösung des Zweifels und Entscheidung angenommen werden. Mißtrauisches oder gedankenloses Weiterfragen dient zur bloßen Belästigung des Lehrers und wird am besten mit Stillschweigen übergangen, ähnlich wie das Orakel auch nur eine Antwort gibt und versucherischen Zweifelsfragen gegenüber versagt.

Wenn dazu die Beharrlichkeit tritt, die nicht nachläßt, bis man Punkt für Punkt sich angeeignet hat, so wird ein schöner Erfolg sicher sein.

Das Zeichen gibt somit Ratschläge sowohl für den Lehrenden als auch für den Lernenden.

DAS BILD
Unten am Berg kommt ein Quell hervor,
das Bild der Jugend.
So nährt der Edle durch gründliches Handeln
seinen Charakter.

Die Quelle kommt dadurch ins Fließen und zur Überwindung des Stillstandes, daß sie alle hohlen Stellen auf ihrem Weg ausfüllt. Ebenso ist der Weg zur Bildung des Charakters die Gründlichkeit, die nichts überspringt, sondern allmählich und stetig wie das Wasser alle Lücken ausfüllt und so vorankommt.

DIE EINZELNEN LINIEN:
ANFANGS EINE SECHS BEDEUTET:
Um den Toren zu entwickeln,
Ist es fördernd, den Menschen in Zucht zu nehmen.
Man soll die Fesseln abnehmen.
So weitermachen bringt Beschämung.

Am Anfang der Erziehung steht das Gesetz. Die Unerfahrenheit der Jugend ist geneigt, zunächst alles lässig und spielerisch zu nehmen. Da muß ihr der Ernst des Lebens gezeigt werden. Ein gewisses Sichzusammennehmen, wo es durch stramme Zucht erzwungen wird, ist gut. Wer mit dem Leben spielt, kommt nie zurecht. Aber die Zucht darf nicht in Drill ausarten. Fortgesetzter Drill wirkt beschämend und lähmt die Kraft.

NEUN AUF ZWEITEM PLATZ BEDEUTET:
Die Toren ertragen in Milde bringt Heil!
Die Frauen zu nehmen wissen bringt Heil!
Der Sohn ist dem Hauswesen gewachsen.

Hier ist ein Mann gezeichnet, der keine äußere Macht hat, aber die nötige Geisteskraft, um die auf ihm lastende Verantwortung zu tragen. Er besitzt die innere Überlegenheit und Stärke, die die Unzulänglichkeiten der menschlichen Torheit in Milde zu tragen versteht. Dieselbe Gesinnung gilt den Frauen als dem schwächeren Geschlecht gegenüber. Man muß sie zu nehmen wissen und anzuerkennen in einer gewissen ritterlichen Nach-sicht. Nur durch diese Vereinigung von innerer Kraft und äußerer Zurückhaltung wird man die Verantwortung der Leitung eines größeren gesellschaftlichen Organismus übernehmen können und dabei wirklich Erfolg haben.

SECHS AUF DRITTEM PLATZ BEDEUTET:
Nicht sollst du ein Mädchen nehmen,
Das einen ehernen Mann sieht
Und sich nicht im Besitz behält.
Nichts ist fördernd.

Ein schwacher, unerfahrener Mensch, der nach oben strebt, verliert leicht seine persönliche Eigenart, wenn er an hoher Stelle eine starke Persönlichkeit sieht, die er sklavisch nachahmt. Er gleicht einem Mädchen, das sich preisgibt, wenn sie einem starken Mann begegnet. Einer solchen unfreien Annäherung gegenüber darf man nicht entgegenkommend sein. Entgegenkommen wäre weder für den Jüngling noch für den Erzieher gut.
Ein Mädchen ist es ihrer Würde schuldig, daß sie auf Werbung wartet. In beiden Fällen ist es unwürdig, sich selbst anzubieten, und es ist nicht gut, ein solches Angebot anzunehmen.

SECHS AUF VIERTEM PLATZ BEDEUTET:
Beschränkte Torheit bringt Beschämung.

Für die Jugendtorheit ist es das hoffnungsloseste, sich in leere Einbildungen zu verstricken. Je eigensinniger sie auf solchen wirklichkeitsfremden Einbildungen beharrt, desto gewisser zieht sie sich Beschämungen zu.
Für den Erzieher wird beschränkter Torheit gegenüber oft nichts übrigbleiben, als sie eine Zeitlang sich selbst zu überlassen und die ihr aus ihrem Gebahren entspringende Beschämung nicht zu ersparen. Das ist oft der einzige Weg zur Rettung.

SECHS AUF FÜNFTEM PLATZ BEDEUTET:
Kindliche Torheit bringt Heil.

Ein unerfahrener Mensch, der kindlich und anspruchslos Belehrung sucht, ist gut daran. Denn wer vom Hochmut frei sich dem Lehrer unterstellt, der wird sicher gefördert.

OBEN EINE NEUN BEDEUTET:
Beim Bestrafen der Torheit ist es nicht fördernd,
Übergriffe zu begehen.
Fördernd ist nur, Übergriffe abzuwehren.

Unter Umständen muß ein unverbesserlicher Tor bestraft werden. Wer nicht hören will, muß fühlen. Diese Strafe ist von der Aufrüttlung zu Beginn verschieden. Aber die Verhängung der Strafe darf nicht im Zorn geschehen, sondern muß sich auf eine sachliche Abwehr unberechtigter Übergriffe beschränken. Sie ist nie Selbstzweck, sondern hat nur der Herstellung geordneter Verhältnisse zu dienen. Das gilt sowohl von der Erziehung als auch von den Maßregeln einer Regierung gegen eine Bevölkerung, die sich Ausschreitungen zuschulden kommen läßt. Das Einschreiten der Regierung muß immer nur abwehrend sein und hat als einziges Ziel die Herstellung der öffentlichen Sicherheit und Ruhe.

需

5. SÜ / DAS WARTEN

䷄ *oben das Abgründige, das Wasser*
unten das Schöpferische, der Himmel

Alle Wesen bedürfen der Nahrung von oben. Aber das Spenden der Speise hat seine Zeit, die man erwarten muß. Das Zeichen zeigt die Wolken am Himmel, die Regen spenden, der alles Gewächs erfreut und den Menschen mit Speise und Trank versieht. Dieser Regen wird kommen zu seiner Zeit. Man kann ihn nicht erzwingen, sondern muß darauf warten. Der Gedanke des Wartens wird außerdem nahegelegt durch die Eigenschaften der beiden Urzeichen: innen Stärke, davor Gefahr. Stärke vor Gefahr überstürzt sich nicht, sondern kann warten, während Schwäche vor Gefahr in Aufregung gerät und nicht die Geduld zum Warten hat.

DAS URTEIL
Das Warten.
Wenn du wahrhaftig bist, so hast du Licht und Gelingen.
Beharrlichkeit bringt Heil.
Fördernd ist es, das große Wasser zu durchqueren.

Das Warten ist kein leeres Hoffen. Es hat die innere Gewißheit, sein Ziel zu erreichen. Nur diese innere Gewißheit gibt das Licht, das allein zum Gelingen führt. Das führt zur Beharrlichkeit, die Heil bringt und die Kraft verleiht, das große Wasser zu durchqueren.
Eine Gefahr liegt vor einem, die überwunden werden muß. Schwäche und Ungeduld vermögen nichts. Nur wer stark ist, wird mit seinem Schicksal fertig, denn er kann

infolge der inneren Sicherheit ausharren. Diese Stärke zeigt sich in unerbittlicher Wahrhaftigkeit. Nur wenn man den Dingen, so wie sie sind, ins Auge zu schauen vermag, ohne jeden Selbstbetrug und Illusion, entwickelt sich aus den Ereignissen ein Licht, das den Weg zum Gelingen erkennen läßt. Auf diese Erkenntnis muß entschlossen beharrliches Handeln folgen; denn nur, wenn man entschlossen seinem Schicksal entgegengeht, wird man damit fertig. Dann kann man das große Wasser durchqueren, d.h. die Entscheidung treffen und die Gefahr bestehen.

DAS BILD
Wolken steigen am Himmel auf: das Bild des Wartens.
So ißt und trinkt der Edle und ist heiter und guter Dinge.

Wenn die Wolken am Himmel aufsteigen, so ist das ein Zeichen, daß es regnen wird. Da läßt sich dann weiter nichts machen als warten, bis der Regen fällt. So ist es auch im Leben, wenn ein Schicksal sich vorbereitet. Solange die Zeit noch nicht erfüllt ist, soll man nicht sorgen und durch eigenes Machen und Eingreifen die Zukunft gestalten wollen, sondern in Ruhe Kraft sammeln durch Essen und Trinken für den Leib, durch Heiterkeit und Guter-Dinge-Sein für den Geist. Das Schicksal kommt ganz von selbst, und dann ist man bereit.

DIE EINZELNEN LINIEN:
ANFANGS EINE NEUN BEDEUTET:
Warten auf dem Anger.
Fördernd ist es, im Dauernden zu bleiben.
Kein Makel.

Die Gefahr ist noch fern. Man wartet noch auf weiter Ebene. Die Verhältnisse sind noch einfach. Es liegt nur etwas in der Luft, das kommen wird. Da gilt es, die Regelmäßigkeiten des Lebens so lange beizubehalten, als es möglich ist. Nur dadurch bewahrt man sich vor allzufrüher Vergeudung der Kräfte und bleibt frei von Makel und Fehler, die für später eine Schwächung bedeuten würden.

NEUN AUF ZWEITEM PLATZ BEDEUTET:
Warten auf dem Sand.
Es gibt ein wenig Gerede.
Das Ende bringt Heil.

Die Gefahr rückt allmählich näher. Der Sand ist dem Ufer des Stromes, der die Gefahr bedeutet, nahe. Es beginnen sich Unzuträglichkeiten zu zeigen. Es entsteht in solcher Zeit leicht eine allgemeine Unruhe. Man wirft sich gegenseitig die Schuld vor. Wer da gelassen bleibt, dem wird es gelingen, daß schließlich alles gutgeht. Alle üble Nachrede muß endlich verstummen, wenn man ihr nicht den Gefallen beleidigter Gegenrede tut.

NEUN AUF DRITTEM PLATZ BEDEUTET:
Warten im Schlamm
Bewirkt das Kommen des Feindes.

Der Schlamm, der schon vom Wasser des Stromes bespült wird, ist kein günstiger Ort für das Warten. Statt die Kräfte zu sammeln, um in einem Zug das Wasser zu durchqueren, hat man einen vorzeitigen Anlauf gemacht, dessen Kraft eben bis zum Schlamm führt. Eine solche ungünstige Lage zieht von außen her die Feinde herbei, die naturgemäß die Lage ausnützen. Durch Ernst und Vorsicht allein ist es möglich, sich vor Schaden zu bewahren.

SECHS AUF VIERTEM PLATZ BEDEUTET:
Warten im Blut.
Heraus aus dem Loch.

Es ist die Lage äußerst gefährlich. Es ist voller Ernst geworden und geht auf Leben und Tod. Blutvergießen ist unmittelbar zu erwarten. Man kann nicht vorwärts und nicht rückwärts. Man ist abgeschnitten wie in einem Loch. Da gilt es einfach auszuharren und das Schicksal über sich ergehen zu lassen. Diese Ruhe, die nicht durch eigenes Handeln den Schaden noch schlimmer macht, ist der einzige Weg, aus dem gefährlichen Loch herauszukommen.

NEUN AUF FÜNFTEM PLATZ BEDEUTET:
Warten bei Wein und Speise.
Beharrlichkeit bringt Heil.

Auch mitten in der Gefahr gibt es Ruhepausen, da es einem verhältnismäßig gut geht. Wenn man die rechte innere Stärke besitzt, so wird man die Ruhepausen ausnützen, um sich zu stärken zu neuem Kampf. Man vermag den Augenblick zu genießen, ohne sich von seinem Ziel abbringen zu lassen; denn Beharrlichkeit ist not, um Sieger zu bleiben.
Auch im öffentlichen Leben ist es so. Es kann nicht alles auf einmal erreicht werden. Höchste Weisheit ist es, den Leuten solche Erholungspausen zu gönnen, die die Freudigkeit der Arbeit beleben zur Vollendung des Werks. Hier liegt das Geheimnis des ganzen Zeichens verborgen. Dadurch unterscheidet es sich von dem Zeichen »die Hemmung«, daß man beim Warten seiner Sache sicher ist und daher die Ruhe der innern Heiterkeit sich nicht rauben läßt.

OBEN EINE SECHS BEDEUTET:
Man gerät in das Loch.
Da kommen ungebetener Gäste drei;
Ehre sie, so kommt am Ende Heil.

Das Warten ist vorüber: die Gefahr läßt sich nicht mehr abwenden. Man gerät in das Loch, muß sich in das Unvermeidliche ergeben. Da scheint nun alles vergebens gewesen zu sein. Aber gerade in dieser Not tritt eine unvorhergesehene Wendung ein. Von außen her geschieht ohne eigenes Zutun ein Eingriff, von dem man zunächst zweifelhaft sein kann, wie er gemeint ist, ob Rettung, ob Vernichtung naht. Da gilt es nun, innerlich beweglich zu bleiben, Nicht trotzig abweisendes Sichverschließen, sondern ehrfurchtsvolles Begrüßen der neuen Wendung ist das richtige. So kommt man schließlich aus der Gefahr heraus, und alles geht gut. Auch glückliche Wendungen kommen oft in einer Form, die uns zunächst fremd erscheint*.

* In »Hermann und Dorothea« ist diese Wahrheit so ausgedrückt:
»Denn die Wünsche verhüllen uns selbst das Gewünschte;
die Gaben kommen von oben herab in ihren eignen Gestalten.«

訟

6. SUNG / DER STREIT

䷅ *oben Kiän, das Schöpferische, der Himmel*
unten Kan, das Abgründige, das Wasser

Das obere Urzeichen, dessen Bild der Himmel ist, hat die Bewegungsrichtung nach oben, das untere Urzeichen »Wasser« ist seiner Natur nach abwärts gerichtet. Die Bewegungsrichtungen der beiden Hälften gehen auseinander, das ergibt den Gedanken des Streites.
Die Eigenschaft des Schöpferischen ist die Stärke, die des Abgründigen die Gefahr, Hinterlist. Wo List Gewalt vor sich hat, da gibt es Streit.
Eine dritte Ableitung legt sich innerhalb des Charakters durch Verbindung von abgründiger Hinterlist im Innern und starker Entschlossenheit im Äußern nahe. Ein derartiger Charakter wird sicher streitsüchtig sein.

DAS URTEIL
Der Streit: Du bist wahrhaftig und wirst gehemmt.
Sorgliches Innehalten auf halbem Weg bringt Heil.
Zu Ende führen bringt Unheil.
Fördernd ist es, den großen Mann zu sehen.
Nicht fördernd ist es, das große Wasser zu durchqueren.

Streit entsteht, wenn man im Gefühl seines Rechts auf Widerstand stößt. Ohne die Überzeugung des eigenen Rechts führt Widerstand zu Hinterlist oder gewaltsamem Übergriff, aber nicht zum offenen Streit, ist man in Streit verwickelt, so ist machtvolle Besonnenheit, die jederzeit zur Beilegung des Streites und zum Vergleich auf halbem Weg bereit ist, das einzige Heilbringende. Ein Verfolgen des Streites bis zum bitteren Ende ist, selbst wenn man recht behält, vom Übel, weil man dadurch die Feindschaft verewigt. Es ist wichtig, den großen Mann zu sehen, d.h. einen unparteiischen Mann, dessen Autorität hinreicht, um den Streit friedlich beizulegen oder gerecht zu entscheiden. Auf der andern Seite ist es zu vermeiden, in Zeiten des Unfriedens »das große Wasser zu durchqueren«, d.h. gefahrvolle Unternehmungen zu beginnen, denn die bedürfen einheitlich zusammengefaßter Kräfte, wenn sie gelingen sollen. Streit im Innern lähmt die Kraft, die Gefahr im Äußeren zu besiegen.

DAS BILD
Himmel und Wasser gehen einander entgegengesetzt:
Das Bild des Streites.
So überlegt der Edle bei allen Geschäften, die er tut,
Den Anfang.

Das Bild deutet darauf hin, daß die Ursachen des Streites in den zuvor schon vorhandenen entgegengesetzten Richtungen beider Teile liegen. Sind solche einander entgegenstrebenden Richtungen einmal vorhanden, so folgt der Streit mit Notwendigkeit. Daraus folgt, daß, um Streit zu verhüten, im ersten Anfang alles sorgfältig bedacht werden muß. Wenn Recht und Pflicht genau festgelegt sind, oder wenn bei einer Verbindung von Menschen deren geistige Richtungen zusammengehen, so ist die Ursache des Streits zum voraus beseitigt.

DIE EINZELNEN LINIEN:
ANFANGS EINE SECHS BEDEUTET:
Wenn man die Sache nicht verewigt,
So gibt es ein kleines Gerede.
Am Ende kommt Heil.

Solange der Streit noch im ersten Anfang ist, tut man am besten, ihn fallenzulassen. Zumal einem stärkeren Gegner gegenüber ist es nicht ratsam, es auf ein Austragen des Streites ankommen zu lassen. Es kommt dabei vielleicht zu einem kleinen Wortwechsel, aber am Ende geht alles gut.

NEUN AUF ZWEITEM PLATZ BEDEUTET:
Man kann nicht streiten, kehrt heim und weicht aus.
Die Menschen seiner Stadt, dreihundert Häuser,
Bleiben frei von Schuld.

Im Kampf mit einem überlegenen Gegner ist Rückzug keine Schande. Wenn man sich rechtzeitig zurückzieht, vermeidet man üble Folgen. Wollte man den ungleichen Streit aus falschem Ehrgefühl heraufbeschwören, so würde man selbst das Unglück sich zuziehen. Eine weise Nachgiebigkeit in solchem Falle kommt der ganzen Umgebung zugute, die auf diese Weise nicht in den Streit hineingezogen wird.

SECHS AUF DRITTEM PLATZ BEDEUTET:
Von alter Tugend sich nähren gibt Beharrlichkeit.
Gefahr, am Ende kommt Heil.
Folgst du etwa eines Königs Diensten,
So suche nicht Werke.

Es wird hier vor der Gefahr gewarnt, die die Neigung zum Umsichgreifen bringt. Nur was durch frühere Verdienste ehrlich verdient ist, bleibt dauernder Besitz. Ein solcher Besitz kann wohl einmal angefochten werden, aber da er wirkliches Eigentum ist, kann er nicht geraubt werden. Denn was einem vermöge der Kraft des eigenen Wesens angehört, kann man nicht verlieren. Wenn man in die Dienste eines Höheren tritt, so kann man den Streit nur dadurch vermeiden, daß man keine Werke für sich sucht. Es mag genügen, wenn sie getan werden. Die Ehre mag dem andern bleiben.

NEUN AUF VIERTEM PLATZ BEDEUTET:
Man kann nicht streiten,
Kehrt um und fügt sich dem Geschick,
Ändert sich und findet Frieden in Beharrlichkeit.
Heil!

Die innere Gesinnung ist zunächst friedlos. Man fühlt sich in seiner Lage nicht wohl und möchte sich durch Streit eine bessere Lage verschaffen. Man hat es mit einem schwächeren Gegner zu tun und wäre daher wohl dazu imstande – ein Unterschied zur Neun auf zweitem Platz –, aber man kann nicht streiten, weil man nicht die innere Berechtigung und das gute Gewissen dazu findet. Darum kehrt man um und fügt sich in sein Geschick. Man ändert seinen Sinn und findet so den dauernden Frieden in der Übereinstimmung mit dem ewigen Gesetz. Das bringt Heil.

NEUN AUF FÜNFTEM PLATZ BEDEUTET:
Streiten vor ihm bringt erhabenes Heil!

Es ist hier der Schlichter des Streits gezeigt, der machtvoll und gerecht ist und der die Kraft besitzt, dem Recht Nachdruck zu verleihen. Ihm kann man eine Streitsache getrost überweisen. Wenn man recht hat, erlangt man großes Heil.

OBEN EINE NEUN BEDEUTET:
Wenn einem etwa auch ein Ledergürtel verliehen wird,
Am Ende eines Morgens wird er ihm dreimal entrissen.

Hier ist jemand gezeichnet, der den Streit bis zum bitteren Ende geführt und Recht behalten hat. Er bekommt eine Auszeichnung. Aber das Glück ist nicht von Dauer. Es wird immer wieder angefochten, und Streit ohne Ende ist die Folge.

師

7. SCHÏ / DAS HEER

䷆ *oben Kun, das Empfangende, die Erde*
unten Kan, das Abgründige, das Wasser

Das Zeichen setzt sich zusammen aus dem Urzeichen Kan, das Wasser, und Kun, die Erde. Dadurch ist das Grundwasser symbolisiert, das sich innerhalb der Erde sammelt. Ebenso sammelt sich die Heerkraft innerhalb der Menge eines Volkes: im Frieden unsichtbar, aber jederzeit zur Verfügung als Quelle der Macht. Die Eigenschaften der Urzeichen sind: innerhalb Gefahr und außerhalb Gehorsam. Das deutet auf das Wesen des Heeres, das im Innersten etwas Gefährliches ist, während nach außen Zucht und Gehorsam herrschen muß.
Auf die einzelnen Linien hin betrachtet ist der Herr des Zeichens die starke Neun auf zweitem Platz, der die anderen weichen Linien sich unterordnen. Diese Linie bezeichnet den Gebieter, da sie im Zentrum eines der beiden Urzeichen steht. Da sie aber im Unteren, nicht im Oberen steht, ist sie nicht das Bild des Herrschers, sondern des tüchtigen Generals, der das Heer in Gehorsam hält durch seine Autorität.

DAS URTEIL
Das Heer braucht Beharrlichkeit und einen starken Mann.
Heil ohne Makel.

Ein Heer ist eine Masse, die, um ein Heer zu werden, der Organisation bedarf. Ohne feste Disziplin läßt sich nichts erreichen. Diese Disziplin läßt sich aber nicht durch Gewaltmittel erzwingen, sondern es braucht einen starken Mann, dem die Herzen sich zuwenden, der Begeisterung erweckt. Damit er sich entfalten kann, bedarf er das unbedingte Vertrauen seines Herrschers, der ihm, solange der Krieg dauert, die volle Verantwortung überlassen muß. Ein Krieg ist aber immer etwas Gefährliches und bringt Schaden und Verheerung mit sich. Darum darf man ihn nicht leichtfertig unternehmen, sondern nur wie eine giftige Arznei als letzte Auskunft. Der gerechte Grund und ein klares, verständliches Kriegsziel muß durch einen erfahrenen Führer dem Volk deutlich gemacht werden. Nur wenn ein ganz bestimmtes Kriegsziel da ist, für das das Volk sich mit Bewußtsein einsetzen kann, entsteht die Einheitlichkeit und Stärke der Überzeugung, die zum Sieg führt. Aber der Führer muß auch dafür sorgen, daß in der Kriegsleidenschaft und im Siegestaumel nichts Ungerechtes geschieht, das die allgemeine Anerkennung nicht findet. Gerechtigkeit und Beharrlichkeit sind die Grundbedingungen dafür, daß alles gutgeht.

DAS BILD

Inmitten der Erde ist Wasser, das Bild des Heeres.
So mehrt der Edle durch Weitherzigkeit gegen
Das Volk seine Massen.

Das Grundwasser ist unsichtbar inmitten der Erde vorhanden. So ist auch die Kriegsmacht eines Volkes unsichtbar in seinen Massen vorhanden.
Jeder Bauer wird, wenn Gefahr droht, Soldat und kehrt nach Beendigung des Kriegs hinter seinen Pflug zurück. Wer gegen das Volk weitherzig ist, der gewinnt die Liebe des Volkes, und das Volk, das unter einem milden Regiment lebt, wird stark und kräftig. Nur ein wirtschaftlich starkes Volk kann als Kriegsmacht von Bedeutung sein. Man muß also die Macht pflegen durch Förderung der wirtschaftlichen Beziehungen des Volkes und menschenfreundliche Regierung. Nur wo dieses unsichtbare

Band zwischen Regierung und Volk da ist, daß das Volk unter ihr geborgen ist wie das Grundwasser in der Erde, ist es möglich, einen Krieg siegreich zu führen.

DIE EINZELNEN LINIEN:
ANFANGS EINE SECHS BEDEUTET:
Ein Heer muß ausziehen nach der Ordnung.
Ist die nicht gut, droht Unheil.

Zu Beginn einer kriegerischen Unternehmung muß Ordnung herrschen. Es muß ein gerechter und triftiger Grund dasein, und der Gehorsam und das Ineinander greifen der Truppen muß wohl organisiert sein, sonst ist Mißerfolg die unvermeidliche Folge.

NEUN AUF ZWEITEM PLATZ BEDEUTET:
Inmitten des Heeres!
Heil! Kein Makel!
Der König verleiht dreifache Auszeichnung.

Der Führer muß inmitten seines Heeres sein. Er muß Fühlung mit ihm haben und Gutes und Böses mit den Massen teilen, die er führt. Nur auf diese Weise ist er der schweren Anforderung gewachsen, die auf ihm ruht. Er bedarf dabei der Anerkennung durch den Herrscher. Die Auszeichnungen, die er erhält, sind berechtigt, da es sich nicht um persönliche Bevorzugung handelt, sondern in dem Führer das ganze Heer geehrt wird, in dessen Mitte er weilt.

SECHS AUF DRITTEM PLATZ BEDEUTET:
Das Heer führt etwa im Wagen Leichen. Unheil!

Die eine Erklärung deutet auf eine Niederlage infolge davon, daß ein anderer als der berufene Führer sich in die Leitung einmischt. Die andere Erklärung stimmt dem Sinne nach damit überein, nur daß der Ausdruck »Leichen im Wagen führen« anders gedeutet wird. Bei Beerdigungen und Totenopfern war es in China Sitte, daß der Verstorbene, dem geopfert wurde, durch einen Knaben aus der Familie vertreten wurde, der am Platz der Leiche saß und an der Stelle des Verstorbenen geehrt wurde. Daraus entnimmt diese Erklärung den Sinn, daß auf dem Wagen ein »Leichenknabe« sitzt, d.h., daß die Autorität nicht von der dazu berufenen Stelle ausgeht, sondern von andern angemaßt wird. Vielleicht läßt sich die ganze Schwierigkeit beheben durch Annahme eines Schreibfehlers (fan = alle für schï = Leiche). Dann würde der Sinn ohne weiteres sein: Wenn im Heer etwa sich die Menge zum Herrn macht (auf dem Wagen fährt), so ist das unheilvoll.

SECHS AUF VIERTEM PLATZ BEDEUTET:
Das Heer zieht sich zurück. Kein Makel.

Wenn man einem überlegenen Feind gegenübersteht, mit dem der Kampf aussichtslos ist, so ist ein geordneter Rückzug das einzig Richtige, weil durch ihn das Heer vor Niederlage und Auflösung bewahrt wird. Es ist keineswegs ein Zeichen von Mut oder Stärke, einen aussichtslosen Kampf unter allen Umständen annehmen zu wollen.

SECHS AUF FÜNFTEM PLATZ BEDEUTET:
Im Feld ist ein Wild. Es ist fördernd, es zu fangen.
Ohne Makel.
Der Älteste führe das Heer.
Der Jüngere fährt Leichen,
Da bringt Beharrlichkeit Unheil.

Das Wild ist im Feld, d.h., es hat seinen Aufenthaltsort, den Wald, aufgegeben und ist in die Felder verwüstend eingebrochen. Das deutet auf einen Einbruch des Feindes.

In diesem Fall ist energischer Kampf und Bestrafung durchaus berechtigt. Nur muß der Kampf nach der Regel geführt werden. Er darf nicht zum wilden Durcheinander werden, da sich jeder auf eigene Faust wehrt. Das würde trotz größter Beharrlichkeit und Tapferkeit zu Unheil führen. Sondern das Heer muß von einem erfahrenen Führer geleitet sein. Es muß Krieg geführt werden. Nicht darf die Menge einfach totschlagen, was ihr in die Hände kommt, sonst erleidet man eine Niederlage, und trotz aller Beharrlichkeit droht Unheil.

OBEN EINE SECHS BEDEUTET:
Der große Fürst erläßt Befehle,
Gründet Staaten, belehnt Familien.
Gemeine Menschen soll man nicht benützen.

Der Krieg ist siegreich beendet. Der Sieg ist gewonnen, der König verteilt unter seinen Getreuen Lehen und Familienbesitz. Dabei ist es aber wichtig, daß gemeine Menschen nicht zur Macht gelangen dürfen. Wenn sie mitgeholfen haben, so mag man sie mit Geld abfinden. Aber Landgebiete und Herrschaftsrechte darf man ihnen nicht verleihen, damit kein Mißbrauch vorkommt.

比

8. BI / DAS ZUSAMMENHALTEN

䷇ *oben Kan, das Abgründige, das Wasser*
unten Kun, das Empfangende, die Erde

Das Wasser über der Erde fließt zusammen, wie es immer kann, z.B. im Meer, wo sich alle Flüsse sammeln. Dies ist ein Symbol, das auf das Zusammenhalten und auf seine Gesetze deutet. Derselbe Gedanke wird dadurch nahegelegt, daß alle Linien weich sind, bis auf den festen Strich an fünfter Stelle auf dem Platz des Herrschers. Die Weichen halten zusammen, indem sie von dem festen Willen an leitender Stelle beeinflußt werden, der ihr Vereinigungsmittelpunkt ist. Aber auch diese starke, leitende Persönlichkeit hält mit den andern zusammen, durch die sie eine Ergänzung zu ihrem eigenen Wesen findet.

DAS URTEIL

Das Zusammenhalten bringt Heil.
Ergründe das Orakel nochmals,
Ob du Erhabenheit, Dauer und Beharrlichkeit hast;
Dann ist kein Makel da.
Die Unsicheren kommen allmählich herbei.
Wer zu spät kommt, hat Unheil.

Es handelt sich darum, daß man sich mit andern zusammentut, um durch den Zusammenhalt sich gegenseitig zu ergänzen und zu fördern. Für einen solchen Zusammenhalt muß ein Mittelpunkt dasein, um den sich die andern scharen. Mittelpunkt für das Zusammenhalten von Menschen zu werden ist eine schwere Sache mit großer Verantwortung. Es bedarf innerlicher Größe, Konse-

quenz und Kraft dazu. Darum prüfe sich selbst, wer andre um sich vereinigen will, ob er der Sache gewachsen ist; denn wer andre sammeln will ohne das Siegel des Berufenen, der richtet mehr Verwirrung an, als wenn kein Zusammenschluß stattgefunden hätte.
Wo aber ein wirklicher Sammlungspunkt vorhanden ist, da kommen die Unsicheren, anfangs noch Zögernden allmählich von selbst herbei. Die, die zu spät kommen, haben selbst den Schaden davon. Denn es handelt sich auch beim Zusammenhalten um die richtige Zeit. Beziehungen knüpfen sich und festigen sich nach bestimmten inneren Gesetzen. Gemeinsame Erlebnisse festigen sie, und wer zu spät kommt und nicht mehr teilnehmen kann an diesen grundlegenden gemeinsamen Erfahrungen, der hat darunter zu leiden, wenn er als Nachzügler die Tür verschlossen findet.
Wer aber die Notwendigkeit des Zusammenschlusses erkannt hat und nicht die Kraft in sich fühlt, als Mittelpunkt des Zusammenhaltens zu wirken, der hat die Pflicht, sich einer andern organischen Gemeinschaft anzuschließen*.

DAS BILD
Auf der Erde ist Wasser: Das Bild des Zusammenhaltens.
So haben die Könige der Vorzeit die einzelnen Staaten als Lehen vergeben und mit den Lehensfürsten freundlichen Verkehr gepflegt.

Das Wasser auf der Erde füllt alle Lücken aus und haftet fest an ihr. Die Gesellschaftsorganisation des Altertums war auf diesen Grundsatz des Zusammenhaltens zwischen Abhängigen und Herrscher gegründet. Das Wasser

* Vergleiche dazu das Distichon: »Immer strebe zum Ganzen, und kannst du selber kein Ganzes werden, als dienendes Glied schließ an ein Ganzes dich an.«

fließt von selbst zusammen, weil es in allen seinen Teilen unter denselben Gesetzen steht. So muß auch die menschliche Gesellschaft zusammenhalten durch eine Interessengemeinschaft, die jeden einzelnen sich als Glied eines Ganzen fühlen läßt. Die Zentralgewalt eines gesellschaftlichen Organismus muß dafür sorgen, daß jedes Glied sein wahres Interesse im Zusammenhalten findet, wie das in dem väterlichen Verhältnis von Großkönig und Lehnsträgern im chinesischen Altertum der Fall war.

DIE EINZELNEN LINIEN:
Anfangs eine Sechs bedeutet:
Halte wahr und treu zu ihm: das ist kein Makel.
Wahrheit wie eine volle Tonschüssel:
So kommt schließlich von außen her das Heil.

Wenn es sich um Anknüpfen von Beziehungen handelt, ist volle Wahrhaftigkeit die einzig richtige Grundlage. Diese Gesinnung, die unter dem Bild einer gefüllten irdenen Schüssel dargestellt wird, bei der alles Gehalt, nichts leere Form ist, äußert sich nicht in klugen Worten, sondern durch die Kraft des Innern, und diese Kraft ist so stark, daß sie mit Macht das Heil von außen an sich zieht.

SECHS AUF ZWEITEM PLATZ BEDEUTET:
Halte zu ihm im Innern. Beharrlichkeit bringt Heil.

Wenn man auf rechte und beharrliche Weise den Bitten, die von oben her zum Wirken uns auffordern, entgegenkommt, so sind die Beziehungen zum andern in erster Linie innerliche, man verliert sich selbst nicht. Wer aber streberhaft klebend Zusammenhalt sucht, der folgt nicht dem Pfad des Edlen, der seine Würde wahrt, sondern wirft sich weg.

SECHS AUF DRITTEM PLATZ BEDEUTET:
Du hältst zusammen mit Menschen,
die nicht die rechten sind.

Man ist oft unter lauter Menschen, die nicht zur eigenen Sphäre gehören. Da darf man sich nicht zu einer falschen Vertraulichkeit durch die Macht der Gewohnheit hinreißen lassen. Daß das vom Übel wäre, bedarf nicht erst der Worte. Geselligkeit ohne Intimität ist solchen Leuten gegenüber das einzig Richtige; nur dadurch hält man sich frei für eine spätere Beziehung zu seinesgleichen.

SECHS AUF VIERTEM PLATZ BEDEUTET:
Auch äußerlich halte zu ihm. Beharrlichkeit bringt Heil.

Die Beziehungen zu einem Mann, der Mittelpunkt des Zusammenhaltens ist, sind hier schon fest geregelt. Da darf und soll man seine Anhänglichkeit auch offen zeigen. Man muß nur festbleiben und darf sich durch nichts irremachen lassen.

NEUN AUF FÜNFTEM PLATZ BEDEUTET:
Offenbarung des Zusammenhaltens.
Der König läßt bei der Jagd nur von drei Seiten treiben
Und verzichtet auf das Wild, das vorne abbiegt.
Die Bürger bedürfen nicht der Warnung. Heil!

Bei den königlichen Treibjagden im alten China war es üblich, daß das Wild von drei Seiten her angetrieben wurde. Auf der vierten Seite konnte das angetriebene Wild abbiegen. Soweit die Tiere hier nicht abbogen, mußten sie in ein Tor hinein, hinter dem der König jagdbereit stand. Nur die Tiere wurden geschossen, die hier eindrangen. Die, welche vorne abbogen, ließ man laufen. Diese

Sitte entsprach der königlichen Gesinnung, die aus der Jagd keine Schlächterei machen wollte, sondern nur das Wild zur Strecke brachte, das sich sozusagen freiwillig gestellt hatte.

Es zeigt sich hier ein Herrscher bzw. ein einflußreicher Mann, dem die Menschen zufallen. Wer zu ihm kommt, den nimmt er auf, wer nicht kommt, den läßt er laufen. Er bittet keinen, schmeichelt keinem: sie kommen alle von selbst. Auf diese Weise bildet sich eine freie Abhängigkeit bei denen, die zu ihm halten. Die Leute brauchen sich nicht gewaltsam zusammenzunehmen, sondern können harmlos ihre Gesinnungen zeigen. Es bedarf keiner polizeilichen Veranstaltung. Sie sind ihrem Herrn von selber zugetan. Auch für das Leben im allgemeinen gilt diese Freiheit. Man soll nicht um die Gunst der Menschen werben. Wenn man in sich die Reinheit und Kraft ausbildet, die nötig ist für einen Mittelpunkt der Sammlung, so kommen die Menschen von selbst, die einem bestimmt sind.

OBEN EINE SECHS BEDEUTET:
Er findet zum Zusammenhalten kein Haupt. Unheil.

Das Haupt ist der Anfang. Ohne einen rechten Anfang gibt es kein rechtes Ende. Wenn man den Anschluß verpaßt hat und nun immer zögert, vor voller, wahrer Hingabe sich scheuend, so wird man zu spät seinen Fehler bereuen.

小畜

9. SIAU TSCHU
DES KLEINEN ZÄHMUNGSKRAFT

oben Sun, das Sanfte, der Wind
unten Kiän, das Schöpferische, der Himmel

Das Zeichen bedeutet das Kleine, die Kraft des Schattigen, die zurückhält, zähmt, hemmt. Auf dem vierten Platz, dem Platz des Ministers, ist ein schwacher Strich, der die ganzen übrigen starken Striche im Zaume hält. Vom Bild aus betrachtet, ist es der Wind, der oben am Himmel weht. Er hemmt den aufsteigenden Atem des Schöpferischen, die Wolken, so daß sie sich verdichten. Aber er ist nicht sofort stark genug, sie zum Niederschlag zu bringen. Das Zeichen gibt eine Konstellation, da vorübergehend durch Schwaches ein Starkes im Zaum gehalten wird. Das kann nur durch Sanftheit geschehen, wenn es von Erfolg begleitet sein soll.

DAS URTEIL
Des Kleinen Zähmungskraft hat Gelingen.
Dichte Wolken, kein Regen von unserm westlichen Gebiet.

Das Gleichnis stammt aus der Lage der Verhältnisse in China zur Zeit des Königs Wen. Er stammte aus Westen, war aber damals im Osten am Hof des Großkönigs, des Tyrannen Dschou Sin. Die Zeit zum Handeln im Großen war noch nicht gekommen. Er konnte den Tyrannen nur durch gütliches Zureden einigermaßen im Zaum halten. Daher das Bild, daß reichliche Wolken aufsteigen, die dem Land Feuchtigkeit und Segen versprechen, zunächst aber noch kein Regen fällt. Die Situation ist nicht ungünstig. Es ist Aussicht auf schließlichen Erfolg da. Aber es stehen noch Hindernisse im Weg. Man kann erst Vorarbeiten tun. Nur durch kleine Mittel gütlichen Zuredens kann man wirken. Die Zeit des Durchgreifens im Großen ist noch nicht da. Aber es gelingt wenigstens, in beschränktem Umfang hemmend und zähmend zu wirken. Dabei ist feste Entschlossenheit im Innern und sanfte Anpassung im Äußern nötig, um seinen Willen durchzusetzen.

DAS BILD
Der Wind fährt über den Himmel hin:
Das Bild der Zähmungskraft des Kleinen.
So verfeinert der Edle die äußere Form seines Wesens.

Der Wind treibt die Wolken am Himmel zwar zusammen, aber weil er nur Luft ist ohne festen Körper, bringt er keine großen, dauernden Wirkungen hervor. So bleibt dem Menschen in Zeiten, da eine große Wirkung nach außen nicht möglich ist, auch nur übrig, daß er im Kleinen sein Wesen in seinen Äußerungen verfeinert.

DIE EINZELNEN LINIEN:
Anfangs eine Neun bedeutet:
Wiederkehr auf den Weg. Wie wäre das ein Makel! Heil!

In der Natur des Starken liegt es voranzudrängen. Damit begibt er sich aber in den Hemmungsbereich. Darum kehrt er auf den seiner Lage entsprechenden Weg zurück, auf dem er frei ist im Fortschritt und Rückzug. Das ist gut und vernünftig, daß man nichts mit Gewalt erzwingen will, und bringt der Natur der Sache nach Heil.

NEUN AUF ZWEITEM PLATZ BEDEUTET:
Läßt sich mitziehen zur Wiederkehr. Heil!

Man möchte an sich voran. Aber ehe man noch weiterkommt, sieht man an dem Beispiel anderer gleichgearteter Menschen, daß dieser Weg behindert ist. Ein vernünftiger, entschlossener Mensch wird in einem solchen Fall sich nicht erst selbst einer persönlichen Zurückweisung aussetzen, sondern sich mit den andern Gleichgesinnten zurückziehen, wenn das Streben nach vorwärts der Zeit nicht entspricht. Das bringt Heil, weil er sich auf diese Weise nicht selbst preisgibt.

NEUN AUF DRITTEM PLATZ BEDEUTET:
Dem Wagen springen die Speichen ab.
Mann und Frau verdrehen die Augen.

Hier wird der Versuch gemacht, gewaltsam vorzudringen, im Bewußtsein davon, daß die hemmende Macht nur gering ist. Allein da den Umständen entsprechend das Schwache tatsächlich die Macht besitzt, so muß dieser Überrumpelungsversuch mißlingen. Äußere Umstände verhindern den Fortschritt, wie ein Wagen nicht vorankommt, wenn ihm die Speichen abspringen. Diesem Wink des Schicksals fügt man sich noch nicht. Deshalb gibt es ärgerliche Auseinandersetzungen wie zwischen zwei Eheleuten. Das ist natürlich kein günstiger Zustand; denn wenn infolge der Lage dem schwächeren Teil auch das Festhalten gelingt, so sind doch zu viele Schwierigkeiten damit verbunden, als daß es erfreulich wirken könnte. Infolge davon kann auch der Starke seine Kraft nicht zum richtigen Einfluß auf seine Umgebung gebrauchen. Er hat eine Zurückweisung erfahren, wo er einen leichten Sieg erhoffte; damit hat er sich etwas vergeben.

SECHS AUF VIERTEM PLATZ BEDEUTET:
Bist du wahrhaftig, so schwindet Blut und weicht Angst.
Kein Makel.

In schwerer, verantwortungsvoller Stellung soll man den Mächtigen, dem man leitend zur Seite steht, so zähmen, daß das Rechte geschieht. Darin liegt eine große Gefahr, die selbst Blutvergießen befürchten läßt. Aber die Macht selbstloser Wahrheit ist größer als alle diese Hindernisse. Sie macht solchen Eindruck, daß man seine Bemühungen erfolgreich zu Ende bringt und alle Gefahr des Blutvergießens und alle Angst schwinden.

NEUN AUF FÜNFTEM PLATZ BEDEUTET:
Bist du wahrhaftig und treu verbunden,
So bist du reich in deinem Nächsten.

Die Treue führt zu fester Bindung, weil sie auf gegenseitiger Ergänzung beruht. Beim schwächeren Teil besteht die Treue in Hingebung, beim stärkeren Teil in Zuverlässigkeit. Diese gegenseitige Ergänzung führt zu wahrem Reichtum, der dadurch erst recht sich zeigt, daß man ihn nicht einzeln für sich behält, sondern mit seinem Nächsten gemeinsam hat. Geteilte Freude ist doppelte Freude.

OBEN EINE NEUN BEDEUTET:
Es kommt zum Regen, es kommt zur Ruhe.
Das ist der dauernden Wirkung des Charakters
zu verdanken.
Die Frau kommt durch Beharrlichkeit in Gefahr.
Der Mond ist fast voll. Macht der Edle fort,
so kommt Unheil.

Der Erfolg ist da. Der Wind hat den Regen zusammengetrieben. Ein fester Standpunkt ist erreicht. Das ist zustande gekommen durch allmähliche Zusammenhäufung kleiner Wirkungen, die sich aus der Verehrung für einen überlegenen Charakter ergeben. Ein solcher Stück für Stück zusammengetragener Erfolg bedarf aber sehr der Vorsicht. Wollte man sich nun der Einbildung hingeben, daß man auf ihn pochen könnte, so wäre das gefährlich. Das Weibliche, Schwache, das den Sieg erlangt hat, darf sich nie hartnäckig darauf berufen. Das brächte Gefahr. Die schattige Kraft im Mond ist am stärksten, wenn er beinahe voll ist. Steht er als Vollmond der Sonne direkt gegenüber, so ist seine Abnahme unvermeidlich. In solchen Verhältnissen muß man sich mit dem Erreichten begnügen. Weiterschreiten, ehe die Zeit dazu gekommen ist, brächte Unheil.

履

10. LÜ / DAS AUFTRETEN

oben Kiän, das Schöpferische, der Himmel
unten Dui, das Heitere, der See

Das Auftreten bedeutet einerseits die richtige Art, sich zu benehmen. Oben ist der Himmel, der Vater, unten ist der See, die jüngste Tochter. Das zeigt den Unterschied von Hoch und Niedrig, wie er der Stille, dem richtigen Auftreten in der Gesellschaft zugrunde liegt. Auftreten heißt wörtlich: »treten auf etwas«. Das kleine »Heitere« tritt auf das große »Starke«. Die Bewegungsrichtung beider Urzeichen ist nach oben. Daß das Starke auf das Schwache tritt, ist etwas Selbstverständliches, das im Buch der Wandlungen nicht besonders erwähnt wird. Das Auftreten des Schwachen dem Starken gegenüber ist deshalb nicht gefährlich, weil es in Heiterkeit geschieht, ohne Anmaßung, so daß der Starke nicht gereizt wird und es sich gutmütig gefallen läßt.

DAS URTEIL
Auftreten auf des Tigers Schwanz.
Er beißt den Menschen nicht. Gelingen.

Die Lage ist eigentlich schwierig. Stärkstes und Schwächstes ist unmittelbar beisammen. Das Schwache geht hinter dem Starken her und macht sich mit ihm zu schaffen. Aber das Starke läßt es sich gefallen und tut ihm nichts zuleide, denn die Berührung ist heiter und nicht verletzend. Die menschliche Lage ist, daß man es mit wilden, unzugänglichen Menschen zu tun hat. Man erreicht in diesem Falle seinen Zweck, wenn man sich in seinem Auftreten an die gute Sitte hält. Gute, angenehme Formen des Auftretens führen auch reizbaren Menschen gegenüber zum Gelingen.

DAS BILD
Oben der Himmel, unten der See: das Bild des Auftretens.
So unterscheidet der Edle hoch und niedrig
Und festigt dadurch den Sinn des Volkes.

Himmel und See zeigen einen Höhenunterschied, der durch ihr Wesen von selbst gekommen ist und daher durch keinerlei Neid getrübt wird. So muß es auch in der Menschheit Höhenunterschiede geben. Eine allgemeine Gleichheit ist unmöglich durchzuführen. Es handelt sich aber darum, daß die Rangunterschiede in der menschlichen Gesellschaft nicht willkürlich und ungerecht sind; denn dann ist Neid und Klassenkampf die unausbleibliche Folge. Wenn dagegen die äußeren Rangunterschiede einer inneren Berechtigung entsprechen und innere Würdigkeit der Maßstab für den äußeren Rang ist, dann beruhigen sich die Menschen dabei, und die Gesellschaft kommt in Ordnung.

DIE EINZELNEN LINIEN:
ANFANGS EINE NEUN BEDEUTET:
Einfaches Auftreten. Fortschreiten ohne Makel.

Man befindet sich in einer Lage, in der man noch nicht gebunden ist durch die Verpflichtungen des Verkehrs. Wenn man einfach auftritt, bleibt man frei von gesellschaflichen Verpflichtungen und kann ruhig den Neigungen des eigenen Herzens folgen, da man keine Anforderungen an die Menschen stellt, sondern zufrieden ist. Das Auftreten bedeutet nicht Stehenbleiben, sondern Fortschreiten. Man befindet sich in ganz geringer Anfangssteilung. Aber man besitzt die innere Stärke, die den Fortschritt verbürgt. Wenn man sich mit der Einfachheit zufriedengibt, so kann man fortschreiten ohne Makel. Wenn jemand sich nicht in bescheidenen Verhältnissen beruhigen kann, so will er voran und ist streberisch und unruhig, weil er durch sein Auftreten der Niedrigkeit und Armut entgehen will, nicht weil er etwas leisten will. Hat er sein Ziel erreicht, so wird er sicher hochmütig und üppig. Darum ist sein Fortschreiten mit Makel behaftet. Der Tüchtige dagegen ist zufrieden bei einfachem Auftreten. Er will fortschreiten, um etwas zu leisten. Hat er dann sein Ziel erreicht, so leistet er etwas, und alles ist gut.

NEUN AUF ZWEITEM PLATZ BEDEUTET:
Auftreten auf schlichter, ebener Bahn.
Eines dunkeln Mannes Beharrlichkeit bringt Heil.

Es ist hier die Lage eines einsamen Weisen gezeichnet. Er hält sich von dem Weltgetriebe fern, sucht nichts, will von niemandem etwas und läßt sich nicht blenden von verlockenden Zielen. Er ist sich selbst treu und wandelt so auf ebener Straße unangefochten durchs Leben. Weil er genügsam ist und das Schicksal nicht herausfordert, bleibt er frei von Verwicklungen.

SECHS AUF DRITTEM PLATZ BEDEUTET:
Ein Einäugiger kann sehen, ein Lahmer kann auftreten.
Er tritt auf des Tigers Schwanz. Der beißt den Menschen.
Unheil!
Ein Krieger handelt so für seinen großen Fürsten.

Ein Einäugiger kann wohl sehen, aber es reicht ihm nicht zum klaren Sehen. Ein Lahmer kann wohl auftreten, aber es reicht ihm nicht zum Vorankommen. Wenn jemand mit solchen Schwächen sich dennoch für stark hält und sich demgemäß in Gefahr begibt, so zieht er sich Unheil zu. Denn er begeht etwas, das über seine Kraft geht. Diese tollkühne Art, ohne Rücksicht auf die eigenen Kräfte voranzustürmen, mag höchstens für einen Krieger, der für seinen großen Fürsten kämpft, hingehen.

NEUN AUF VIERTEM PLATZ BEDEUTET:
Er tritt auf des Tigers Schwanz.
Vorsicht und Behutsamkeit führt endlich zum Heil.

Es handelt sich um eine gefährliche Unternehmung. Es ist die innere Kraft vorhanden, sie zu bestehen. Aber die innere Kraft verbindet sich nach außen hin mit zögernder Vorsicht, im Gegensatz zur vorigen Linie, die innerlich schwach ist, aber nach außen hin voran drängt. So ist der schließliche Erfolg sicher, der darin besteht, daß man seinen Willen erreicht, nämlich durch Weiterschreiten die Gefahr überwindet.

NEUN AUF FÜNFTEM PLATZ BEDEUTET:
Entschlossenes Auftreten.
Beharrlichkeit bei Bewußtsein der Gefahr.

Es handelt sich um den Herrn des ganzen Zeichens. Man sieht sich genötigt zu entschlossenem Auftreten. Dabei muß man sich aber der Gefahr bewußt bleiben, die mit solch einem entschlossenen Auftreten verbunden ist, namentlich, wenn man beharrlich dabeibleibt. Nur das Bewußtsein der Gefahr ermöglicht das Gelingen.

OBEN EINE NEUN BEDEUTET:
Blicke auf dein Auftreten und prüfe die günstigen Zeichen.
Ist alles vollkommen, so kommt erhabenes Heil.

Das Werk ist zu Ende. Will man wissen, ob das Heil die Folge sein wird, so blicke man auf sein Auftreten zurück und auf die Folgen, die es gehabt. Sind die Wirkungen gut, so ist das Heil gewiß. Niemand kennt sich selbst. Nur aus den Folgen seines Tuns, aus den Früchten der Werke läßt sich ermessen, was man zu erwarten hat.

泰

11. TAI / DER FRIEDE

䷊ *oben Kun, das Empfangende, die Erde*
unten Kiän, das Schöpferische, der Himmel

Das Empfangende, dessen Bewegung sich nach unten senkt, ist oben; das Schöpferische, dessen Bewegung nach oben steigt, ist unten. Ihre Einflüsse begegnen daher einander und sind in Harmonie, so daß alle Wesen blühen und gedeihen. Das Zeichen ist dem ersten Monat (Februar–März) zugeordnet, in dem die Kräfte der Natur den neuen Frühling vorbereiten.

DAS URTEIL
Der Friede. Das Kleine geht hin, das Große kommt her.
Heil! Gelingen!

Das Zeichen deutet in der Natur auf eine Zeit, da sozusagen der Himmel auf Erden ist. Der Himmel hat sich unter die Erde gestellt. So vereinigen sich ihre Kräfte in inniger Harmonie. Dadurch entsteht Friede und Segen für alle Wesen.
In der Menschenwelt ist es eine Zeit gesellschaftlicher Eintracht. Die Hohen neigen sich zu den Niedrigen herab, und die Niedrigen und Geringen sind den Hohen freundlich gesinnt, so daß alle Fehde ein Ende hat.
Innen, im Zentrum, am ausschlaggebenden Platz, ist das Lichte; das Dunkle ist draußen. So hat das Lichte kräftige Wirkung, und das Dunkle ist nachgiebig. Auf diese Weise kommen beide Teile auf ihre Rechnung. Wenn die Guten in der Gesellschaft in zentraler Stellung sind und die Herrschaft in Händen haben, so kommen auch die Schlechten

unter ihren Einfluß und bessern sich. Wenn im Menschen der vom Himmel kommende Geist herrscht, so kommt auch die Sinnlichkeit unter seinen Einfluß und findet so den ihr gebührenden Platz.
Die einzelnen Linien treten von unten her in das Zeichen ein und verlassen es oben wieder. Es sind also die Kleinen, Schwachen, Schlechten im Weggang begriffen, und die Großen, Starken, Guten sind im Aufstieg. Das bringt Heil und Gelingen.

DAS BILD

Himmel und Erde vereinigen sich: das Bild des Friedens.
So teilt und vollendet der Herrscher
Den Lauf von Himmel und Erde,
Fördert und ordnet die Gaben von Himmel und Erde
Und steht so dem Volke bei.

Himmel und Erde stehen im Verkehr und vereinigen ihre Wirkungen. Das gibt eine allgemeine Zeit des Blühens und Gedeihens. Dieser Kraftstrom muß vom Herrscher der Menschen geregelt werden. Das geschieht durch Einteilung. So wird die unterschiedslose Zeit entsprechend der Folge ihrer Erscheinungen vom Menschen in Jahreszeiten eingeteilt und der allumgebende Raum durch menschliche Festsetzungen in Himmelsrichtungen unterschieden. Auf diese Weise wird die Natur mit ihrer überwältigenden Fülle der Erscheinungen beschränkt und gebändigt. Auf der andern Seite muß die Natur in ihren Hervorbringungen gefördert werden. Das geschieht, wenn man die Erzeugnisse der richtigen Zeit und dem richtigen Ort anpaßt. Dadurch wird der natürliche Ertrag gesteigert. Diese bändigende und fördernde Tätigkeit der Natur gegenüber ist die Arbeit an der Natur, die dem Menschen zugute kommt*.

DIE EINZELNEN LINIEN:
ANFANGS EINE NEUN BEDEUTET:
Zieht man Bandgras aus, so geht der Rasen mit.
Jeder nach seiner Art. Unternehmungen bringen Heil.

In Zeiten der Blüte zieht jeder tüchtige Mann, der auf einen Posten berufen wird, sofort andere Gleichgesinnte nach sich, wie man beim Herausziehen von Bandgras immer gleich mehrere durch die Wurzeln miteinander zusammenhängende Stengel mit herauszieht. Der Sinn des Tüchtigen ist in solchen Zeiten, da die Wirkung im Großen möglich ist, darauf gerichtet, ins Leben hinauszuziehen und etwas zu leisten.

NEUN AUF ZWEITEM PLATZ BEDEUTET:
Die Ungebildeten in Milde tragen,
Entschlossen den Fluß durchschreiten,
Das Ferne nicht vernachlässigen,
Die Genossen nicht berücksichtigen:
So mag man es fertigbringen, in der Mitte zu wandeln.

In Zeiten der Blüte ist es vor allem wichtig, daß man die innere Größe besitzt, auch die Unvollkommenen zu tragen. Denn ein großer Meister kennt kein unfruchtbares Material. Er kann aus allem noch etwas machen. Diese Weitherzigkeit ist aber keineswegs Nachlässigkeit oder Schwäche. Man muß gerade in Blütezeiten stets bereit sein, auch gefährliche Unternehmungen wie das Überschreiten eines Flusses zu wagen, wenn sie notwendig sind. Ebenso gilt es nicht, das Entfernte zu vernachlässigen, sondern mit Pünktlichkeit alles zu besorgen. Vor Parteiungen und

* Denselben Gedanken hat Goethe ausgedrückt in den Versen:
Dich im Unendlichen zu finden,
Mußt unterscheiden und dann verbinden.

Cliquenwirtschaft hat man sich besonders zu hüten. Denn wenn auch die Gleichgesinnten zusammen hervortreten, dürfen sie doch nicht durch gegenseitiges Zusammenhalten eine Partei bilden, sondern es muß jeder seine Pflicht tun. Diese vier Dinge sind es, durch die man die verborgene Gefahr allmählichen Erschlaffens, die in jeder Friedenszeit lauert, überwinden kann, und auf diese Weise findet man die rechte Mitte des Handelns.

NEUN AUF DRITTEM PLATZ BEDEUTET:
Keine Ebene, auf die nicht ein Abhang folgt,
Kein Hingang, auf den nicht die Wiederkehr folgt.
Ohne Makel ist, wer beharrlich bleibt in Gefahr.
Beklage dich nicht über diese Wahrheit,
Genieße das Glück, das du noch hast.

Alles Irdische ist dem Wechsel unterworfen. Auf Blüte folgt Niedergang. Das ist das ewige Gesetz auf Erden. Das Schlechte kann wohl zurückgedrängt, aber nicht dauernd beseitigt werden. Es kommt wieder. Diese Überzeugung könnte einen schwermütig machen. Aber das soll sie nicht. Sie soll nur bewirken, daß man im Glück nicht in Verblendung gerät. Bleibt man der Gefahr eingedenk, so bleibt man beharrlich und macht keinen Fehler. Solange das innere Wesen stärker und voller bleibt als das äußere Glück, solange wir innerlich dem Schicksal überlegen bleiben, so lange bleibt das Glück uns treu.

SECHS AUF VIERTEM PLATZ BEDEUTET:
Er flattert hernieder, nicht pochend auf Reichtum,
Zusammen mit seinem Nächsten, arglos und wahrhaftig.

In Zeiten gegenseitigen Vertrauens kommen die Hohen ganz einfach, und ohne auf ihren Reichtum zu pochen, gemeinsam zu den Niedrigen. Das ist nicht Zwang der Umstände, sondern entspricht der innersten Gesinnung. Dann macht sich die Annäherung ganz zwanglos, weil sie auf innerer Überzeugung beruht.

SECHS AUF FÜNFTEM PLATZ BEDEUTET:
Der Herrscher I gibt seine Tochter in die Ehe.
Das bringt Segen und erhabenes Heil!

Der Herrscher I ist Tang, der Vollender. Er hatte bestimmt, daß die kaiserlichen Prinzessinnen, trotzdem sie im Rang höher standen als die Gatten, denen sie vermählt wurden, ebenso ihren Gatten zu gehorchen hatten wie andere Ehefrauen. Auch hier ist auf wirklich bescheidene Vereinigung von hoch und niedrig hingewiesen, die Glück und Segen bringt.

OBEN EINE SECHS BEDEUTET:
Der Wall fällt wieder in den Graben.
Jetzt brauche keine Heere.
In der eigenen Stadt verkünde deine Befehle.
Beharrlichkeit bringt Beschämung.

Der schon in der Mitte des Zeichens angedeutete Wechsel ist eingetreten. Der Stadtwall sinkt wieder in den Graben zurück, aus dem er genommen war. Das Verhängnis bricht herein. In diesem Fall gilt es, sich dem Schicksal zu fügen und nicht durch gewaltsamen Widerstand das Schicksal aufhalten zu wollen. Das einzige, was übrigbleibt, ist, im engsten Kreis sich zu wahren. Wollte man auf dem üblichen Weg beharrlich dem Übel widerstreben, so würde der Zusammenbruch nur schlimmer, und Beschämung wäre die Folge.

否

12. PI / DIE STOCKUNG

☰ *oben Kiän, das Schöpferische, der Himmel*
☷ *unten Kun, das Empfangende, die Erde*

Das Zeichen ist das gerade Gegenteil des vorigen. Der Himmel oben zieht sich immer weiter zurück, die Erde unten sinkt immer weiter in die Tiefe. Die schöpferischen Kräfte stehen außer Beziehung. Es ist die Zeit der Stockung und des Niedergangs. Das Zeichen ist dem siebenten Monat (August-September) beigeordnet, wenn das Jahr seinen Höhepunkt überschritten hat und das herbstliche Welken sich vorbereitet.

DAS URTEIL
Die Stockung.
Schlechte Menschen sind nicht fördernd
Für die Beharrlichkeit des Edlen.
Das Große geht hin, das Kleine kommt herbei.

Himmel und Erde stehen außer Verkehr, und alle Dinge erstarren. Obere und Untere stehen außer Beziehung, und auf Erden herrscht Verwirrung und Unordnung. Innen ist das Dunkle, und das Lichte ist außen. Innen ist Schwäche, außen ist Härte, innen sind die Gemeinen, und die Edlen sind außen. Die Art der Gemeinen ist im Aufsteigen, die Art der Edlen ist im Abnehmen. Aber die Edlen lassen sich in ihren Grundsätzen nicht beirren. Wenn sie die Möglichkeit des Wirkens nicht mehr haben, so bleiben sie diesen Grundsätzen doch treu und ziehen sich in die Verborgenheit zurück.

DAS BILD
Himmel und Erde vereinigen sich nicht:
das Bild der Stockung.
So zieht sich der Edle auf seinen innern Wert zurück,
Um den Schwierigkeiten zu entgehen.
Er läßt sich nicht durch Einkünfte ehren.

Wenn gegenseitiges Mißtrauen im öffentlichen Leben herrscht infolge des Einflusses, den die Gemeinen haben, so ist eine fruchtbare Wirksamkeit unmöglich, weil die Grundlage falsch ist. Darum weiß der Edle, was er unter solchen Umständen zu tun hat. Er läßt sich nicht durch glänzende Angebote zur Teilnahme an der öffentlichen Wirksamkeit verleiten, die für ihn, da er die Gemeinheit der andern nicht mitmachen kann, doch nur gefährlich wäre. Darum verbirgt er seinen Wert und zieht sich in die Verborgenheit zurück.

DIE EINZELNEN LINIEN:
ANFANGS EINE SECHS BEDEUTET:
Zieht man Bandgras aus, so geht der Rasen mit.
Jeder nach seiner Art.
Beharrlichkeit bringt Heil und Gelingen.

Der Text ist beinahe derselbe wie bei der ersten Linie des letzten Zeichens, nur im umgekehrten Sinn. Dort zieht einer den andern nach sich auf dem Weg in die amtliche Laufbahn. Hier zieht einer den andern mit in den Rückzug aus der Öffentlichkeit. Darum heißt es hier nicht »Unternehmungen bringen Heil«, sondern »Beharrlichkeit bringt Heil und Gelingen«. Nur dadurch, daß man versteht, wenn die Wirkungsmöglichkeiten nicht mehr da sind, sich rechtzeitig zurückzuziehen, erspart man sich die Beschämung und hat in höherem Sinne Gelingen, indem man seine Persönlichkeit in ihrem Wert zu wahren weiß.

SECHS AUF ZWEITEM PLATZ BEDEUTET:
Sie tragen und dulden, das bedeutet für die Gemeinen Heil.
Dem großen Mann dient die Stockung zum Gelingen.

Die Gemeinen sind bereit, in kriecherischer Weise ihren Vorgesetzten zu schmeicheln. Sie würden auch den Edlen dulden, wenn er ihnen behilflich wäre, die Verwirrung zu lösen. Das ist für sie heilbringend. Aber der große Mann trägt ruhig die Folgen der Stockung. Er mischt sich nicht in die Scharen der Gemeinen. Dort ist sein Platz nicht. Dadurch schafft er, indem er persönlich zu leiden hat, seinen Grundsätzen Erfolg.

SECHS AUF DRITTEM PLATZ BEDEUTET:
Sie tragen Scham.

Die Gemeinen, die auf unrechtmäßige Weise emporgekommen sind, fühlen sich der Verantwortung, die sie auf sich genommen haben, nicht gewachsen. Sie beginnen – zunächst noch ohne es nach außen hin zu zeigen –, im Stillen sich zu schämen. Das ist der Anfang der Wendung zum Besseren.

NEUN AUF VIERTEM PLATZ BEDEUTET:
Wer auf Befehl des Höchsten wirkt, bleibt ohne Makel.
Die Gleichgesinnten genießen des Segens.

Die Zeit der Stockung naht sich dem Umschlag. Wer wieder Ordnung schaffen will, muß dazu berufen sein und das nötige Ansehen besitzen. Wer sich nach eignem Gutdünken zum Ordner aufwerfen wollte, könnte Fehler und Mißerfolge wirken. Wer aber berufen ist, dem kommen die Zeitverhältnisse entgegen, und sein Segen wird allen Gleichgesinnten zuteil.

NEUN AUF FÜNFTEM PLATZ BEDEUTET:
Die Stockung läßt nach. Dem großen Manne Heil!
»Wenn es mißlänge, wenn es mißlänge!«
Dadurch bindet er es an ein Bündel von Maulbeerstauden.

Die Zeit ändert sich. Der rechte Mann ist gekommen, der wieder Ordnung schaffen kann. Darum Heil! Aber gerade in solchen Übergangszeiten ist Furcht und Zittern nötig. Nur durch die äußerste Besorgtheit, die dauernd denkt: »Wenn es mißlänge!«, wird der Erfolg befestigt. Wenn eine Maulbeerstaude abgeschnitten wird, so sprossen aus der Wurzel eine Reihe von Schößlingen, die besonders fest sind. Daher ist die Festigung des Erfolges unter dem Bild des Anbindens an Maulbeerstauden symbolisiert.
Konfuzius sagt darüber: »Gefahr entsteht, wo einer sich auf seinem Platz sicher fühlt. Untergang droht, wo einer seinen Bestand zu wahren sucht. Verwirrung entsteht, wo einer alles in Ordnung hat. Darum vergißt der Edle, wenn er sicher ist, nicht der Gefahr, wenn er besteht, nicht des Untergangs, und wenn er Ordnung hat, nicht der Verwirrung. Dadurch kommt er persönlich in Sicherheit, und das Reich wird gewahrt.«

OBEN EINE NEUN BEDEUTET:
Die Stockung hört auf.
Erst Stockung, dann Heil!

Die Stockung dauert nicht ewig. Allerdings hört sie nicht von selber auf, sondern es bedarf des rechten Mannes, um ihr ein Ende zu bereiten. Das ist der Unterschied des Friedens und der Stockung. Der Friede bedarf dauernder Anstrengung, um festgehalten zu werden. Sich selbst überlassen, würde er sich in Stockung und Niedergang verwandeln. Die Niedergangszeit verwandelt sich nicht von selbst in Frieden und Blüte, sondern sie bedarf der Anstrengung, um beseitigt zu werden. Hierin ist die schöpferische Stellung des Menschen gekennzeichnet, die nötig ist, damit die Welt in Ordnung kommt.

同人

13. TUNG JEN
GEMEINSCHAFT MIT MENSCHEN

䷌ *oben Kiän, das Schöpferische, der Himmel*
unten Li, das Haftende, die Flamme

Das Bild des oberen Urzeichens, Kiän, ist der Himmel, das des unteren, Li, ist die Flamme. Die Natur des Feuers ist es, emporzulodern zum Himmel. Das gibt die Idee der Gemeinschaft. Die zweite Linie ist es, die durch ihr zentrales Wesen die fünf starken um sich vereint. Das Zeichen ist das Gegenstück zu No. 7, das Heer. Dort: innen Gefahr, außen Gehorsam als Wesen des kriegerischen Heeres, das zu seinem Zusammenhalt des einen Starken unter den vielen Schwachen bedarf. Hier: innen Klarheit, außen Stärke, als Wesen der friedlichen Vereinigung der Menschen, die zu ihrem Zusammenhalt des einen Weichen unter den vielen Festen bedarf.

DAS URTEIL
Gemeinschaft mit Menschen im Freien: Gelingen.
Fördernd ist es, das große Wasser zu durchqueren.
Fördernd ist des Edlen Beharrlichkeit.

Die wirkliche Gemeinschaft der Menschen muß auf Grund einer kosmischen Anteilnahme zustande kommen. Nicht Sonderzwecke des Ichs, sondern Menschheitsziele bringen dauernde Gemeinschaft unter Menschen hervor; darum heißt es: Gemeinschaft mit Menschen im Freien hat Gelingen. Wenn solche Einigkeit herrscht, dann lassen sich auch schwierige und gefährliche Aufgaben wie das Durchqueren des großen Wassers vollbringen. Um aber solche Gemeinschaft zuwege bringen zu können, bedarf es eines beharrlichen und aufgeklärten Führers, der klare, einleuchtende und begeisternde Ziele hat und sie mit Kraft durchzuführen weiß. (Das innere Zeichen bedeutet Klarheit, das äußere Stärke.)

DAS BILD
Himmel zusammen mit Feuer:
Das Bild der Gemeinschaft mit Menschen.
So gliedert der Edle die Stämme und unterscheidet die Dinge.

Der Himmel hat dieselbe Bewegungsrichtung wie das Feuer und ist doch von ihm unterschieden. Wie die leuchtenden Körper am Himmel zur Gliederung und Einteilung der Zeit dienen, so muß auch die menschliche Gesellschaft und alle wirklich zusammengehörigen Dinge organisch gegliedert sein. Die Gemeinschaft soll nicht Vermischung der einzelnen und Vermischung der Dinge sein – das wäre Chaos, nicht Gemeinschaft, sondern sie bedarf der gegliederten Mannigfaltigkeit, um zur Ordnung zu führen.

DIE EINZELNEN LINIEN:
ANFANGS EINE NEUN BEDEUTET:
Gemeinschaft mit Menschen im Tore. Kein Makel.

Der Beginn einer Vereinigung von Menschen soll vor der Tür stattfinden. Alle stehen einander gleich nahe. Irgendwelche Sonderbestrebungen bestehen noch nicht. So macht man keinen Fehler. Die Grundlagen jeder Vereinigung müssen allen Beteiligten in gleicher Weise zugänglich sein. Geheimabmachungen bringen Unheil.

SECHS AUF ZWEITEM PLATZ BEDEUTET:
Gemeinschaft mit Menschen im Klan: Beschämung.

Hier ist die Gefahr einer Sonderpartei auf Grund von persönlichen und selbstsüchtigen Interessen. Solche Parteiungen, die ausschließend sind und nicht für alle Raum haben, die einen Teil der Menschen verdammen müssen, um die übrigen zusammenzuscharen, entstehen aus niedrigen Motiven und führen daher auf die Dauer zu Beschämung.

NEUN AUF DRITTEM PLATZ BEDEUTET:
Versteckt Waffen im Dickicht,
Steigt auf den hohen Hügel davor.
Drei Jahre lang erhebt er sich nicht.

Hier ist die Gemeinschaft in Mißtrauen umgeschlagen. Man mißtraut den andern, legt geheimen Hinterhalt und sucht von ferne den andern auszuspähen. Man hat es mit einem harten Gegner zu tun, dem auf diese Weise nicht beizukommen ist. Es sind hier Hemmungen gezeigt, die der Gemeinschaft mit andern im Wege stehen. Man hat selbst Hintergedanken und sucht den andern gelegentlich zu überrumpeln. Aber gerade das macht mißtrauisch, man sucht dieselben Hinterlisten auch beim Gegner und sucht sie auszuspionieren. Infolge davon entfernt man sich von wahrer Gemeinschaft immer mehr. Je länger es dauert, desto mehr entfremdet man sich.

NEUN AUF VIERTEM PLATZ BEDEUTET:
Er steigt auf seine Mauer, er kann nicht angreifen. Heil!

Hier rückt die Versöhnung nach der Entzweiung näher. Zwar sind noch trennende Mauern da, auf denen man sich gegenübersteht. Aber die Schwierigkeiten sind zu groß. Man kommt in Not, und durch die Not kommt man zur Besinnung. Man kann nicht kämpfen, aber gerade darauf beruht das Heil.

NEUN AUF FÜNFTEM PLATZ BEDEUTET:
Die gemeinsamen Menschen weinen erst und klagen,
Aber nachher lachen sie.
Nach großen Kämpfen gelingt es ihnen, sich zu treffen.

Es sind zwei Menschen äußerlich getrennt, aber im Herzen vereint. Sie sind durch ihre Stellung im Leben auseinandergehalten. Dazwischen erheben sich viele Hindernisse und Hemmungen, die sie trauern machen. Aber sie lassen sich durch kein Hindernis scheiden, sondern bleiben einander treu. Und obwohl die Überwindung dieser Hindernisse schwere Kämpfe kostet, so werden sie doch siegen, und dann wird ihre Traurigkeit in Freude sich verwandeln, wenn sie sich finden.
Kungtse sagt darüber:

> »Das Leben führt den ernsten Mann auf bunt verschlungnem
> Pfade. Oft wird gehemmt des Laufes Kraft, dann wieder geht's
> gerade. Hier mag sich ein beredter Sinn in Worten frei ergießen,
> Dort muß des Wissens schwere Last in Schweigen sich verschließen.
> Doch wo zwei Menschen einig sind in ihrem innern Herzen,
> Da brechen sie die Stärke selbst von Eisen oder Erzen.
> Und wo zwei Menschen sich im innern Herzen ganz verstehn,
> Sind ihre Worte süß und stark wie Duft von Orchideen.«

OBEN EINE NEUN BEDEUTET:
Gemeinschaft mit Menschen auf dem Anger:
Keine Reue.

Es fehlt hier der warme Anschluß des Herzens. Man steht eigentlich schon außerhalb der Gemeinschaft mit anderen. Aber man schließt sich an. Die Gemeinschaft umfaßt nicht alle, sondern nur die äußerlich beisammen Wohnenden. Der Anger ist die Weide vor der Stadt. Das letzte Ziel der Vereinigung der Menschheit ist hier noch nicht erreicht. Doch braucht man sich keine Vorwürfe zu machen. Man schließt sich der Gesellschaft an, ohne Sonderzwecke.

大有

14. DA YU
DER BESITZ VON GROSSEM

☲ *oben Li, das Haftende, die Flamme*
☰ *unten Kiän, das Schöpferische, der Himmel*

Das Feuer am Himmel oben strahlt weit, so daß alle Dinge ins Licht und in die Erscheinung treten. Die schwache fünfte Linie befindet sich auf geehrtem Platz, und alle die starken Striche entsprechen ihr. Wer auf hohem Platz bescheiden und mild ist, dem fällt alles zu*.

DAS URTEIL
Der Besitz von Großem: Erhabenes Gelingen!

Die beiden Urzeichen zeigen an, daß Kraft und Klarheit sich vereinigen. Der Besitz von Großem ist vom Schicksal bestimmt und entspricht der Zeit. Wie ist es möglich, daß die schwache Linie die Kraft hat, die Starken festzuhalten und zu besitzen? Durch ihre uneigennützige Bescheidenheit. Es ist eine günstige Zeit. Stärke im Innern und Klarheit und Bildung im Äußern. Die Kraft äußert sich fein und beherrscht. Das gibt erhabenes Gelingen und Reichtum**.

* Der Sinn des Zeichens stimmt mit dem Worte Jesu überein: »Selig sind die Sanftmütigen, denn sie werden das Erdreich besitzen.«
** Man könnte denken, das Zeichen »Zusammenhalten«, Nr. 8, sei noch günstiger, da dort ein Starker die fünf Schwachen um sich versammelt. Dennoch ist das hier beigefügte Urteil »Erhabenes Gelingen« viel günstiger. Das kommt daher, daß die von dem starken Herrscher Zusammengehaltenen dort nur einfache Untertanen sind, während hier dem sanftmütigen Herrn lauter starke und tüchtige Männer als Gehilfen zur Seite stehen.

DAS BILD
Das Feuer am Himmel oben:
Das Bild des Besitzes von Großem.
So hemmt der Edle das Böse und fördert das Gute
Und gehorcht so des Himmels gutem Willen.

Die Sonne droben am Himmel, die alles Irdische bescheint, ist das Bild des Besitzes im Großen. Aber ein solcher Besitz muß recht verwaltet werden. Die Sonne bringt das Böse und das Gute an den Tag. Vom Menschen muß das Böse bekämpft und gehemmt, das Gute gefördert und begünstigt werden. Nur auf diese Weise entspricht man dem guten Willen Gottes, der nur das Gute will und nicht das Böse.

DIE EINZELNEN LINIEN:
ANFANGS EINE NEUN BEDEUTET:
Keine Beziehung zu Schädlichem, das ist nicht ein Makel.
Bleibt man der Schwierigkeit bewußt,
So bleibt man ohne Makel.

Großer Besitz, der noch im Anfangsstadium ist und noch keine Anfechtung erfahren hat, ist ohne Makel; denn es ist noch gar keine Gelegenheit vorhanden, Fehler zu machen. Aber es sind noch viele Schwierigkeiten zu überwinden. Nur wenn man sich dieser Schwierigkeiten bewußt bleibt, wird man wirklich innerlich frei von der Möglichkeit des Hochmuts und der Verschwendung und hat jeden Makel im Prinzip überwunden.

NEUN AUF ZWEITEM PLATZ BEDEUTET:
Ein großer Wagen zum Beladen.
Man mag etwas unternehmen. Kein Makel.

Großer Besitz besteht nicht allein in der Menge der Güter, die einem zur Verfügung stehen, sondern vor allem in ihrer Beweglichkeit und Verwendbarkeit. Dann mag man sie zu Unternehmungen gebrauchen und bleibt frei von Verlegenheit und Fehlern. Unter dem großen Wagen, dem man viel aufladen kann und mit dem man weit fahren kann, sind tüchtige Gehilfen verstanden, die einem zur Seite stehen, die ihrer Aufgabe gewachsen sind. Solchen Leuten kann man eine große Verantwortung aufladen, was bei wichtigen Unternehmungen nötig ist.

NEUN AUF DRITTEM PLATZ BEDEUTET:
Ein Fürst bringt ihn dem Sohn des Himmels dar.
Ein kleiner Mensch kann das nicht.

Es ist die Sache eines hochherzigen, freisinnigen Menschen, daß er seinen Besitz nicht als sein ausschließliches persönliches Eigentum betrachtet, sondern dem Herrscher bzw. der Allgemeinheit zur Verfügung stellt. Dadurch stellt er sich auf den richtigen Standpunkt dem Besitz gegenüber, der niemals als Privatbesitz von Dauer sein kann. Ein engherziger Mensch ist freilich dazu nicht imstande. Für ihn schlägt großer Besitz zum Schaden aus, da er, statt zu opfern, behalten will*.

NEUN AUF VIERTEM PLATZ BEDEUTET:
Er macht einen Unterschied
Zwischen sich und seinem Nächsten.
Kein Makel.

Es ist eine Stellung gekennzeichnet, die zwischen reichen und mächtigen Nachbarn steht. Das bringt Gefahr. Da gilt es, nicht rechts und nicht links zu sehen, frei zu bleiben von Neid und dem Versuch, es andern gleichzutun. So bleibt man frei von Fehlern**.

* Es ist hier vom Besitz derselbe Grundsatz ausgesprochen, der in dem Worte ausgedrückt ist: »Wer sein Leben behalten will, der wird es verlieren,
Wer lieber sein Leben verliert, der wird es behalten.«

SECHS AUF FÜNFTEM PLATZ BEDEUTET:
Wessen Wahrheit umgänglich ist und doch würdig,
Der hat Heil.

Die Lage ist sehr günstig. Ohne äußeren Zwang, nur infolge der ungesuchten Aufrichtigkeit, gewinnt man die Menschen, daß sie auch in aufrichtiger Wahrheit einem zugetan sind. Doch genügt zur Zeit des Besitzes von Großem die Milde allein nicht. Sonst könnte leicht Frechheit allmählich aufkommen. Dieses Aufkommen von Frechheit muß durch Würde in Schranken gehalten werden, dann ist das Heil gewiß.

OBEN EINE NEUN BEDEUTET:
Vom Himmel her wird er gesegnet, Heil!
Nichts, das nicht fördernd ist.

In der Fülle des Besitzes und der Macht bleibt man bescheiden und ehrt den Weisen, der außerhalb des Weltgetriebes steht. Dadurch stellt man sich unter den segensreichen Einfluß vom Himmel her, und alles geht gut.
Konfuzius sagt über diesen Strich: »Segnen bedeutet helfen. Der Himmel hilft dem Hingebenden, die Menschen helfen dem Wahrhaftigen. Wer in Wahrhaftigkeit wandelt und hingebend ist in seinem Denken und dann noch die Würdigen hochhält, der wird vom Himmel her gesegnet. Er findet Heil, und nichts ist, das nicht förderlich wäre.«

** Eine andere Übersetzung, die allgemein akzeptiert ist, würde lauten:
Er verläßt sich nicht auf seine Fülle. Kein Makel.
Das würde bedeuten, daß man sich von Fehlern frei hält dadurch, daß man hat, als habe man nicht.

謙

15. KIÄN / DIE BESCHEIDENHEIT

䷎ *oben Kun, das Empfangende, die Erde*
unten Gen, das Stillehalten, der Berg

Das Zeichen setzt sich zusammen aus Gen, das Stillehalten, der Berg, und Kun. Der Berg ist der jüngste Sohn des Schöpferischen, der Repräsentant des Himmels auf Erden. Er spendet die Segnungen des Himmels, Wolken und Regen, die sich um seinen Gipfel sammeln, nach unten und leuchtet daraufhin verklärt in himmlischem Licht. Das zeigt die Bescheidenheit und ihre Wirkung bei hohen und starken Menschen. Oben steht Kun, die Erde. Die Eigenschaft der Erde ist die Niedrigkeit, aber ebendarum wird sie in diesem Zeichen als erhöht dargestellt, indem sie oben über dem Berg ist. Das zeigt die Wirkung der Bescheidenheit bei niedrigen, einfachen Menschen: sie werden dadurch erhöht.

DAS URTEIL
Bescheidenheit schafft Gelingen.
Der Edle bringt zu Ende.

Das Gesetz des Himmels macht das Volle leer und füllt das Bescheidene: wenn die Sonne am höchsten steht, muß sie nach himmlischem Gesetz dem Untergang zu, und wenn sie am tiefsten unter der Erde ist, geht sie einem neuen Aufstieg entgegen. Wenn der Mond voll ist, nimmt er nach demselben Gesetz ab, und wenn er leer ist, nimmt er wieder zu. Dieses himmlische Gesetz wirkt sich auch in den Schicksalen der Menschen aus. Das Gesetz der Erde ist, das Volle zu verändern und dem Bescheidenen zuzufließen: die hohen Berge werden von den Wassern

abgetragen und die Täler aufgefüllt. Das Gesetz der Schicksalsmächte ist, dem Vollen zu schaden und dem Bescheidenen Glück zu spenden. Und auch die Menschen hassen das Volle und lieben das Bescheidene.
Die Schicksale folgen festen Gesetzen, die sich mit Notwendigkeit auswirken. Aber der Mensch hat es in der Hand, sein Schicksal zu gestalten, je nachdem er sich durch sein Benehmen dem Einfluß der segnenden oder zerstörenden Kräfte aussetzt. Wenn der Mensch hoch steht und sich bescheiden zeigt, so leuchtet er im Licht der Weisheit. Wenn er niedrig ist und sich bescheiden zeigt, so kann er nicht übergangen werden. So gelingt es dem Edlen, sein Werk zu Ende zu führen, ohne sich des Fertigen zu rühmen.

DAS BILD
Inmitten der Erde ist ein Berg:
das Bild der Bescheidenheit.
So verringert der Edle, was zuviel ist,
Und vermehrt, was zuwenig ist.
Er wägt die Dinge und macht sie gleich.

Der Erde, in der ein Berg verborgen ist, sieht man ihren Reichtum nicht an, denn das Hohe des Berges dient zum Ausgleich der Vertiefungen. So ergänzt sich Hohes und Tiefes, und das Resultat ist die Ebene. Hier ist das Bild der Bescheidenheit, daß das, was langer Wirkung bedurfte, als selbstverständlich und leicht erscheint. So macht es der Edle, wenn er Ordnung auf Erden herstellt. Er gleicht die sozialen Gegensätze, die die Quelle des Unfriedens sind, aus und schafft dadurch gerechte und ebene Verhältnisse*.

* Man bemerkt bei diesem Zeichen eine Reihe von Parallelen zur prophetischen und christlichen Lehre der Bibel, z.B. »Wer sich selbst erhöht, der soll erniedrigt werden. Wer sich selbst erniedrigt, der soll erhöht werden«; »Alle Tale sollen erhöht werden, und alle Berge und Hügel sollen erniedrigt werden, und was ungleich ist,

DIE EINZELNEN LINIEN:
ANFANGS EINE SECHS BEDEUTET:
Ein bescheiden-bescheidener Edler
Mag das große Wasser durchqueren. Heil!

Eine gefährliche Unternehmung wie das Durchqueren eines großen Wassers ist sehr erschwert, wenn viele Ansprüche und Rücksichten dabei in Betracht kommen. Dagegen fällt sie leicht, wenn sie rasch und einfach erledigt wird. Darum ist die ganz anspruchslose Gemütsverfassung der Bescheidenheit geeignet, auch schwierige Unternehmungen fertigzubringen, weil sie keine Anforderungen und Vorbedingungen stellt, sondern schlank und leicht die Sache erledigt; denn wo keine Ansprüche erhoben werden, erheben sich keine Widerstände.

SECHS AUF ZWEITEM PLATZ BEDEUTET:
Sich äußernde Bescheidenheit.
Beharrlichkeit bringt Heil.

Wes das Herz voll ist, des geht der Mund über. Wenn jemand innerlich so bescheiden ist, daß sich diese Gesinnung in seinem äußeren Benehmen zeigt, so gereicht es ihm zum Heil: denn auf diese Weise hat er von selbst die Möglichkeit beharrlicher Wirkung, die von niemand verdrängt wird.

NEUN AUF DRITTEM PLATZ BEDEUTET:
Ein verdienstvoll-bescheidener Edler bringt zu Ende.
Heil!

soll eben, und was höckricht ist, soll schlicht werden« (Jes. 40, 4); »Gott widerstrebt den Hoffärtigen, aber den Demütigen gibt er Gnade«. Auch das Weltgericht in der parsischen Religion zeigt ähnliche Züge. Und zum letztzitierten Spruch wäre die griechische Auffassung vom Neid der Götter zu erwähnen.

Hier ist das Zentrum des Zeichens, wo sein Geheimnis ausgesprochen wird. Durch große Leistungen erwirbt man sich bald einen bedeutenden Namen. Wenn man sich durch den Ruhm blenden läßt, so wird sehr bald die Kritik einsetzen, und Schwierigkeiten werden sich erheben. Wenn man dagegen trotz seiner Verdienste bescheiden bleibt, so macht man sich beliebt und gewinnt die Hilfskräfte, die nötig sind, um das Werk, das man unternommen hat, zu Ende zu führen.

SECHS AUF VIERTEM PLATZ BEDEUTET:
Nichts, das nicht fördernd wäre
Für Bescheidenheit in der Bewegung.

Alles hat sein Maß. Auch die Bescheidenheit im Benehmen kann übertrieben werden. Hier ist sie am Platz, da die Lage zwischen einem verdienstvollen Gehilfen unten und einem gütigen Herrscher oben sehr große Verantwortung mit sich bringt. Das Vertrauen des Oberen darf nicht mißbraucht, die Verdienste des Unteren dürfen nicht verdeckt werden. Es gibt wohl Beamte, die sich nicht hervortun. Sie decken sich durch den Buchstaben der Verordnungen, sie lehnen jede Verantwortung ab, sie nehmen Bezahlung an, ohne Entsprechendes zu leisten, sie tragen Titel, denen keine Wirklichkeit Bedeutung gibt. Die hier erwähnte Bescheidenheit ist das Gegenteil davon. Die Bescheidenheit in einer solchen Stellung zeigt sich ebendarin, daß man mit Interesse an der Arbeit ist.

SECHS AUF FÜNFTEM PLATZ BEDEUTET:
Nicht pochen auf Reichtum seinem Nächsten gegenüber.
Fördernd ist es, mit Gewalt anzugreifen.
Nichts, das nicht fördernd wäre.

Bescheidenheit ist verschieden von schwächlicher Gutmütigkeit, die alles laufen läßt. Wenn man an verantwortungsvollem Posten steht, muß man unter Umständen auch einmal energisch durchgreifen. Aber dazu ist es nötig, daß man nicht durch persönliches Pochen auf seine Überlegenheit zu wirken sucht, sondern man muß seiner Umgebung gewiß sein. Das Zugreifen muß rein sachlich sein und darf nichts persönlich Verletzendes haben. Darin zeigt sich die Bescheidenheit auch in der Strenge.

OBEN EINE SECHS BEDEUTET:
Sich äußernde Bescheidenheit.
Fördernd ist es, Heere marschieren zu lassen,
Um die eigne Stadt und das eigene Land zu züchtigen.

Wem es wirklich mit seiner Bescheidenheit Ernst ist, der muß sorgen, daß sie in der Wirklichkeit sich zeigt. Er muß mit großer Energie dabei vorgehen. Wenn Feindseligkeit entsteht, ist nichts leichter, als die Schuld beim andern zu suchen. Ein schwacher Mensch zieht sich dann vielleicht beleidigt auf sich selbst zurück und hat Mitleid mit sich selbst und hält es für Bescheidenheit, daß er sich nicht wehrt. Wirkliche Bescheidenheit zeigt sich darin, daß sie kraftvoll darangeht, Ordnung zu schaffen, und dabei beim eignen Ich und dem engsten Kreise anfängt mit der Züchtigung. Nur dadurch wird wirklich etwas Kraftvolles geleistet, daß man den Mut hat, seine Heere gegen sich selbst marschieren zu lassen*.

* Es gibt wenige Zeichen im Buch der Wandlungen, bel denen alle Linien nur günstig sind, wie bei dem Zeichen Bescheidenheit. Daraus geht hervor, wie hoch die chinesische Weisheit diese Tugend wertet.

豫

16. YÜ / DIE BEGEISTERUNG

☳☷ *oben Dschen, das Erregende, der Donner*
unten Kun, das Empfangende, die Erde

Die starke Linie auf viertem Platz, dem Platz des leitenden Beamten, findet bei allen den andern schwachen Linien Entgegenkommen und Gehorsam. Das obere Urzeichen, Dschen, hat die Bewegung zur Eigenschaft, das untere, Kun, den Gehorsam, die Hingebung. Es wird also eine Bewegung begonnen, die auf Hingebung stößt und daher mitreißend, begeisternd wirkt. Von großer Bedeutung ist ferner das Gesetz von der Bewegung auf der Linie des geringsten Widerstandes, das in diesem Zeichen ausgesprochen ist als Gesetz für Naturgeschehen und Menschenleben.

DAS URTEIL
Die Begeisterung. Fördernd ist es,
Gehilfen einzusetzen und Heere marschieren zu lassen.

Die Zeit der Begeisterung beruht darauf, daß ein bedeutender Mann da ist, der in Fühlung mit der Volksseele ist und in Übereinstimmung mit ihr handelt. Darum findet er allgemeinen, willigen Gehorsam. Um Begeisterung zu wecken, ist es daher nötig, daß man sich mit seinen Anordnungen nach der Natur der Geführten richtet. Auf dieser Regel der Bewegung auf der Linie des geringsten Widerstandes beruht die Unverbrüchlichkeit der Naturgesetze. Sie sind nicht etwas außerhalb der Dinge, sondern die den Dingen immanente Harmonie der Bewegung. Darum weichen die Himmelskörper nicht ab von ihren Bahnen, und alles Naturgeschehen vollzieht sich in

fester Regelmäßigkeit. In ähnlicher Weise liegen die Dinge auch in der menschlichen Gesellschaft. Auch hier werden sich nur solche Gesetze durchführen lassen, die im Volksempfinden ihre Wurzel haben, während Gesetze, die diesem Empfinden widersprechen, nur Erbitterung wecken.
Die Begeisterung ermöglicht dann auch, Gehilfen einzusetzen zur Durchführung der Arbeiten, ohne daß geheime Gegenwirkungen zu befürchten sind. Die Begeisterung ist es auch, die Massenbewegungen, wie im Krieg, so zu vereinheitlichen vermag, daß sie den Sieg erlangen.

DAS BILD
Der Donner kommt aus der Erde hervorgetönt:
Das Bild der Begeisterung.
So machten die alten Könige Musik,
Um die Verdienste zu ehren,
Und brachten sie herrlich dem höchsten Gotte dar,
Indem sie ihre Ahnen dazu einluden.

Wenn der Donner, die elektrische Kraft, zu Beginn des Sommers wieder aus der Erde hervorgerauscht kommt und das erste Gewitter die Natur erfrischt, so löst sich eine lange Spannung. Erleichterung und Freude greifen Platz. Ähnlich besitzt die Musik die Macht, die Spannung im Herzen, der dunklen Gefühle Gewalt zu lösen. Die Begeisterung des Herzens äußert sich unwillkürlich im Laut des Gesanges, im Tanz und rhythmischer Bewegung des Körpers. Von altersher wurde die begeisternde Wirkung des unsichtbaren Klanges, der die Herzen der Menschen bewegt und vereint, als Rätsel empfunden. Die Herrscher benützten diese natürliche Neigung zur Musik. Sie erhöhten und ordneten sie. Die Musik galt als etwas Ernstes, Heiliges, sie sollte die Gefühle der Menschen reinigen. Sie sollte die Tugenden der Helden preisen und so die Brücke schlagen zur unsichtbaren Welt. Im Tempel nahte man Gott mit Musik und Pantomimen (aus denen sich später das Theater entwickelt hat). Die religiösen Gefühle gegen den Schöpfer der Welt wurden vereinigt mit den heiligsten menschlichen Gefühlen, den Gefühlen der Ehrfurcht vor den Ahnen. Sie wurden eingeladen zu diesen Gottesdiensten als Gäste des Himmelsherrn und Vertreter der Menschheit in jenen höheren Regionen. Indem so die eigene Vergangenheit mit der Gottheit verknüpft wurde in weihevollen Momenten religiöser Begeisterung, schloß sich das Band zwischen Gottheit und Menschheit. Der Herrscher, der in seinen Ahnen die Gottheit verehrte, war dadurch der Sohn des Himmels, in dem die himmlische und die irdische Welt sich mystisch berührten. Diese Gedanken sind die letzte und höchste Zusammenfassung der chinesischen Kultur. Meister Kung selbst sagte von dem großen Opfer, bei dem diese Bräuche vollzogen wurden: »Wer dieses Opfer ganz verstünde, der könnte die Welt regieren, als drehte sie sich auf seiner Hand.«

DIE EINZELNEN LINIEN:
ANFANGS EINE SECHS BEDEUTET:
Begeisterung, die sich äußert, bringt Unheil.

Jemand in untergeordneter Stellung hat vornehme Beziehungen, deren er sich begeistert rühmt. Durch diesen Übermut zieht er mit Notwendigkeit das Unheil an. Begeisterung darf nie ein egoistisches Gefühl sein, sondern nur als allgemeine Stimmung, die mit andern verbindet, hat sie ihre Berechtigung.

SECHS AUF ZWEITEM PLATZ BEDEUTET:
Fest wie ein Stein. Kein ganzer Tag.
Beharrlichkeit bringt Heil.

Es wird hier jemand gezeichnet, der sich von keinen Illusionen betören läßt. Während andere durch Begeisterung sich blenden lassen, erkennt er vollkommen klar die ersten Zeichen der Zeit. So ist er nach oben hin nicht schmeichlerisch, nach unten hin nicht nachlässig. So ist er fest wie Stein. Sobald das erste Anzeichen von Mißstimmung sich zeigt, weiß er sich rechtzeitig zurückzuziehen, ohne auch nur einen Tag zu versäumen. Beharrlichkeit in solchem Tun bringt Heil.

Konfuzius sagt darüber: »Die Keime zu kennen, das ist wohl göttlich. Der Edle ist im Verkehr nach oben hin nicht schmeichelnd, im Verkehr nach unten hin nicht anmaßend. Er kennt wohl die Keime. Die Keime sind der erste unmerkliche Beginn der Bewegung, das, was von Heil (und Unheil) zuerst sich zeigt. Der Edle sieht die Keime und handelt sofort. Er wartet nicht erst den ganzen Tag. Im Buch der Wandlungen heißt es:

›Fest wie ein Stein. Kein ganzer Tag.
Beharrlichkeit bringt Heil.‹
Fest wie ein Stein, wozu ein ganzer Tag?
Das Urteil kann man wissen.
Der Edle kennt Geheim- und Offenbares.
Er kennt das Schwache, kennt das Starke auch:
Drum schauen die Myriaden zu ihm auf.«

SECHS AUF DRITTEM PLATZ BEDEUTET:
Nach oben blickende Begeisterung schafft Reue.
Zögern bringt Reue.

Es ist hier das Gegenteil der vorigen Linie; dort Selbständigkeit, hier das begeisterte Emporblicken. Zögert man zu lange, so schafft auch das Reue. Es gilt in der Annäherung den richtigen Moment zu ergreifen; nur dann trifft man das Rechte.

NEUN AUF VIERTEM PLATZ BEDEUTET:
Der Ursprung der Begeisterung. Er erreicht Großes.
Zweifle nicht.
Die Freunde scharen sich um dich wie um eine Haarspange.

Jemand, der Begeisterung zu erwecken vermag durch die eigene Sicherheit und Freiheit von Bedenken: dadurch, daß er nicht zweifelt und ganz wahrhaftig ist, zieht er die Menschen an. Indem er ihnen Vertrauen schenkt, gewinnt er sie zu begeisterter Mitarbeit und hat Erfolg. Wie eine Haarspange den Haaren Halt gibt und sie vereinigt, so vereinigt er die Menschen durch den Halt, den er ihnen gibt.

SECHS AUF FÜNFTEM PLATZ BEDEUTET:
Beharrlich krank und stirbt doch immer nicht.

Die Begeisterung wird hier verhindert. Man befindet sich unter dauerndem Druck, der nicht zu freiem Aufatmen kommen läßt. Aber dieser Druck hat unter Umständen sein Gutes. Man wird dadurch bewahrt, daß man seine Kräfte in leerer Begeisterung aufzehrt. So kann der dauernde Druck gerade dazu dienen, daß man am Leben bleibt.

OBEN EINE SECHS BEDEUTET:
Verblendete Begeisterung.
Aber wenn man nach der Vollendung zur Änderung kommt,
So ist das kein Makel.

Wenn man sich von der Begeisterung verblenden läßt, so ist das vom Übel. Aber wenn diese Verblendung auch schon vollendete Tatsache ist und man kann sich noch ändern, so wird man frei von Makel. Ernüchterung aus falscher Begeisterung ist sehr wohl möglich und ist sehr günstig.

隨

17. SUI / DIE NACHFOLGE

䷐ *oben Dui, das Heitere, der See*
unten Dschen, das Erregende, der Donner

Oben ist das Heitere, dessen Charakter die Freude ist, unten das Erregende, dessen Charakter die Bewegung ist. Freude bei der Bewegung führt zur Nachfolge. Das Heitere ist die jüngste Tochter, das Erregende der älteste Sohn. Ein älterer Mann stellt sich unter ein junges Mädchen und nimmt Rücksicht auf sie. Dadurch bewegt er sie zur Nachfolge.

DAS URTEIL
Die Nachfolge hat erhabenes Gelingen.
Fördernd ist Beharrlichkeit. Kein Makel.

Um Nachfolge zu erreichen, muß man selbst erst sich anzupassen verstehen. Nur durch Dienen kommt man zum Herrschen; denn nur so erlangt man die freudige Zustimmung der Unteren, die zur Nachfolge nötig ist. Wo durch List oder Gewalt, Verschwörung oder Parteiung Nachfolge erzwungen werden soll, da regt sich immer Widerstand, der die bereitwillige Nachfolge verhindert.
Freudige Bewegung kann aber auch zu Üblem führen. Darum wird als Bedingung beigefügt: »Fördernd ist Beharrlichkeit«, d.h. Konsequenz im Rechten, und »ohne Makel«. Ebenso wie man selbst nur unter dieser Bedingung Nachfolge verlangen soll, darf man auch andern nur unter dieser Bedingung folgen, ohne Schaden zu nehmen.
Der Gedanke der Nachfolge unter Anpassung an das, was die Zeit erfordert, ist groß und wichtig, daher lautet auch das beigefügte Urteil so günstig.

DAS BILD
Inmitten des Sees ist der Donner: das Bild der Nachfolge.
So kehrt der Edle zur Zeit des Abenddunkels
Zu Erholung und Ruhe ein.

Im Herbst zieht sich die Elektrizität wieder in die Erde zurück und ruht. Der Donner inmitten des Sees ist als Bild genommen, nicht der Donner in Bewegung, sondern der Donner der Winterruhe. Nachfolge ergibt sich aus diesem Bild in dem Sinn der Anpassung an die Zeiterfordernisse. Der Donner inmitten des Sees deutet auf Zeiten des Dunkels und der Ruhe. So gönnt sich der Edle, nachdem er den Tag über unermüdlich tätig war, zur Nachtzeit Erholung und Ruhe. Jede Lage wird nur dann gut, wenn man sich ihr anzupassen vermag und nicht durch falschen Widerstand sich aufreibt*.

DIE EINZELNEN LINIEN:
ANFANGS EINE NEUN BEDEUTET:
Das Maßgebende ändert sich. Beharrlichkeit bringt Heil.
Zur Tür hinausgehen im Verkehr schafft Werke.

Es gibt Ausnahmezustände, da das Verhältnis von Leiter und Geleitetem sich ändert. In der Idee der Anpassung und Nachfolge liegt es, daß man, wenn man andere leiten will, zugänglich bleibt und sich bestimmen läßt von den Ansichten der Untergebenen. Nur muß man dabei feste Grundsätze haben, daß man nicht schwankend wird, wo es sich nur um Meinungen des Tages handelt. Wenn man erst bereit ist, auf Meinungen anderer zu hören, so darf man nicht immer nur mit Gleichgesinnten und Parteigenossen zusammensitzen, sondern man muß zur Tür hin-

* Vgl. den Spruch von Goethe:
Noch ist es Tag, da rühre sich der Mann,
Die Nacht tritt ein, wo niemand wirken kann.

aus und mit Menschen allerlei Art, ob Freund, ob Feind, unbefangen verkehren. Nur dadurch bringt man etwas zustande.

SECHS AUF ZWEITEM PLATZ BEDEUTET:
Hängt man sich an den kleinen Knaben,
So verliert man den starken Mann.

Bei Freundschaft und engen Beziehungen muß man in der Auswahl vorsichtig sein. Man macht sich entweder eine gute oder eine schlechte Gesellschaft. Man kann nicht beide zugleich haben. Wenn man sich an Unwürdige wegwirft, so verliert man den Anschluß an geistig bedeutende Menschen, die einen im Guten zu fördern vermögen.

SECHS AUF DRITTEM PLATZ BEDEUTET:
Hängt man dem starken Mann an,
So verliert man den kleinen Knaben.
Durch Nachfolge findet man, was man sucht.
Fördernd ist es, beharrlich zu bleiben.

Wenn man den rechten Anschluß bei bedeutenden Menschen gefunden hat, so ist damit naturgemäß ein gewisser Verlust verbunden. Man muß sich vom Niedern, Oberflächlichen scheiden. Aber man wird sich doch im Innersten befriedigt fühlen, indem man findet, was man für die Förderung der Persönlichkeit sucht und braucht. Nur gilt es, fest zu bleiben. Man muß wissen, was man will, und darf sich nicht durch Augenblicksneigungen irremachen lassen.

NEUN AUF VIERTEM PLATZ BEDEUTET:
Die Nachfolge schafft Erfolg.
Beharrlichkeit bringt Unheil.
Mit Wahrhaftigkeit auf dem Weg zu wandeln,
bringt Klarheit.
Wie könnte das ein Makel sein?

Es gelingt oft, wenn man einen gewissen Einfluß besitzt, daß man Nachfolger findet durch Leutseligkeit nach unten hin. Die Menschen, die sich einem anschließen, meinen es aber nicht ehrlich. Sie suchen ihren persönlichen Vorteil und suchen sich durch Schmeicheleien und Unterwürfigkeit unentbehrlich zu machen. Wenn man sich an solche Parteigänger gewöhnt, so daß man nicht mehr ohne sie sein kann, so bringt das Unheil. Nur wenn man ganz frei ist von dem eigenen Ich und mit Überzeugung nur auf das Rechte, Sachliche bedacht ist, bekommt man die Klarheit, solche Menschen zu durchschauen, und wird frei von Makel.

NEUN AUF FÜNFTEM PLATZ BEDEUTET:
Wahrhaft im Guten. Heil!

Jeder Mensch muß etwas haben, dem er nachfolgt, das ihm als Leitstern dient. Wer dem Schönen und Guten mit Überzeugung nachfolgt, der mag sich durch dieses Wort bestärkt finden.

OBEN EINE SECHS BEDEUTET:
Er findet feste Anhänglichkeit und wird noch dazu gebunden.
Der König stellt ihn dem Westberg vor.

Es handelt sich um einen Menschen, der das Getriebe der Welt für seine Person schon hinter sich hat, einen erhabenen Weisen. Aber es findet sich ein Nachfolger, der ihn versteht und nicht von ihm läßt. So kommt er noch einmal in die Welt zurück und hilft jenem bei seinem Werk. So entsteht eine Verbindung ewiger Art.
Das Gleichnis ist gewählt von der Dschoudynastie. Diese Dynastie ehrte verdiente Gehilfen dadurch, daß sie einen Platz bekamen im Ahnentempel der Herrscherfamilie auf dem Westberg. Dadurch wurde ein solcher Mann in den Schicksalsbereich des Herrscherhauses aufgenommen.

蠱

18. GU
DIE ARBEIT AM VERDORBENEN

䷑ *oben Gen, das Stillehalten, der Berg*
unten Sun, das Sanfte, der Wind

Das chinesische Zeichen Gu stellt eine Schüssel dar, in deren Inhalt Würmer wachsen. Das bedeutet das Verdorbene. Das ist dadurch gekommen, daß die sanfte Gleichgültigkeit des unteren Urzeichens mit der starren Trägheit des oberen Urzeichens zusammengekommen ist, so daß die Verhältnisse in Stagnation gerieten. Da also eine Verschuldung vorliegt, so enthalten diese Zustände die Aufforderung zu ihrer Beseitigung. Daher ist die Bedeutung des Zeichens nicht einfach »das Verdorbene«, sondern »das Verdorbene als Aufgabe«, die »Arbeit am Verdorbenen«.

DAS URTEIL
Die Arbeit am Verdorbenen hat erhabenes Gelingen.
Fördernd ist es, das große Wasser zu durchqueren.
Vor dem Anfangspunkt drei Tage,
Nach dem Anfangspunkt drei Tage.

Was durch Schuld von Menschen verdorben ist, kann durch Arbeit von Menschen wiedergutgemacht werden. Es ist nicht unabänderliches Geschick, wie während der Stockungszeit, sondern eine Folge von Mißbrauch der menschlichen Freiheit, was den Zustand des Verderbens herbeigeführt hat. Deshalb ist die Arbeit an der Besserung aussichtsvoll, weil sie im Einklang mit den Möglichkeiten der Zeit steht. Nur darf man vor Arbeit und Gefahr – symbolisiert durch das Durchqueren des großen

Wassers – nicht zurückschrecken, sondern muß energisch zugreifen. Das Gelingen hat jedoch zur Vorbedingung die rechte Überlegung. Das ist ausgedrückt in dem Zusatz: »Vor dem Anfangspunkt drei Tage, nach dem Anfangspunkt drei Tage.« Erst muß man die Gründe kennen, die zum Verderben geführt haben, ehe man sie abstellen kann: daher Achtung während der Zeit vor dem Anfangspunkt. Und dann muß man sorgen, daß das neue Geleise sich sicher einfährt, so daß ein Rückfall vermieden wird: daher Achtung auf die Zeit nach dem Anfangspunkt. An die Stelle der Gleichgültigkeit und Trägheit, die zum Verderben geführt haben, muß Entschlossenheit und Energie treten, damit auf das Ende ein neuer Anfang folgt.

DAS BILD

Unten am Berg weht der Wind: das Bild des Verderbens.
So rüttelt der Edle die Leute auf und stärkt ihren Geist.

Wenn der Wind unten am Berg weht, so wird er zurückgeworfen und verdirbt die Pflanzen. Das enthält die Aufforderung zu bessern. So ist es auch mit den niedrigen Stimmungen und Moden: sie bringen Verderben in die menschliche Gesellschaft. Um das zu beseitigen, muß der Edle die Gesellschaft erneuern. Die Methoden dazu werden ebenfalls den beiden Urzeichen entnommen, nur daß ihre Wirkungen sich geordnet nacheinander entfalten. Er muß die Stagnation beseitigen durch Aufrütteln der öffentlichen Meinung (wie der Wind aufrüttelnd wirkt) und dann den Charakter der Leute stärken und beruhigen (wie der Berg Ruhe und Nahrung allem Wachstum in seiner Umgebung gibt).

DIE EINZELNEN LINIEN:
ANFANGS EINE SECHS BEDEUTET:
Zurechtbringen des vom Vater Verdorbenen.
Wenn ein Sohn da ist,
Bleibt auf dem heimgegangenen Vater kein Makel.
Gefahr. Schließlich Heil!

Das starre Stehenbleiben beim Hergebrachten hat Verderben zur Folge gehabt. Aber das Verderben ist noch nicht tief eingewurzelt, darum kann es noch leicht gebessert werden. Es ist, wie wenn ein Sohn das Verderben, das unter seinem Vater sich eingeschlichen hat, ausgleicht. Da bleibt auf dem Vater kein Makel sitzen. Aber man darf die Gefahr nicht übersehen und die Sache zu leicht nehmen. Nur wenn man sich der mit jeder Reform verbundenen Gefahr bewußt ist, geht schließlich alles gut.

NEUN AUF ZWEITEM PLATZ BEDEUTET:
Zurechtbringen des von der Mutter Verdorbenen.
Man darf nicht zu beharrlich sein.

Es handelt sich um Fehler, die aus Schwachheit das Verderben veranlaßt haben. Daher das Symbol des von der Mutter Verdorbenen. Da ist beim Ausgleich eine gewisse zarte Rücksicht notwendig. Man darf nicht allzu schroff vorgehen wollen, damit man nicht durch Schroffheit verletzt.

NEUN AUF DRITTEM PLATZ BEDEUTET:
Zurechtbringen des vom Vater Verdorbenen.
Ein wenig wird es Reue geben. Kein großer Makel.

Es ist hier jemand gezeichnet, der beim Zurechtbringen der Fehler der Vergangenheit etwas zu energisch vorgeht. Dadurch werden sicher dann und wann kleinere Unzuträglichkeiten und Verstimmungen entstehen. Aber besser zuviel als zuwenig Energie. Wenn man daher auch manchmal ein wenig zu bereuen hat, so bleibt man doch frei von jedem ernstlichen Makel.

SECHS AUF VIERTEM PLATZ BEDEUTET:
Dulden des vom Vater Verdorbenen.
Beim Fortmachen sieht man Beschämung.

Es wird hier die Lage gezeigt, daß jemand aus Schwachheit dem Verderben, das aus der Vergangenheit stammt und sich jetzt zu zeigen beginnt, nicht entgegentritt, sondern ihm seinen Lauf läßt. Wenn das so weitergeht, wird Beschämung die Folge sein.

SECHS AUF FÜNFTEM PLATZ BEDEUTET:
Zurechtbringen des vom Vater Verdorbenen.
Man findet Lob.

Man sieht sich einem durch die Vernachlässigung früherer Zeiten entstandenen Verderben gegenüber. Man besitzt nicht die Kraft, ihm allein zu steuern. Doch findet man tüchtige Gehilfen, mit deren Unterstützung man zwar nicht einen schöpferischen Neuanfang, aber wenigstens eine gründliche Reform zuwegebringt, was auch des Lobes würdig ist.

OBEN EINE NEUN BEDEUTET:
Dient nicht Königen und Fürsten.
Steckt sich höhere Ziele.

Nicht jeder Mensch ist verpflichtet, sich in die Weltgeschäfte zu mischen. Es gibt auch solche, die innerlich schon so weit entwickelt sind, daß sie die Berechtigung haben, der Welt ihren Lauf zu lassen, ohne sich ins politische Leben reformierend einzumischen. Aber damit ist nicht gemeint, daß sie tatenlos oder bloß kritisch sich verhalten dürften. Nur die Arbeit an den höheren Zielen der Menschheit in der eigenen Person gibt die Berechtigung zu solcher Zurückgezogenheit. Denn wenn der Weise sich auch dem Tagesgetriebe fernhält, so schafft er doch unvergleichliche Menschheitswerte für die Zukunft*.

* In Europa ist die Stellung Goethes nach den Napoleonischen Kriegen ein Beispiel dieses Handelns.

臨

19. LIN / DIE ANNÄHERUNG

oben Kun, das Empfangende, die Erde
unten Dui, das Heitere, der See

Das chinesische Wort Lin hat eine Reihe von Bedeutungen, die in einem einzigen deutschen Wort sich nicht erschöpfen lassen. Die alten Erklärungen des Buches der Wandlungen geben als erste Bedeutung »Großwerden« an. Was groß wird, sind die beiden starken Striche, die von unten her in das Zeichen hineinwachsen. Mit ihnen dehnt sich die lichte Kraft aus. Von da aus geht der Gedanke weiter zu dem Begriff der Annäherung, und zwar der Annäherung des Starken, Höherstehenden an das Niedrige. Es bedeutet dann schließlich auch die Herablassung eines Höheren gegen das Volk, ferner die Inangriffnahme der Geschäfte. Das Zeichen ist dem zwölften Monat (Januar–Februar) zugeordnet, da nach der Sonnenwende die lichte Kraft schon wieder im Aufsteigen begriffen ist.

DAS URTEIL
Die Annäherung hat erhabenes Gelingen.
Fördernd ist Beharrlichkeit.
Kommt der achte Monat, so gibt's Unheil.

Das Zeichen als Ganzes deutet auf eine Zeit hoffnungsfrohen Fortschritts. Der Frühling naht. Freude und Nachgiebigkeit bringen Hoch und Nieder einander näher. Erfolg ist gewiß. Nur bedarf es der entschlossenen und beharrlichen Arbeit, um die Gunst der Zeit voll auszunützen. Und noch eins: Die Frühlingszeit dauert nicht ewig.

Im achten Monat sind die Aspekten umgekehrt. Da sind nur noch zwei starke, lichte Linien übrig, die aber nicht im Vordringen, sondern im Rückzug sind (vgl. das nächste Zeichen). Diesen Umschlag gilt es rechtzeitig zu bedenken. Wenn man so dem Übel begegnet, ehe es noch in die Erscheinung getreten ist, ja noch ehe es sich zu regen begonnen hat, so wird man seiner Meister werden.

DAS BILD

Oberhalb des Sees ist die Erde: das Bild der Annäherung.
So ist der Edle in seiner Absicht zu lehren unerschöpflich
Und im Ertragen und Schützen des Volkes ohne Grenzen.

Die Erde grenzt von oben an den See, das ist das Bild der Annäherung und Herablassung des Höheren gegen die Tieferstehenden. Aus den beiden Teilen des Bildes ergibt sich sein Verhalten zu diesen Menschen. Wie der See unerschöpfliche Tiefe zeigt, so ist der Weise unerschöpflich in seiner Bereitschaft, die Menschen zu belehren; und wie die Erde grenzenlos weit ist und alle Geschöpfe trägt und hegt, so trägt und hegt der Weise die Menschen, ohne durch Grenzen irgendwelcher Art einen Teil der Menschheit auszuschließen.

DIE EINZELNEN LINIEN:

ANFANGS EINE NEUN BEDEUTET:

Gemeinsame Annäherung. Beharrlichkeit bringt Heil.

Das Gute beginnt sich durchzusetzen und findet an einflußreicher Stelle Entgegenkommen. Von dort geht die Anregung an den tüchtigen Menschen aus herbeizukommen. Da mag man sich dem Zug nach aufwärts anschließen. Nur muß man darauf bedacht sein, in der Zeitströmung sich selbst nicht zu verlieren, sondern beharrlich im Rechten zu bleiben: das bringt Heil.

NEUN AUF ZWEITEM PLATZ BEDEUTET:
Gemeinsame Annäherung. Heil! Alles ist fördernd.

Da man sich in der Lage befindet, von oben her zum Herbeikommen angeregt zu sein, und da man in sich selbst die Stärke und Konsequenz besitzt, die keiner Warnung bedarf, so hat man Heil. Auch die Zukunft braucht einem keine Sorge zu machen. Wohl weiß man, daß alles Irdische vergänglich ist und auf jeden Aufstieg ein Niedergang folgt: aber man läßt sich durch dieses allgemeine Schicksal nicht irremachen. Alles ist fördernd. Darum wird man rasch und brav und kühn die Lebenswege wandern.

SECHS AUF DRITTEM PLATZ BEDEUTET:
Behagliche Annäherung. Nichts, das fördernd wäre.
Erreicht man Trauer darüber, so wird man ohne Makel.

Es geht fröhlich voran. Man kommt zu Macht und Einfluß. Aber das birgt die Gefahr, daß man im Vertrauen auf seine Stellung sich behaglich fühlt und diese behaglichlässige Stimmung im Verkehr mit den Menschen hervortreten läßt. Das ist unter allen Umständen schädlich. Doch ist die Möglichkeit des Umschlags der Stimmung gegeben. Wenn man Trauer über diese verkehrte Haltung empfindet, wenn man die Verantwortung fühlt, die in einer einflußreichen Stellung beschlossen ist, so macht man sich frei von Fehlern.

SECHS AUF VIERTEM PLATZ BEDEUTET:
Vollkommene Annäherung. Kein Makel.

Während die drei unteren Linien das Aufsteigen zu Macht und Einfluß bezeichnen, zeigen die drei oberen das Verhalten der Höhergestellten zu den Niedrigen, denen sie

Einfluß verschaffen. Hier ist vollkommen vorurteilslose Annäherung eines Höherstehenden an einen tüchtigen Mann gezeigt, den er ohne Rücksicht auf Standesvorurteile in seinen Verkehr zieht. Das ist sehr günstig.

SECHS AUF FÜNFTEM PLATZ BEDEUTET:
Weise Annäherung. Das ist recht für einen großen Fürsten. Heil!

Ein Fürst oder jemand in leitender Stellung soll die Weisheit besitzen, in seine Umgebung tüchtige Menschen zu ziehen, die sachkundig sind in der Leitung der Geschäfte. Seine Weisheit besteht ebensowohl darin, daß er die rechten Leute auszuwählen versteht, als auch darin, daß er die, die er ausgewählt hat, gewähren läßt, daß er sich nicht selbst in die Geschäfte einmischt. Denn nur durch diese Zurückhaltung wird er für alle Anforderungen die Leute finden, die nötig sind, um sie sachgemäß zu erledigen.

OBEN EINE SECHS BEDEUTET:
Großherzige Annäherung, Heil. Kein Makel.

Ein Weiser, der die Welt überwunden hat und innerlich schon mit dem Leben fertig ist, kann unter Umständen in die Lage kommen, noch einmal ins Diesseits hereinzukommen und sich den andern Menschen anzunähern. Das ist für die andern Menschen, denen er seine Belehrung und Hilfe zuwendet, von großem Heil. Aber auch für ihn selbst ist diese großherzige Selbsterniedrigung kein Makel.

觀

20. GUAN / DIE BETRACHTUNG (DER ANBLICK)

䷓ *oben Sun, das Sanfte, der Wind*
unten Kun, das Empfangende, die Erde

Der chinesische Name des Zeichens hat mit leichter Abwandlung der Betonung eine doppelte Bedeutung. Einerseits bedeutet es das Betrachten, andererseits das Gesehenwerden, das Vorbild. Diese Gedanken werden dadurch nahegelegt, daß das Zeichen aufgefaßt werden kann als das Bild eines Turmes , wie sie im alten China häufig waren. Von solchen Türmen hatte man eine weite Aussicht ringsumher, und andererseits war ein solcher Turm auf einem Berge weithin sichtbar. So wird durch das Zeichen ein Herrscher gezeigt, der nach oben das Gesetz des Himmels und nach unten die Sitten des Volkes betrachtet und der mit seiner guten Regierung ein erhabenes Vorbild für die Massen ist.
Das Zeichen ist dem achten Monat (September–Oktober) zugeordnet. Die lichte Kraft zieht sich zurück, die dunkle ist wieder im Steigen. Doch kommt diese Seite hier für die Gesamterklärung des Zeichens nicht in Betracht.

DAS URTEIL
Die Betrachtung.
Die Waschung ist geschehen,
aber noch nicht die Darbringung.
Vertrauensvoll blicken sie zu ihm auf.

Die Opferhandlung in China begann mit einer Waschung und Libation, durch die die Gottheit herbeigerufen wurde, Darauf wurden die Opfer dargebracht. Der Zeitpunkt zwischen beiden Handlungen ist der heiligste, der Augenblick höchster innerer Sammlung. Wenn die Frömmigkeit glaubensvoll und aufrichtig ist, so wirkt ihre Betrachtung auf die, die Zeugen sind, umwandelnd und ehrfurchtgebietend.

So ist in der Natur ein heiliger Ernst zu sehen in der Gesetzmäßigkeit, mit der alle Naturereignisse vor sich gehen. Die Betrachtung des göttlichen Sinns des Weltgeschehens gibt dem Mann, der auf Menschen zu wirken berufen ist, die Mittel an die Hand, dieselben Wirkungen auszuüben. Dazu ist eine innere Sammlung nötig, wie sie die religiöse Betrachtung in großen und glaubensstarken Menschen hervorbringt. Dadurch schauen sie die geheimnisvollen göttlichen Lebensgesetze und verschaffen ihnen durch den höchsten Ernst innerer Sammlung Verwirklichung in ihrer eigenen Persönlichkeit. So geht von ihrem Anblick eine geheimnisvolle geistige Macht aus, die auf die Menschen wirkt und sie unterwirft, ohne daß sie sich bewußt werden, wie das zugeht.

DAS BILD

Der Wind geht über die Erde hin: das Bild der Betrachtung.
So besuchten die alten Könige die Weltgegenden,
Betrachteten das Volk und spendeten Belehrung.

Wenn der Wind über die Erde weht, so kommt er überall hin, und das Gras muß sich seiner Macht beugen. Diese beiden Vorgänge finden in dem Zeichen ihre Bestätigung. Sie waren in Wirklichkeit umgesetzt in den Einrichtungen der Könige des Altertums, die einerseits durch regelmäßige Reisen sich den Anblick ihres Volkes verschafften, so daß ihnen nichts, was als Sitte im Volk lebte, entgehen konnte, und die dabei andererseits ihren Einfluß geltend machten, durch den solche Sitten, die nicht stimmten, geändert wurden.

Das Ganze deutet auf die Macht der überlegenen Persönlichkeit. Eine solche wird die große Menge der Menschen übersehen in ihren wirklichen Gesinnungen, so daß keine Täuschung ihm gegenüber möglich ist, und andererseits wird er durch sein bloßes Dasein, durch die Wucht seiner Persönlichkeit, Eindruck auf sie machen, so daß sie sich nach ihm richten wie das Gras nach dem Winde.

DIE EINZELNEN LINIEN:
ANFANGS EINE SECHS BEDEUTET:
Knabenhaftes Betrachten.
Für einen geringen Menschen kein Makel.
Für einen Edlen beschämend.

Ein verständnisloses Betrachten aus der Ferne ist hier gezeichnet. Es ist jemand da, der wirkt, aber dessen Wirkungen von den geringen Menschen nicht verstanden werden. Das tut bei der Masse nicht viel. Ob sie die Handlungen des herrschenden Weisen verstehen oder nicht: sie kommen ihnen doch zugute. Aber für den höheren Menschen ist das eine Schande. Er darf sich nicht mit törichtem, gedankenlosem Betrachten der herrschenden Einflüsse begnügen. Er muß sie im Zusammenhang betrachten und zu verstehen suchen.

SECHS AUF ZWEITEM PLATZ BEDEUTET:
Betrachtung durch die Türspalte.
Fördernd für die Beharrlichkeit einer Frau.

Durch die Türspalte hat man einen beschränkten Ausblick. Man sieht von innen nach außen. Die Betrachtungsweise ist subjektiv beschränkt. Man bezieht alles auf sich. Man kann sich nicht in den andern und seine Beweggründe hineinversetzen. Das ist für eine gute Hausfrau am Platz. Sie braucht nichts zu verstehen von den Welthändeln. Für einen Mann, der im öffentlichen Leben zu wirken hat, ist solche beschränkt egoistische Betrachtungsweise natürlich vom Übel*.

SECHS AUF DRITTEM PLATZ BEDEUTET:
Betrachtung meines Lebens
Entscheidet über Fortschritt oder Rückzug.

Es ist hier der Platz des Übergangs. Man blickt nicht mehr nach außen, um mehr oder weniger beschränkte oder verwirrte Bilder zu erhalten, sondern man richtet die Betrachtung auf sich selbst, um die Richtung für seine Entschließungen zu bekomme. Diese Einkehr der Betrachtung ist gerade die Überwindung der naiven Selbstigkeit dessen, der alles nur von seinem Standpunkt aus betrachtet. Man kommt zur Reflexion und damit zur Objektivität. Die Selbsterkenntnis ist aber nicht eine Beschäftigung mit den eigenen Gedanken, sondern mit den Wirkungen, die von einem ausgehen. Nur die Lebenswirkungen geben ein Bild, das uns berechtigt, über Fortschritt oder Rückgang zu entscheiden.

SECHS AUF VIERTEM PLATZ BEDEUTET:
Betrachtung des Lichtes des Reichs.
Fördernd ist es, als Gast eines Königs zu wirken.

Hier ist ein Mann gezeichnet, der die Geheimnisse versteht, durch die man ein Reich zur Blüte bringt. Ein solcher Mann muß an einen maßgebenden Platz gebracht werden, wo er wirken kann. Er soll gleichsam Gast sein, d.h., er soll selbständig wirken können und geehrt werden, nicht als Werkzeug benützt werden.

* Die Verschiedenheit in der Bewertung des Verhaltens von Mann und Frau ist nicht auf das alte China beschränkt. Das Bild, das Schiller in der »Glocke« von der Hausfrau zeichnet, bewegt sich vollkommen in diesem Kreise.

NEUN AUF FÜNFTEM PLATZ BEDEUTET:
Betrachtung meines Lebens.
Der Edle ist ohne Makel.

Ein Mann an maßgebender Stelle, zu dem die andern aufblicken, muß dauernd zur Selbstprüfung bereit sein. Die rechte Art der Selbstprüfung besteht jedoch nicht darin, daß man sich untätig über sich selbst besinnt, sondern darin, daß man die Wirkungen prüft, die von einem ausgehen. Nur wenn diese Wirkungen gut sind, daß man einen guten Einfluß auf andere ausübt, wird die Betrachtung des eigenen Lebens die Befriedigung gewähren, ohne Fehler zu sein.

OBEN EINE NEUN BEDEUTET:
Betrachtung seines Lebens.
Der Edle ist ohne Makel.

Während die vorige Linie einen Mann darstellt, der sich selbst betrachtet, ist hier an höchster Stelle alles Persönliche, aufs eigene Ich Bezogene, ausgeschaltet. Es ist hier ein Weiser gezeigt, der außerhalb des Weltgetriebes frei vom Ich die Gesetze des Lebens betrachtet und so als Höchstes erkennt, wie man frei von Makel wird.

噬嗑

21. SCHÏ HO / DAS DURCHBEISSEN

oben Li, das Haftende, das Feuer
unten Dschen, das Erregende, der Donner

Das Zeichen stellt einen geöffneten Mund dar (vgl. Nr. 27:I), zwischen dessen Zähnen ein Hindernis ist (an vierter Stelle). Infolge davon lassen sich die Lippen nicht vereinigen. Um eine Vereinigung herbeizuführen, bedarf es des energischen Durchbeißens des Hindernisses. Das Zeichen besteht ferner aus den Zeichen für Donner und Blitz, um anzudeuten, wie Hindernisse in der Natur gewaltsam beseitigt werden. Das energische Durchbeißen überwindet das Hindernis der Vereinigung im Mund. Das Gewitter mit Donner und Blitz überwindet die störende Spannung in der Natur. Prozeß und Strafe überwindet die Störungen des harmonischen Zusammenlebens durch Verbrecher und Verleumder. Im Unterschied zu dem Zeichen Nr. 6: der Streit, wo es sich um Zivilprozesse handelt, ist hier der Strafprozeß behandelt.

DAS URTEIL
Das Durchbeißen hat Gelingen.
Fördernd ist es, Gericht walten zu lassen.

Wenn ein Hindernis der Vereinigung entgegensteht, so schafft energisches Durchbeißen Erfolg. Das gilt in allen Verhältnissen. Immer wird die Einheit, wo sie nicht zustande kommt, durch einen Zwischenträger und Verräter, durch einen Hindernden und Hemmenden aufgehalten. Da muß man energisch durchgreifen, damit kein dauern-

der Schade entsteht. Solche bewußten Hinderungen verschwinden nicht von selbst. Gericht und Strafe sind nötig zur Abschreckung bzw. Beseitigung.
Aber es gilt dabei in der rechten Weise vorzugehen. Das Zeichen ist aus Li, Klarheit, und Dschen, Erregung, zusammengesetzt. Li ist weich, Dschen ist hart. Bloße Härte und Erregung wäre zu heftig im Strafen. Bloße Klarheit und Weichheit wäre zu schwach. Beides vereint schafft das rechte Maß. Wichtig ist, daß der entscheidende Mann, der durch den fünften Strich repräsentiert ist, seiner Natur nach milde ist, während er durch seine Stellung ehrfurchtgebietend wirkt.

DAS BILD

Donner und Blitz: das Bild des Durchbeißens.
So festigten die früheren Könige
Die Gesetze durch klarbestimmte Strafen.

Die Strafen sind die einzelnen Anwendungen der Gesetze. Die Gesetze enthalten die Aufzeichnung der Strafen. Klarheit herrscht, wenn bei der Festsetzung der Strafen leichtere und schwerere je nach den entsprechenden Vergehen klar unterschieden werden. Das wird symbolisiert durch die Klarheit des Blitzes. Die Festigung der Gesetze erfolgt durch die gerechte Anwendung der Strafen. Das wird symbolisiert durch den Schrecken des Donners. Diese Klarheit und Strenge bezweckt, daß die Menschen in Respekt gehalten werden; nicht sind die Strafen um ihrer selbst willen wichtig. Die Hindernisse im Zusammenleben der Menschen werden alle groß durch Unklarheit der Strafbestimmungen und Lässigkeit in ihrer Ausführung. Nur durch Klarheit und bestimmte Raschheit der Strafen werden die Gesetze gefestigt.

DIE EINZELNEN LINIEN*:
ANFANGS EINE NEUN BEDEUTET:
Steckt mit den Füßen im Block, daß die Zehen verschwinden.
Kein Makel.

Wenn jemand sofort beim ersten Versuch, etwas Böses zu tun, der Strafe verfällt, so ist die Strafe nur leicht. Es werden nur die Zehen vom Block bedeckt. Er wird dadurch am Weitersündigen verhindert und wird so frei von Makel. Es ist das eine Mahnung, auf der Bahn des Bösen rechtzeitig einzuhalten.

SECHS AUF ZWEITEM PLATZ BEDEUTET:
Beißt durch weiches Fleisch, daß die Nase verschwindet.
Kein Makel.

Recht und Unrecht lassen sich im vorliegenden Fall leicht unterscheiden. Es ist, wie wenn man durch weiches Fleisch beißt. Aber man trifft auf einen harten Sünder. Darum geht man aus Zorn in der Erregung etwas zu weit. Das Verschwinden der Nase beim Zubeißen bedeutet, daß man den feinen Spürsinn infolge der Empörung verliert. Doch schadet das nicht viel, weil die Strafe als solche gerecht ist.

SECHS AUF DRITTEM PLATZ BEDEUTET:
Beißt auf altes Dörrfleisch und trifft auf Giftiges.
Kleine Beschämung. Kein Makel.

* Die einzelnen Linien werden unabhängig vom Gesamtsinn des Zeichens so erklärt, daß der Erste und der Oberste Strafe erleiden, während die übrigen mit Verhängung von Strafen beschäftigt sind (vgl. dazu die entsprechenden Striche des Zeichens Nr. 4: Mong, die Jugendtorheit).

Es soll jemand eine Strafe vollziehen, zu der er nicht genügend Macht und Ansehen besitzt. Darum fügen sich die Bestraften nicht. Es handelt sich um eine alte Sache – symbolisiert durch gesalzenes Wildbret – und dabei stößt man auf Schwierigkeiten. Das alte Fleisch ist verdorben. Man zieht sich durch Beschäftigung mit der Sache giftigen Haß zu. Dadurch kommt man etwas in eine beschämende Lage. Aber da es ein Erfordernis der Zeit war zu strafen, so bleibt man doch frei von Makel.

NEUN AUF VIERTEM PLATZ BEDEUTET:
Beißt auf getrocknetes Knorpelfleisch.
Erhält Metallpfeile.
Fördernd ist es,
Der Schwierigkeiten eingedenk und beharrlich zu sein. Heil!

Es sind sehr große Schwierigkeiten zu überwinden. Mächtige Gegner sollen bestraft werden. Das ist sehr mühsam. Doch es gelingt. Aber man muß die Härte von Metall und die Geradheit eines Pfeils besitzen, um die Schwierigkeiten zu überwinden. Wenn man diese Schwierigkeiten kennt und beharrlich bleibt, so erlangt man Heil. Die schwierige Aufgabe gelingt zuletzt.

SECHS AUF FÜNFTEM PLATZ BEDEUTET:
Beißt auf getrocknetes Muskelfleisch.
Erhält gelbes Gold.
Beharrlich der Gefahr bewußt sein. Kein Makel!

Man hat einen Fall zu entscheiden, der zwar nicht leicht, aber doch klar ist. Aber die eigene Natur ist zur Gutmütigkeit geneigt. Darum muß man sich zusammennehmen, daß man ist wie gelbes Gold, d.h. unparteiisch – gelb ist die Farbe der Mitte – und treu wie Gold. Nur wenn man sich dauernd der Gefahren bewußt ist, die aus der Verantwortung entspringen, die man übernommen hat, bleibt man frei von Fehlern.

OBEN EINE NEUN BEDEUTET:
Steckt mit dem Hals im hölzernen Kragen,
Daß die Ohren verschwinden.
Unheil!

Es handelt sich hier im Unterschied zu der Anfangslinie um einen Menschen, der unverbesserlich ist. Er trägt zur Strafe den hölzernen Halskragen. Aber seine Ohren verschwinden darin. Er hört nicht mehr auf Warnungen, sondern ist taub für sie. Diese Verstockung führt ins Unheil*.

* Es ist zu bemerken, daß noch eine andere Deutung besteht, die von der Idee »oben das Licht, d.h. die Sonne, unten die Bewegung« ausgehend das Zeichen auf einen Markt deutet, der unten in Bewegung ist, während die Sonne oben am Himmel steht. Und zwar handelt es sich um einen Eßwarenmarkt. Das Fleisch deutet auf Eßwaren. Gold und Pfeile sind Handelsartikel. Das Verschwinden der Nase bedeutet das Verschwinden des Geruchs, d.h., der Betreffende ist nicht habgierig. Das Gift deutet auf die Gefahren des Reichtums usw.

Zu: »Anfangs eine Neun« bemerkt Kungtse:

Der Gemeine schämt sich nicht der Lieblosigkeit und scheut sich nicht vor Ungerechtigkeit. Wenn er keinen Vorteil winken sieht, so rührt er sich nicht. Wenn er nicht eingeschüchtert wird, so bessert er sich nicht. Doch wenn er im Kleinen zurechtgebracht wird, so nimmt er sich im Großen in acht. Das ist für den geringen Menschen ein Glück.

Zu: »Oben eine Neun« bemerkt Kungtse:

Wenn das Gute sich nicht ansammelt, reicht es nicht aus, einen berühmt zu machen. Wenn das Böse sich nicht ansammelt, ist es nicht stark genug, einen zu vernichten. Der Gemeine denkt deshalb: Gutes im Kleinen habe keinen Wert; darum unterläßt er es. Er denkt: kleine Sünden schaden nichts. Darum gewöhnt er sie sich nicht ab. So sammeln sich seine Sünden an, bis sie sich nicht mehr bedecken lassen, und seine Schuld wird so groß, daß sie sich nicht mehr lösen läßt.

賁

22. BI / DIE ANMUT

oben Gen, das Stillehalten, der Berg
unten Li, das Haftende, das Feuer

Das Zeichen zeigt ein Feuer, das aus den geheimen Tiefen der Erde hervorbricht und emporflackernd den Berg, die himmlische Höhe, erleuchtet und verschönt. Die Anmut, die schöne Form ist nötig bei jeder Vereinigung, damit sie geordnet und lieblich wird und nicht chaotisch und ungeordnet.

DAS URTEIL
Anmut hat Gelingen.
Im Kleinen ist es fördernd, etwas zu unternehmen.

Die Anmut bringt Gelingen. Aber sie ist nicht das Wesentliche, die Grundlage, sondern nur die Verzierung. Daher darf sie nur sparsam, im Kleinen angewandt werden. In dem unteren Zeichen Feuer tritt eine weiche Linie zwischen zwei starke und macht sie schön; die Starken aber sind das Wesen, die schwache Linie ist die verschönernde Form. Im oberen Zeichen Berg tritt die starke Linie bestimmend an die Spitze, so daß sie auch hier als ausschlaggebend in Betracht kommt. In der Natur sieht man am Himmel das starke Licht der Sonne. Auf ihr beruht das Leben der Welt. Aber dieses Starke, Wesentliche wird umgewandelt und findet anmutige Abwechslung durch Mond und Sterne. Im Menschenleben besteht die schöne Form darin, daß wie Berge feststehende, starke Ordnungen da sind, die durch die klare Schönheit gefällig gemacht werden. Die Betrachtung der Formen am Himmel verleiht die Fähigkeit, die Zeit und ihre wechselnden

Anforderungen zu verstehen. Die Betrachtung der Formen im Menschenleben verleiht die Möglichkeit, die Welt zu gestalten.
Bemerkung: Das Zeichen zeigt die ruhende Schönheit: innen Klarheit und außen Stille. Das ist die Ruhe der reinen Betrachtung. Wenn das Begehren schweigt, der Wille zur Ruhe kommt, dann tritt die Welt als Vorstellung in die Erscheinung. Und als solche ist sie schön und dem Kampf des Daseins entnommen. Das ist die Welt der Kunst. Aber durch bloße Betrachtung wird der Wille nicht endgültig zur Ruhe gebracht. Er wird wieder erwachen, und alles Schöne war dann nur ein vorübergehender Moment der Erhebung. Darum ist dies noch nicht der eigentliche Weg zur Erlösung. Kungtse fühlte sich daher auch sehr unbehaglich, als er bei Gelegenheit einer Befragung des Orakels das Zeichen »Anmut« bekam.

DAS BILD
Unten am Berg ist das Feuer: Das Bild der Anmut.
So verfährt der Edle bei der Klarstellung
Der laufenden Angelegenheiten.
Aber er wagt es nicht, danach Streitfragen zu entscheiden.

Das Feuer, dessen Schein den Berg erleuchtet und anmutig macht, leuchtet nicht auf große Entfernung. So genügt anmutige Form zwar, um kleinere Angelegenheiten zu erheitern und zu erhellen, aber wichtige Fragen können in dieser Weise nicht entschieden werden. Sie bedürfen größeren Ernstes.

DIE EINZELNEN LINIEN:
ANFANGS EINE NEUN BEDEUTET:
Macht seine Zehen anmutig, verläßt den Wagen und geht.

Die Stellung zu Beginn und an untergeordnetem Platze bringt es mit sich, daß man die Mühe des Vorankommens selbst auf sich nehmen muß, Man hätte Gelegenheit, sich unter der Hand eine Erleichterung – dargestellt unter dem Bild des Wagens – zu verschaffen. Aber ein in sich geschlossener Mensch verschmäht solche auf zweifelhafte Weise erlangte Erleichterungen. Er findet es anmutiger, zu Fuß zu gehen, als unrechtmäßigerweise im Wagen zu fahren.

SECHS AUF ZWEITEM PLATZ BEDEUTET:
Macht seinen Kinnbart anmutig.

Der Bart ist nichts Selbständiges. Er kann nur mit dem Kinn zusammen bewegt werden. Das Bild bedeutet daher, daß die Form nur im Gefolge und als Begleiterscheinung des Gehalts in Betracht kommt.
Der Bart ist eine überflüssige Zierde. Seine selbständige Pflege – ohne Rücksicht auf den zu schmückenden inneren Gehalt – wäre daher ein Zeichen einer gewissen Eitelkeit.

NEUN AUF DRITTEM PLATZ BEDEUTET:
Anmutig und feucht. Dauernde Beharrlichkeit bringt Heil.

Es ist eine höchst anmutige Lebenslage, in der man sich befindet. Anmut und feuchtverklärter Glanz umgeben einen. Diese Anmut kann wohl schmücken, sie kann aber auch versinken lassen. Daher die Warnung, nicht in der feuchten Bequemlichkeit zu versinken, sondern dauernd beharrlich zu bleiben. Darauf beruht das Heil.

SECHS AUF VIERTEM PLATZ BEDEUTET:
Anmut oder Einfachheit?
Ein weißes Pferd kommt wie geflogen:
Nicht Räuber er ist,
Will freien zur Frist.

Man ist in einer Lage, in der sich Zweifel ergeben, ob man weiterhin die Anmut äußeren Glanzes suchen soll oder ob es nicht besser ist, zur Einfachheit zurückzukehren. In diesem Zweifel liegt schon die Antwort. Von außen naht sich eine Bestärkung, Es kommt heran wie ein weißes Flügelpferd. Die weiße Farbe deutet auf Einfachheit. Und wenn es auch im ersten Augenblick enttäuschend wirken könnte, daß man die Bequemlichkeiten, die man auf anderm Wege sich verschaffen könnte, entbehren muß: in der treuen Verbindung mit dem Freund und Freier findet man Beruhigung. Das fliegende Pferd ist das Bild der Gedanken, die alle Schranken des Raums und der Zeit überfliegen.

SECHS AUF FÜNFTEM PLATZ BEDEUTET:
Anmut in Hügeln und Gärten.
Das Seidenbündel ist ärmlich und klein.
Beschämung, doch schließlich Heil!

Man zieht sich aus dem Verkehr mit den Menschen der Tiefe, die nur Pracht und Luxus suchen, zurück in die Einsamkeit der Höhen. Da findet man einen Menschen, zu dem man aufblickt und den man sich zum Freunde machen möchte. Aber die Gastgeschenke, die man zu bieten hat, sind nur gering und dürftig, so daß man beschämt ist. Doch kommt es nicht auf die äußere Gabe an, sondern auf die wahre Gesinnung; darum geht schließlich alles gut.

OBEN EINE NEUN BEDEUTET:
Schlichte Anmut.
Kein Makel.

Hier auf der obersten Stufe wird aller Schmuck abgelegt. Die Form verdeckt nicht mehr den Gehalt, sondern läßt ihn zur vollen Geltung kommen. Die höchste Anmut besteht nicht in äußerer Verzierung des Materials, sondern in seiner schlichten, sachgemäßen Gestaltung.

剝

23. BO / DIE ZERSPLITTERUNG

䷖ *oben Gen, das Stillehalten, der Berg*
unten Kun, das Empfangende, die Erde

Die dunklen Linien sind im Begriff, nach oben zu steigen und auch den letzten festen und lichten Strich zu Fall zu bringen, indem sie ihn durch ihren Einfluß zersetzen. Das Gemeine, Dunkle bekämpft das Edle, Starke nicht direkt, sondern höhlt es durch unmerkliche Wirkung allmählich aus, so daß es schließlich zusammenbricht.
Das Zeichen stellt das Bild eines Hauses dar. Der oberste Strich ist das Dach. Indem nun das Dach zerbrochen wird, zerfällt das Haus.
Das Zeichen ist dem neunten Monat (August–September) zugeordnet. Die Yinkraft dringt immer mächtiger heran und ist im Begriff, die Yangkraft völlig zu verdrängen.

DAS URTEIL
Die Zersplitterung. Nicht fördernd ist es, wohin zu gehen.

Es ist eine Zeit, da die Gemeinen im Vordringen sind und eben im Begriff stehen, die letzten Starken und Edlen zu verdrängen. Darum, weil das im Lauf der Zeit begründet ist, ist es für den Edlen unter solchen Umständen nicht förderlich, etwas zu unternehmen. Aus den Bildern und ihren Eigenschaften ist das rechte Verhalten in solchen widrigen Zeiten zu entnehmen. Das untere Zeichen bedeutet die Erde, deren Eigenschaft die Fügsamkeit und Hingebung ist, das obere Zeichen bedeutet den Berg, dessen Eigenschaft die Stille ist. Das legt den Rat nahe, sich in die böse Zeit zu fügen und stille zu sein. Es handelt sich hier nicht um menschliches Machen, sondern um

Zeitverhältnisse, die nach himmlischen Gesetzen auch einen Wechsel von Zunahme und Abnahme, Fülle und Leere zeigen. Diesen Zeitverhältnissen läßt sich nicht entgegenwirken. Daher ist es nicht Feigheit, sondern Weisheit, wenn man sich fügt und vermeidet zu handeln.

DAS BILD
Der Berg ruht auf der Erde: das Bild der Zersplitterung.
So können die Oberen nur durch reiches Spenden an die Unteren ihre Stellung sichern.

Der Berg ruht auf der Erde. Wenn er steil und schmal ist und keine breite Grundlage hat, so muß er einstürzen. Nur dadurch, daß er breit und groß sich aus der Erde erhebt, nicht stolz und steil, ist seine Stellung gesichert. So ruhen auch die Herrschenden auf der breiten Grundlage des Volks. Auch für sie gilt es, freigebig und großzügig zu sein, wie die Erde, die alles trägt; dann werden sie ihre Stellung in Sicherheit bringen wie die Ruhe eines Berges.

DIE EINZELNEN LINIEN:
ANFANGS EINE SECHS BEDEUTET:
Das Bett wird zersplittert am Bein.
Die Beharrlichen werden vernichtet. Unheil.

Die Gemeinen kommen heran und fangen heimlich von unten an mit ihrer zerstörenden Wühlarbeit, um auf diese Weise den Platz, auf dem der Edle ruht, zu untergraben. Die Anhänger des Herrschers, die ihm treu bleiben, werden durch Verleumdung und alle möglichen Machenschaften vernichtet. Die Lage ist unheilvoll. Doch läßt sich nichts tun als warten.

SECHS AUF ZWEITEM PLATZ BEDEUTET:
Das Bett wird zersplittert am Rand.
Die Beharrlichen werden vernichtet. Unheil.

Die Macht der Gemeinen wächst. Schon naht sich die Gefahr der eigenen Person. Es kommen schon deutliche Anzeichen. Die Ruhe wird gestört. Während man sich in dieser gefährlichen Lage befindet, ist man zudem noch ohne Hilfe und Entgegenkommen von oben und unten. In dieser Isolierung ist äußerste Vorsicht nötig. Man muß sich nach der Zeit richten und rechtzeitig ausweichen. Wollte man unbeugsam und beharrlich seinen Standpunkt weiter vertreten, so würde das zum Untergang führen.

SECHS AUF DRITTEM PLATZ BEDEUTET:
Er zersplittert sich mit ihnen. Kein Makel.

Man steht mittendrin in einer schlechten Umgebung, mit der man auch durch äußere Verbindungen zusammenhängt. Doch besteht eine innere Beziehung zu einem höheren Menschen. Dadurch gewinnt man den inneren Halt, daß man sich freimachen kann von dem Wesen der Menschen der Umgebung. Man kommt dadurch wohl in Gegensatz zu ihnen, aber das ist kein Fehler.

SECHS AUF VIERTEM PLATZ BEDEUTET:
Das Bett wird zersplittert bis zur Haut. Unheil.

Das Unglück erreicht hier den eigenen Leib, nicht mehr nur den Ruheplatz. Eine Warnung oder sonstiger Zusatz ist nicht beigefügt. Das Unheil ist auf der Höhe: es läßt sich nicht mehr abwenden.

SECHS AUF FÜNFTEM PLATZ BEDEUTET:
Ein Zug Fische. Durch die Palastdamen kommt Gunst.
Alles ist förderlich.

Hier in unmittelbarer Nähe des oberen starken und lichten Prinzips wandelt sich die Natur des Dunklen. Es widerstrebt nicht mehr ränkevoll dem starken Prinzip, sondern unterwirft sich seiner Leitung. Ja, als Haupt der übrigen

Schwachen führt es diese alle dem Starken zu, gleichwie eine Fürstin ihre Dienerinnen ihrem Gatten wie einen Zug Fische zuführt und dadurch seine Gunst erlangt. Indem das Niedere sich so freiwillig dem Höheren unterstellt, findet es sein Glück, und auch das Höhere kommt zu seinem Recht. Darum geht alles gut.

OBEN EINE NEUN BEDEUTET:
Eine große Frucht ist noch ungegessen da.
Der Edle erhält einen Wagen.
Dem Gemeinen zersplittert sein Haus.

Hier ist das Ende der Zersplitterung erreicht. Wenn sich das Unheil ausgetobt hat, kommen wieder bessere Zeiten. Der Same des Guten ist noch übrig. Gerade wenn die Frucht zur Erde fällt, wächst aus ihrem Samen aufs neue das Gute hervor. Der Edle kommt wieder zu Einfluß und Wirksamkeit. Er wird getragen von der öffentlichen Meinung wie auf einem Wagen. Am Gemeinen aber rächt sich seine Bosheit. Sein Haus zersplittert. Darin liegt ein Naturgesetz. Das Böse ist nicht nur dem Guten verderblich, sondern es vernichtet in seinen letzten Konsequenzen sich selbst; denn das Böse, das nur von der Verneinung lebt, kann aus sich selbst nicht bestehen. Auch der Gemeine fährt am besten, wenn er von einem Edlen in Zucht gehalten wird.

復

24. FU / DIE WIEDERKEHR (DIE WENDEZEIT)

䷗ *oben Kun, das Empfangende, die Erde*
unten Dschen, das Erregende, der Donner

Die Wendezeit wird dadurch angedeutet, daß, nachdem die dunklen Linien die lichten alle nach oben hinausgedrängt haben, nun wieder ein lichter Strich von unten her in das Zeichen eintritt. Die Zeit des Dunkels ist vorüber. Die Sonnenwende bringt den Sieg des Lichts. Das Zeichen ist dem elften Monat, dem Monat der Sonnenwende (November–Dezember) zugeordnet.

DAS URTEIL
Die Wiederkehr. Gelingen.
Ausgang und Eingang ohne Fehl.
Freunde kommen ohne Makel.
Hin und her geht der Weg.
Am siebten Tage kommt die Wiederkehr.
Fördernd ist es, zu haben, wohin man geht.

Nach einer Zeit des Zerfalls kommt die Wendezeit. Das starke Licht, das zuvor vertrieben war, tritt wieder ein. Es gibt Bewegung. Diese Bewegung ist aber nicht erzwungen. Das obere Zeichen Kun hat als Charakter die Hingebung. Es ist also eine natürliche Bewegung, die sich von selbst ergibt. Darum ist die Umgestaltung des Alten auch ganz leicht. Altes wird abgeschafft, Neues wird eingeführt, beides entspricht der Zeit und bringt daher keinen Schaden. Vereinigungen von Gleichgesinnten bilden sich. Aber dieser Zusammenschluß vollzieht sich in voller Öffentlichkeit, er entspricht der Zeit, und darum ist jedes egoistische Sonderbestreben ausgeschlossen, und aus diesen Vereinigungen ergibt sich kein Fehler. Die Wiederkehr ist im Naturlauf begründet. Die Bewegung ist kreisförmig. Der Weg ist in sich geschlossen. Darum braucht man nichts künstlich zu überstürzen. Es kommt alles von selber, wie es an der Zeit ist. Das ist der Sinn von Himmel und Erde. Alle Bewegungen vollziehen sich in sechs Stufen. Die siebente Stufe bringt dann die Wiederkehr. So kommt im siebenten Monat nach der Sommersonnenwende, von der an das Jahr abwärts geht, die Wintersonnenwende, ebenso kommt in der siebenten Doppelstunde nach Sonnenuntergang der Sonnenaufgang. Darum ist die Sieben die Zahl des jungen Lichts, die dadurch entsteht, daß die Sechs, die Zahl des großen Dunkels, sich um eins steigert. Damit kommt Bewegung in den Stillstand.

DAS BILD
Der Donner inmitten der Erde: Das Bild der Wendezeit.
So schlossen die alten Könige zur Sonnwendzeit die Pässe.
Händler und Fremdlinge wanderten nicht,
Und der Herrscher bereiste nicht die Gegenden.

Die Wintersonnenwende wurde in China von jeher als die Ruhezeit des Jahres gefeiert – ein Brauch, der sich in der Neujahrsruhezeit noch immer erhalten hat. Im Winter ist die Lebenskraft – symbolisiert durch das Erregende, den Donner – noch unter der Erde. Die Bewegung ist in ihren ersten Anfängen. Darum muß man sie durch Ruhe kräftigen, damit sie nicht durch vorzeitigen Verbrauch sich verläuft. Dieser Grundsatz, die wiedereinsetzende Kraft durch Ruhe erstarken zu lassen, gilt von allen entsprechenden Verhältnissen. Die wiederkehrende Gesundheit nach einer Krankheit, die wiederkehrende Verständigung nach einer Entzweiung: alles muß im ersten Anfang zart und schonend behandelt werden, damit die Wiederkehr zur Blüte führt.

DIE EINZELNEN LINIEN:
ANFANGS EINE NEUN BEDEUTET:
Wiederkehr aus geringer Entfernung.
Es bedarf keiner Reue.
Großes Heil!

Kleine Abweichungen vom Guten sind nicht zu vermeiden. Man muß nur rechtzeitig umkehren, ehe man zu weit gegangen. Das ist besonders bei der Bildung des Charakters von Wichtigkeit. Jeder leise böse Gedanke muß sofort beseitigt werden, ehe man darin zu weit geht und sich verfestigt. So hat man keine Reue nötig, und alles geht sehr gut.

SECHS AUF ZWEITEM PLATZ BEDEUTET:
Ruhige Wiederkehr. Heil!

Die Umkehr bedarf immer eines Entschlusses und ist ein Akt der Selbstbezwingung. Sie wird erleichtert, wenn man in guter Gesellschaft ist. Wenn man es über sich gewinnt, sich herunterzugeben und sich nach guten Menschen zu richten, so bringt das Heil.

SECHS AUF DRITTEM PLATZ BEDEUTET:
Mehrfache Wiederkehr. Gefahr. Kein Makel.

Es gibt Menschen von einer gewissen inneren Unbeständigkeit. Für sie ist fortwährend Umkehr der Willensrichtung nötig. In diesem fortwährenden Abwenden vom Guten aus unbeherrschter Neigung und Wiederzuwenden aus besserem Entschluß liegt eine Gefahr. Aber da auf diese Weise eine Verfestigung im Bösen doch auch nicht eintritt, ist die allgemeine Richtung auf Ablegung des Fehlers nicht ausgeschlossen.

SECHS AUF VIERTEM PLATZ BEDEUTET:
In der Mitte der andern wandelnd,
Kehrt man allein wieder.

Man ist mitten in einer Gesellschaft von geringen Menschen, aber man hat innere Beziehungen zu einem starken und guten Freund. Infolge davon kehrt man allein um. Obwohl von Lohn und Strafe nicht die Rede ist, so ist es doch sicher günstig; denn ein solcher Entschluß zum Guten trägt seinen Lohn in sich.

SECHS AUF FÜNFTEM PLATZ BEDEUTET:
Großzügige Wiederkehr. Keine Reue.

Wenn die Zeit zur Umkehr da ist, dann soll man sich nicht hinter kleinlichen Ausreden verstecken, sondern in sich gehen und sich prüfen. Und wenn man etwas falsch gemacht hat, dann soll man in großzügigem Entschluß seinen Fehler eingestehen. Das ist ein Weg, der niemand gereuen wird.

OBEN EINE SECHS BEDEUTET:
Verfehlung der Wiederkehr. Unheil.
Unglück von außen und innen.
Wenn man so Heere marschieren läßt,
Wird man schließlich eine große Niederlage erleiden,
So daß es für den Landesherren unheilvoll ist.
Zehn Jahre lang ist man nicht mehr imstande anzugreifen.

Wenn man die rechte Zeit zur Umkehr versäumt, so kommt man ins Unheil. Das Unglück ist innerlich begründet durch die falsche Stellung zum Weltzusammenhang. Äußeres Unglück ist die Folge dieser falschen Stellung. Es ist die Verstockung und ihr Gericht, das gezeichnet wird.

无妄

25. WU WANG / DIE UNSCHULD (DAS UNERWARTETE)

☰☳ *oben Kiän, das Schöpferische, der Himmel*
unten Dschen, das Erregende, der Donner

Oben ist Kiän, der Himmel, unten ist Dschen, die Bewegung. Das untere Zeichen Dschen wird bestimmt durch den starken Strich, den es von oben her, vom Himmel, bekommen hat. Wenn demgemäß die Bewegung dem Gesetz des Himmels folgt, dann ist der Mensch unschuldig und ohne Falsch. Das ist das Echte, Natürliche, das durch keine Überlegungen und Hintergedanken getrübt ist. Wo man die Absicht merkt, da ist die Wahrheit und Unschuld der Natur verloren. Natur ohne die Direktive des Geistes ist nicht wahre Natur, sondern degenerierte Natur. Von dem Gedanken des Natürlichen aus geht die Gedankenbildung teilweise noch weiter, und so umfaßt das Zeichen auch noch den Gedanken des Unbeabsichtigten, Unerwarteten.

DAS URTEIL
Die Unschuld. Erhabenes Gelingen.
Fördernd ist Beharrlichkeit.
Wenn jemand nicht recht ist, so hat er Unglück,
Und nicht fördernd ist es, irgend etwas zu unternehmen.

Der Mensch hat vom Himmel die ursprünglich gute Natur erhalten, daß sie ihn bei allen Bewegungen leite. Durch Hingabe an dieses Göttliche in ihm erlangt der Mensch eine lautere Unschuld, die ohne Hintergedanken an Lohn und Vorteil, einfach das Rechte tut mit instinktiver Sicherheit. Diese instinktive Sicherheit bewirkt erhabenes Gelingen und ist fördernd durch Beharrlichkeit. Es ist aber nicht alles instinktive Natur in diesem höheren Sinn des Wortes, sondern nur das Rechte, das mit dem Willen des Himmels übereinstimmt. Ohne dieses Rechte wirkt eine unüberlegte instinktive Handlungsweise nur Unglück. Meister Kung sagt darüber: »Wer von der Unschuld abweicht, wo kommt der hin? Des Himmels Wille und Segen ist nicht mit seinen Taten.«

DAS BILD
Unter dem Himmel geht der Donner:
Alle Dinge erlangen den Naturzustand der Unschuld.
So pflegten und nährten die alten Könige,
Reich an Tugend und entsprechend der Zeit, alle Wesen.

Wenn der Donner – die Lebenskraft – im Frühling sich unter dem Himmel wieder regt, dann sproßt und wächst alles, und alle Geschöpfe erhalten von der schaffenden Natur die Kindesunschuld des ursprünglichen Wesens. So machen es auch die guten Herrscher der Menschen: Mit dem inneren Reichtum ihres Wesens sorgen sie für alles Leben und alle Kultur und tun alles, was zu deren Pflege nötig ist, zur rechten Zeit.

DIE EINZELNEN LINIEN:
ANFANGS EINE NEUN BEDEUTET:
Unschuldiger Wandel bringt Heil!

Die ersten ursprünglichen Regungen des Herzens sind immer gut, so daß man ihnen getrost folgen kann und gewiß sein darf, daß man Glück hat und seine Absicht erreicht.

SECHS AUF ZWEITEM PLATZ BEDEUTET:
Wenn man beim Pflügen nicht ans Ernten denkt
Und beim Roden nicht an das Benützen des Feldes:
Dann ist es fördernd, etwas zu unternehmen.

Man soll jede Arbeit um ihrer selbst willen tun, wie Zeit und Ort sie verlangen, und nicht nach dem Erfolg schielen, dann gerät sie, und was man unternimmt, hat Erfolg.

SECHS AUF DRITTEM PLATZ BEDEUTET:
Unverschuldetes Unglück:
Die Kuh, die von jemand angebunden war,
Ist des Wanderers Gewinn, des Bürgers Verlust.

Manchmal kommt unverschuldetes Unglück über einen, das von einem andern veranlaßt wird, wie etwa, wenn ein Mann des Weges kommt und eine angebundene Kuh mitlaufen läßt. Sein Gewinn ist des Besitzers Verlust. Bei allen, auch bei unschuldigen Handlungen, muß man sich nach der rechten Zeit richten, sonst kommt unerwartetes Unglück über einen.

NEUN AUF VIERTEM PLATZ BEDEUTET:
Wer vermag beharrlich zu sein, bleibt ohne Makel.

Was einem wirklich gehört, das kann man nicht verlieren, und wenn man es wegwürfe. Man braucht darum gar nicht besorgt zu sein. Man muß nur darum besorgt sein, daß man seinem eigenen Wesen treu bleibt und nicht auf andere hört.

NEUN AUF FÜNFTEM PLATZ BEDEUTET:
Bei unverschuldeter Krankheit gebrauche keine Arznei.
Es wird schon von selber gut werden.

Kommt von außen her, durch Zufall, ein unerwartetes Übel, das nicht in der eigenen Natur begründet ist und in ihr seinen Anhaltspunkt hat, so soll man nicht nach äußeren Mitteln greifen zu seiner Beseitigung, sondern der Natur ruhig ihren Lauf lassen, dann wird es von selbst besser.

OBEN EINE NEUN BEDEUTET:
Unschuldiges Handeln bringt Unglück. Nichts ist fördernd.

Wenn man in einer Lage ist, da kein Fortschritt mehr an der Zeit ist, da gilt es, ruhig und ohne Hintergedanken zu warten. Wenn man unüberlegt handelt, um wider das Schicksal voranzukommen, so wird ein Erfolg nicht erreicht.

大畜

26. DA TSCHU
DES GROSSEN ZÄHMUNGSKRAFT

oben Gen, das Stillehalten, der Berg
unten Kiän, das Schöpferische, der Himmel

Das »Schöpferische« wird durch das »Stillehalten« bezähmt. Das gibt eine große Kraft, ganz anders als bei Nr. 9, wo nur das »Sanfte« das »Schöpferische« bezähmt. Während dort ein schwacher Strich die fünf Starken bezähmen soll, sind es hier zwei, außer dem Minister auch noch der Fürst. Darum ist ihre Zähmungskraft weit stärker. Eine dreifache Bedeutung liegt in dem Zeichen: Der Himmel inmitten des Bergs gibt den Gedanken des Festhaltens = Beisammenhaltens; das Zeichen Gen, welches das Zeichen Kiän stillhält, gibt den Gedanken des Festhaltens = Zurückhaltens. Indem schließlich ein starker Strich oben der Herr des Zeichens ist, der als Weiser geehrt und gepflegt wird, so ergibt sich hieraus der Gedanke des Festhaltens = Pflege, Ernährung. Der letzte Gedanke kommt namentlich bei dem Herrn des Zeichens, dem starken, oberen Strich, der den Weisen repräsentiert, zur Geltung.

DAS URTEIL
Des Großen Zähmungskraft. Fördernd ist Beharrlichkeit.
Nicht zu Hause essen bringt Heil.
Fördernd ist es, das große Wasser zu durchqueren.

Zum Festhalten und Ansammeln von großen, schöpferischen Kräften, wie es in dem Zeichen dargestellt ist, bedarf es eines starken, klaren Mannes, der vom Herrscher geehrt wird. Das Zeichen Kiän deutet auf starke

Schöpferkraft, das Zeichen Gen auf Festigkeit und Wahrheit, beide deuten auf Licht und Klarheit und auf tägliche Erneuerung des Charakters. Nur durch eine solche tägliche Selbsterneuerung bleibt man auf der Höhe der Kraft. Während in ruhiger Zeit die Macht der Gewohnheit behilflich ist zur Ordnung, kommt es in solch großen Zeiten der Kraftansammlung ganz auf die Macht der Persönlichkeit an. Aber weil die Würdigen geehrt werden, wie die starke Persönlichkeit, die vom Herrscher mit der Leitung betraut ist, beweist, darum ist es günstig, nicht zu Hause zu essen, sondern in der Öffentlichkeit durch Übernahme eines Amtes sein Brot zu verdienen. Man ist im Einklang mit dem Himmel; darum gelingen auch schwere, gefahrvolle Unternehmungen wie das Durchqueren des großen Wassers.

DAS BILD
Der Himmel inmitten des Berges:
Das Bild von des Großen Zähmungskraft.
So lernt der Edle viele Worte der Vorzeit
Und Taten der Vergangenheit kennen,
Um dadurch seinen Charakter zu festigen.

Der Himmel inmitten des Berges deutet auf verborgene Schätze. So liegt in den Worten und Taten der Vergangenheit ein Schatz verborgen, der zur Festigung und Steigerung des eigenen Charakters verwendet werden kann. Das ist die rechte Art des Studiums, sich nicht auf historisches Wissen zu beschränken, sondern das Historische durch Anwendung immer wieder gegenwärtig zu machen.

DIE EINZELNEN LINIEN:
ANFANGS EINE NEUN BEDEUTET:
Es ist Gefahr da. Fördernd ist es, abzustehen.

Man wünschte wohl ein kräftiges Fortschreiten. Allein in den Verhältnissen liegt eine Behinderung. Man sieht sich festgehalten. Wollte man den Fortschritt erzwingen, so würde das ins Unglück bringen. Darum ist es besser, sich zu fassen und zu warten, bis den angesammelten Kräften ein Ausweg sich öffnet.

NEUN AUF ZWEITEM PLATZ BEDEUTET:
Dem Wagen werden die Achsenlager abgenommen.

Hier ist das Fortschreiten gehemmt, ähnlich wie bei des Kleinen Zähmungskraft (Nr. 9, Neun auf drittem Platz). Aber während dort die hemmende Kraft gering ist und daher ein Konflikt entsteht zwischen dem Vorwärtsdrängenden und dem Hemmenden, infolgedessen dem Wagen die Speichen abspringen, ist hier die hemmende Kraft unbedingt überlegen. Daher findet kein Kampf statt. Man fügt sich und nimmt zunächst dem Wagen die Achsenlager ab, d.h. beschränkt sich zunächst aufs Warten. Dadurch sammelt sich die Spannkraft zu späterem energischen Fortschritt.

NEUN AUF DRITTEM PLATZ BEDEUTET:
Ein gutes Pferd, das andern folgt.
Fördernd ist Bewußtsein der Gefahr und Beharrlichkeit.
Täglich übe dich im Wagenfahren und Waffenschutz.
Fördernd ist es, zu haben, wohin man gehl

Der Weg öffnet sich. Die Hemmung hat aufgehört. Man steht in Beziehung zu einem starken Willen, der in gleicher Richtung wirkt. Man kommt voran wie ein gutes Pferd, das einem andern folgt. Aber es droht noch Gefahr, deren man bewußt bleiben muß, um sich nicht die Festigkeit rauben zu lassen. So muß man einerseits sich üben in dem, was voranführt, andererseits in dem, was gegen unvermuteten Angriff schützt. Dann ist es gut, ein Ziel zu haben, dem man zustrebt.

SECHS AUF VIERTEM PLATZ BEDEUTET:
Das Schutzbrett eines jungen Stieres.
Großes Heil!

Diese Linie und die nächstfolgende sind es, die die vorwärtsstrebenden Unteren zähmen. Ehe einem Stier die Hörner gewachsen sind, bringt man an seiner Stirn ein Schutzbrett an, das vorsorgt, daß, wenn erst die Hörner da sind, sie nicht mehr verletzen können. Eine gute Art der Zähmung ist es, der ausbrechenden Wildheit zu begegnen, ehe sie sich äußert; dadurch schafft man sich einen leichten und großen Erfolg.

SECHS AUF FÜNFTEM PLATZ BEDEUTET:
Eines verschnittenen Ebers Zahn.
Heil!

Hier ist die Zähmung des ungestüm Vorwärtsdrängenden auf indirekte Weise erreicht. Der Zahn des Ebers ist an sich gefährlich, aber wenn die Natur des Ebers verändert ist, so verliert er seine Gefährlichkeit. So muß man auch bei Menschen die Wildheit nicht direkt bekämpfen, sondern die Wurzeln der Wildheit beseitigen.

OBEN EINE NEUN BEDEUTET:
Man erlangt den Himmelsweg. Gelingen.

Die Zeit der Hemmung ist vorüber. Die lange durch Hemmung angesammelte Kraft bricht sich Bahn und hat großen Erfolg. Es ist ein Weiser, der vom Herrscher geehrt wird und dessen Grundsätze nun durchdringen und die Welt gestalten.

頤

27. I / DIE MUNDWINKEL (DIE ERNÄHRUNG)

䷚ *oben Gen, das Stillehalten, der Berg*
unten Dschen, das Erregende, der Donner

Das Zeichen ist das Bild eines geöffneten Mundes: oben und unten die festen Lippen und dazwischen die Öffnung des Mundes. Vom Bild des Mundes, durch den man die Speisen aufnimmt, um sich zu ernähren, geht der Gedanke auf die Ernährung selbst über. In den drei unteren Linien ist die eigene Ernährung, und zwar die leibliche, in den drei oberen Linien ist die Ernährung und Pflege der andern, und zwar die geistige, höhere, zur Darstellung gebracht.

DAS URTEIL
Die Mundwinkel. Beharrlichkeit bringt Heil.
Sieh auf die Ernährung und womit einer selbst sucht,
Seinen Mund zu füllen.

Bei der Zuwendung von Pflege und Ernährung ist es wichtig, daß für die rechten Leute gesorgt wird und man für seine eigene Ernährung in der rechten Weise sorgt. Wenn man jemand kennenlernen will, so braucht man nur darauf zu sehen, wem jemand seine Pflege angedeihen läßt und welche Seiten seines eigenen Wesens er pflegt und nährt. Die Natur nährt alle Wesen. Der große Mann nährt und pflegt die Tüchtigen, um durch sie für alle Menschen zu sorgen.

Mong Dsï VI A 14 sagt hierzu: »Wenn man erkennen will, ob einer tüchtig ist oder untüchtig, so braucht man auf nichts anderes zu sehen als darauf, welchen Teil seines Wesens er besonders wichtig nimmt. Der Leib hat edle Teile und unedle, hat wichtige Teile und geringe. Man darf um des Geringen willen nicht das Wichtige schädigen und um des Unedlen willen nicht das Edle schädigen. Wer die geringen Teile seines Wesens pflegt, der ist ein geringer Mensch. Wer die edlen Teile seines Wesens pflegt, der ist ein edler Mensch.«

DAS BILD
Unten am Berg ist der Donner: das Bild der Ernährung.
So hat der Edle acht auf seine Worte
Und ist mäßig im Essen und Trinken.

»Gott tritt hervor im Zeichen der Erregung.« Wenn im Frühling die Lebenskräfte sich wieder regen, dann entstehen alle Dinge aufs neue. »Er vollendet im Zeichen des Stillehaltens.« So werden im Vorfrühling, wenn die Samen zur Erde fallen, alle Dinge fertig. Das gibt das Bild der Ernährung durch Bewegung und Stille. Der Edle nimmt das zum Vorbild für die Ernährung und Pflege seines Charakters. Die Worte sind von innen nach außen gehende Bewegung. Essen und Trinken ist die von außen nach innen gehende Bewegung. Beide Arten von Bewegung sind durch Stille zu mäßigen. So bewirkt die Stille, daß die vom Mund ausgehenden Worte das Maß nicht überschreiten und die zum Mund eingehende Nahrung das Maß nicht überschreitet. Dadurch wird der Charakter gepflegt.

DIE EINZELNEN LINIEN:
ANFANGS EINE NEUN BEDEUTET:
Du läßt Deine Zauberschildkröte fahren
Und blickst nach mir mit herabhängenden Mundwinkeln.
Unheil!

Die Zauberschildkröte ist ein Wesen, das keiner irdischen Nahrung bedarf, sondern solche Zauberkraft besitzt, daß es von der Luft leben kann. Das Bild besagt, daß man seiner Art und Stellung nach ganz gut frei und unabhängig aus sich selbst heraus leben könnte. Statt dessen verzichtet man auf diese innere Selbständigkeit und blickt mit Neid und Unmut zu andern empor, die es äußerlich besser haben. Dieser niedrige Neid ruft aber bei dem andern nur Hohn und Verachtung hervor. Das ist vom Übel.

SECHS AUF ZWEITEM PLATZ BEDEUTET:
Nach dem Gipfel sich wenden um Ernährung,
Vom Wege abweichen, um von dem Hügel
Ernährung zu suchen:
Wenn man so fortmacht, bringt es Unheil.

Das normale ist, daß man für seine Nahrung selbst sorgt oder sich von denen, die Pflicht und Recht dazu haben, auf rechtmäßige Weise ernähren läßt. Wenn man durch innere Schwäche nicht imstande ist, für seine Ernährung zu sorgen, so zeigt sich leicht eine Unruhe, indem man unter Umgehung des rechtmäßigen Erwerbs durch Gunst sich seinen Lebensunterhalt von höher Gestellten schenken läßt. Das ist unwürdig, denn man weicht von seiner Art ab. Das führt, dauernd betrieben, zu Unheil.

SECHS AUF DRITTEM PLATZ BEDEUTET:
Abweichen von der Ernährung. Beharrlichkeit bringt Unheil.
Zehn Jahre handle nicht danach. Nichts ist fördernd.

Wer Nahrung sucht, die nicht nährt, der taumelt von Begierde zu Genuß, und im Genuß verschmachtet er nach Begierde. Leidenschaftlicher Taumel, um die Sinne zu befriedigen, führt nie zum Ziel. Nie (zehn Jahre ist eine vollendete Periode) darf man so handeln. Es kommt nichts Gutes dabei heraus.

SECHS AUF VIERTEM PLATZ BEDEUTET:
Nach dem Gipfel sich wenden um Ernährung bringt Heil.
Mit scharfen Augen wie ein Tiger umherspähen
In unersättlichem Begehren. Kein Makel.

Anders als bei der Sechs auf zweitem Platz, die einen Menschen bedeutet, der geschäftig nur auf seinen eigenen Vorteil bedacht ist, bedeutet diese Linie einen Menschen, der von hoher Stelle aus bestrebt ist, sein Licht leuchten zu lassen. Dazu braucht er Hilfskräfte, weil er allein sein hohes Ziel nicht erreichen kann. Begierig wie ein hungriger Tiger ist er darauf aus, die rechten Leute zu finden. Aber weil er nicht für sich, sondern für die Allgemeinheit sorgt, ist solcher Eifer kein Fehler.

SECHS AUF FÜNFTEM PLATZ BEDEUTET:
Abweichen vom Weg. Bleiben in Beharrlichkeit bringt Heil.
Man soll nicht das große Wasser durchqueren.

Man ist sich eines Mangels bewußt. Man sollte für die Ernährung der Menschen sorgen, aber man hat nicht die Kraft dazu. So muß man vom gewohnten Weg abweichen und sich von einem geistig Überlegenen, aber äußerlich unscheinbaren Menschen Rat und Hilfe erbitten. Wenn man diese Gesinnung beharrlich hegt, so hat man Erfolg und Heil. Nur muß man sich seiner Abhängigkeit bewußt bleiben. Man darf nicht mit seiner eigenen Person hervortreten und große Werke, wie das Durchqueren des großen Wassers, unternehmen wollen.

OBEN EINE NEUN BEDEUTET:
Die Quelle der Ernährung.
Bewußtsein der Gefahr bringt Heil.
Fördernd ist es, das große Wasser zu durchqueren.

Es ist hier ein Weiser höchster Art, von dem alle Einflüsse ausgehen, die für die Ernährung der andern sorgen. Eine solche Stellung bringt schwere Verantwortung. Bleibt er sich derer bewußt, so hat er Heil und mag auch große und schwere Werke, wie das Durchqueren des großen Wassers, getrost unternehmen. Sie bringen allgemeines Glück für ihn und alle.

大過

28. DA GO
DES GROSSEN ÜBERGEWICHT

oben Dui, das Heitere, der See
unten Sun, das Sanfte, der Wind, das Holz

Das Zeichen besteht aus vier starken Strichen im Innern und zwei schwachen Linien außen. Wenn die Starken außen und die Schwachen innen sind, so ist das gut und kein Übergewicht, nichts Außerordentliches liegt vor. Hier ist das Umgekehrte der Fall. Das Zeichen stellt einen Balken dar, der innen dick und schwer, aber an den Enden zu schwach ist. Das ist kein Dauerzustand. Er muß verändert werden, vorübergehen, sonst droht Unheil.

DAS URTEIL
Des Großen Übergewicht. Der Firstbalken biegt sich durch.
Fördernd ist es, zu haben, wohin man gehe.
Gelingen.

Das Große ist im Übergewicht. Die Belastung ist zu groß für die tragenden Kräfte. Der Firstbalken, auf dem das ganze Dach ruht, biegt sich durch, weil seine tragenden Enden zu schwach für die Last sind. Es ist eine Zeit und Lage, die außerordentlicher Maßregeln bedarf, um überwunden zu werden, weil sie selbst eine Ausnahmezeit ist. Darum muß man darauf bedacht sein, möglichst rasch einen Übergang zu finden, zu handeln: das verspricht Erfolg; denn obwohl das Starke im Übergewicht ist, ist es doch in der Mitte, d. h. im inneren Schwerpunkt, so daß keine Revolution zu befürchten ist. Mit Gewaltmaßregeln freilich wird nichts erreicht. Man muß den Knoten lösen durch sanftes Eindringen in den Sinn der Lage (wie das durch die Eigenschaft des »inneren« Zeichens Sun nahegelegt ist), dann wird der Übergang in andere Verhältnisse gelingen. Es bedarf großer Überlegenheit; darum ist die Zeit des Übergewichts des Großen eine große Zeit.

DAS BILD
Der See geht über die Bäume weg:
Das Bild des Übergewichts im Großen.
So ist der Edle, wenn er allein steht, unbesorgt,
Und wenn er auf die Welt verzichten mußt, unverzagt.

Außerordentliche Zeiten des Übergewichts des Großen sind wie eine Überschwemmung, da der See über die Bäume weggeht. Aber solche Zustände gehen vorüber. In den einzelnen Zeichen ist die rechte Haltung in solchen Ausnahmezeiten gegeben: das Bild von Sun ist der Baum, der fest steht, auch wenn er einsam ist, und die Eigenschaft von Dui ist die Heiterkeit, die unverzagt bleibt, auch wenn sie auf die Welt verzichten muß.

DIE EINZELNEN LINIEN:
ANFANGS EINE SECHS BEDEUTET:
Unterlegen mit weißem Schilfgras. Kein Makel.

Wenn man in außerordentlichen Zeiten etwas beginnen will, so muß man außerordentliche Vorsicht walten lassen, wie man etwas Schweres, das auf den Boden gestellt werden soll, mit Schilfgras vorsichtig unterlegt, damit nichts zerbricht. Diese Vorsicht mag übertrieben scheinen, aber sie ist kein Fehler. Alle außerordentlichen Unternehmungen können nur gelingen bei äußerster Vorsicht in den Anfängen und Grundlagen.

NEUN AUF ZWEITEM PLATZ BEDEUTET:
Ein trockener Pappelbaum treibt einen Wurzelsproß.
Ein älterer Mann bekommt eine junge Frau.
Alles ist fördernd.

Das Holz steht am Wasser, daher das Bild einer alten Pappel, die einen Wurzelsproß treibt. Das ist eine außerordentliche Wiederbelebung des Wachstumsprozesses. Dieselbe außerordentliche Lage ergibt sich, wenn ein älterer Mann ein junges Mädchen zur Frau bekommt, die zu ihm paßt. Trotz des Außergewöhnlichen der Lage geht alles gut.
Politisch betrachtet ist der Sinn der, daß es in außerordentlichen Zeiten günstig ist, sich zu den Niedrigen zu halten, denn hier ist die Möglichkeit einer Erneuerung gegeben.

NEUN AUF DRITTEM PLATZ BEDEUTET:
Der Firstbalken biegt durch. Unheil.

Es ist eine Persönlichkeit gezeichnet, die in Zeiten des Übergewichts des Großen heftig durchfahren will. Sie nimmt von den andern keinen Rat, darum sind die andern auch nicht zu ihrer Unterstützung bereit. Dadurch wächst die Last, und es kommt zum Biegen oder Brechen. In gefahrvollen Zeiten beschleunigt eigenwilliges Zufahren nur den Zusammenbruch.

NEUN AUF VIERTEM PLATZ BEDEUTET:
Der Firstbalken wird gestützt. Heil.
Sind Hintergedanken da, ist es beschämend.

Durch freundliche Beziehungen zu den Unteren gelingt es einem verantwortlichen Mann, der Lage Herr zu werden. Wenn er aber seine Beziehungen dazu mißbrauchen wollte, um für sich persönlich Macht und Erfolg zu erlangen, statt nur für die Rettung des Ganzen zu sorgen, so wäre das beschämend.

NEUN AUF FÜNFTEM PLATZ BEDEUTET:
Eine dürre Pappel treibt Blüten.
Ein älteres Weib bekommt einen Mann.
Kein Makel. Kein Lob.

Eine dürre Pappel, die Blüten treibt, erschöpft dadurch ihre Kräfte und kommt dem Ende dadurch nur näher. Eine ältere Frau nimmt sich noch einmal einen Mann. Aber es findet keine Erneuerung statt. Es bleibt alles steril. So bleibt doch nur die Sonderlichkeit bestehen, wenn auch alles in Ehren zugeht.
Politisch ist angedeutet, daß, wenn man in unsicheren Zeiten den Zusammenhang nach unten hin aufgibt und sich nur an seine Beziehungen zu höheren Ständen hält, damit ein Zustand geschaffen wird, der nicht dauerhaft ist.

OBEN EINE SECHS BEDEUTET:
Man muß durchs Wasser. Es geht über den Scheitel.
Unheil. Kein Makel.

Hier ist die Lage gezeichnet, daß das Außerordentliche aufs höchste gestiegen ist. Man ist mutig und will unter allen Umständen seine Aufgabe bewältigen. Dadurch kommt man in Gefahr. Das Wasser geht über einen weg. Das ist das Unheil. Aber das Leben zu lassen um der Durchsetzung des Guten und Rechten willen, das gibt keinen Makel. Es gibt Wichtigeres als das Leben.

坎

29. KAN / DAS ABGRÜNDIGE

䷜ *oben Kan, das Abgründige, das Wasser*
unten Kan, das Abgründige, das Wasser

Das Zeichen besteht aus der Wiederholung des Zeichens Kan. Es ist eines der acht Doppelzeichen. Das Zeichen Kan bedeutet das Hineinstürzen. Ein Yangstrich ist zwischen zwei Yinstriche hineingestürzt und wird von ihnen eingeschlossen wie das Wasser in einer Talschlucht. Es ist der mittlere Sohn. Das Empfangende hat den mittleren Strich des Schöpferischen erlangt, und so entsteht Kan. Als Bild ist es das Wasser, und zwar das Wasser, das von oben kommt und auf der Erde in Bewegung ist in Flüssen und Strömen, und das alles Leben auf Erden veranlaßt. Auf den Menschen übertragen stellt es das Herz, die Seele dar, die im Leib eingeschlossen ist, das Lichte, das im Dunkeln enthalten ist, die Vernunft. Der Name des Zeichens hat, weil es wiederholt ist, den Zusatz: Wiederholung der Gefahr. Damit soll das Zeichen eine objektive Lage, an die man sich zu gewöhnen hat, nicht eine subjektive Gesinnung bezeichnen. Denn Gefahr als subjektive Gesinnung bedeutet entweder Tollkühnheit oder Hinterlist. Darum wird die Gefahr auch als Schlucht bezeichnet, d.h. ein Zustand, in dem man sich befindet wie das Wasser in einer Schlucht, und aus der man herauskommt wie das Wasser, wenn man sich richtig verhält.

DAS URTEIL
Das wiederholte Abgründige.
Wenn du wahrhaftig bist, so hast du im Herzen Gelingen,
Und was du tust, hat Erfolg.

Durch die Wiederholung der Gefahr gewöhnt man sich daran. Das Wasser gibt das Beispiel für das rechte Verhalten in solchen Zuständen. Es fließt immer weiter und füllt alle Stellen, durch die es fließt, eben nur aus, es scheut vor keiner gefährlichen Stelle, vor keinem Sturz zurück und verliert durch nichts seine wesentliche eigne Art. Es bleibt sich in allen Verhältnissen selber treu. So bewirkt die Wahrhaftigkeit in schwierigen Verhältnissen, daß man innerlich im Herzen die Lage durchdringt. Und wenn man einer Situation erst innerlich Herr geworden ist, so wird es ganz von selbst gelingen, daß die äußeren Handlungen von Erfolg begleitet sind. Es handelt sich in der Gefahr um Gründlichkeit, die alles, was zu tun ist, auch wirklich erledigt, und um Vorwärtsschreiten, damit man nicht in der Gefahr verweilend darin umkommt.
Aktiv verwendet kann die Gefahr eine wichtige Bedeutung haben als Schutzmaßregel. So hat der Himmel seine gefahrvolle Höhe, die ihn gegen jeden Versuch eines Eingriffs schützt. So hat die Erde ihre Berge und Gewässer, die durch ihre Gefahren die Länder trennen. Ebenso wenden die Herrscher die Gefahr als Schutzmaßregel an, um sich nach außen gegen Angriffe, nach innen gegen Unruhen zu schützen.

DAS BILD

Das Wasser fließt ununterbrochen und kommt ans Ziel:
Das Bild des wiederholten Abgründigen.
So wandelt der Edle in dauernder Tugend
Und übt das Geschäft des Lehrens.

Das Wasser erreicht sein Ziel durch ununterbrochenes Fließen. Es füllt jede Vertiefung aus, ehe es weiterfließt. So macht es der Edle. Er legt Wert darauf, daß das Gute zur festen Charaktereigenschaft wird, nicht zufällig und vereinzelt bleibt. Auch bei der Belehrung anderer kommt alles auf die Konsequenz an. Denn nur durch Wiederholung wird der Stoff zum Eigentum des Lernenden.

DIE EINZELNEN LINIEN:
ANFANGS EINE SECHS BEDEUTET:
Wiederholung des Abgründigen.
Man gerät im Abgrund in ein Loch. Unheil.

Gewohnheit des Gefährlichen bewirkt leicht, daß die Gefahr ins eigne Wesen eingeht. Man weiß Bescheid und gewöhnt sich ans Böse. Damit hat man den rechten Weg verloren, und Unheil ist die natürliche Folge.

NEUN AUF ZWEITEM PLATZ BEDEUTET:
Der Abgrund hat Gefahr.
Man soll nur Kleines zu erreichen streben.

Innerhalb der Gefahr darf man nicht ohne weiteres danach trachten, unter allen Umständen herauszukommen, sondern muß sich zunächst zufriedengeben, wenn man von der Gefahr nicht überwunden wird. Man muß ruhig die Zeitumstände in Erwägung ziehen und sich mit Kleinem begnügen, da zunächst ein großer Erfolg nicht zu erreichen ist. Eine Quelle fließt auch erst spärlich und dauert eine Zeit, ehe sie sich einen Weg ins Freie bahnt.

SECHS AUF DRITTEM PLATZ BEDEUTET:
Vorwärts und rückwärts, Abgrund über Abgrund.
In solcher Gefahr halte zunächst inne,
Sonst kommst du im Abgrund in ein Loch.
Handle nicht so.

Jeder Schritt vorwärts und rückwärts bringt in Gefahr. An ein Entkommen ist nicht zu denken. Darum darf man sich nicht zum Handeln verleiten lassen, durch das man nur noch tiefer in die Gefahr geriete. Sondern man muß, so unangenehm das Verweilen in solcher Lage ist, zunächst innehalten, bis ein Ausweg sich zeigt.

SECHS AUF VIERTEM PLATZ BEDEUTET:
Ein Krug Wein, eine Reisschale als Zugabe, Tongeschirr,
Einfach zum Fenster hineingereicht.
Das ist durchaus kein Makel.

In Zeiten der Gefahr hören die umständlichen Formen auf. Die Hauptsache ist die wahrhaftige Gesinnung. Ein Beamter braucht für gewöhnlich, ehe er eingestellt wird, bestimmte Einführungsgeschenke und Empfehlungen. Hier ist alles aufs äußerste vereinfacht. Die Geschenke sind dürftig, ein Empfehlender ist nicht da, man stellt sich selber vor, und dennoch braucht man sich alles dessen nicht zu schämen, wenn man nur die ehrliche Absicht hat, einander zu helfen in der Gefahr.
Ein anderer Gedanke wird noch nahegelegt: Das Fenster ist der Ort, durch den Helle ins Zimmer kommt. Wenn man in schwierigen Zeiten jemand aufklären will, so muß man mit dem anfangen, was ohne weiteres klar und hell ist, und von da aus ganz einfach weitergehen.
Bemerkung: Es wurde die gewöhnliche Übersetzung »zwei Reisschalen« auf Grund von chinesischen Kommentaren verbessert.

NEUN AUF FÜNFTEM PLATZ BEDEUTET:
Der Abgrund wird nicht überfüllt,
Er wird nur bis zum Rand gefüllt.
Kein Makel.

Die Gefahr entsteht daraus, daß man zu hoch hinaus will. Das Wasser in der Schlucht häuft sich nicht auf, sondern geht nur bis an den niedersten Rand, um herauszukommen. So braucht man in der Gefahr auch nur in der Linie des geringsten Widerstandes vorzugehen, dann erreicht man das Ziel. Große Werke können in solchen Zeiten nicht vollbracht werden; es ist genug, wenn man aus der Gefahr kommt.

OBEN EINE SECHS BEDEUTET:
Mit Stricken und Tauen gebunden,
Eingeschlossen zwischen Dorn umhegten Kerkermauern;
Drei Jahre findet man sich nicht zurecht.
Unheil!

Ein Mensch, der in der äußersten Gefahr den rechten Weg verloren hat und unverbesserlich in seine Sünden verstrickt ist, hat keine Aussicht, aus der Gefahr herauszukommen. Er gleicht einem Verbrecher, der gefesselt hinter dornumhegten Kerkermauern sitzt.

離

30. LI / DAS HAFTENDE, DAS FEUER

䷝ *oben Li, das Haftende, das Feuer*
unten Li, das Haftende, das Feuer

Auch dieses Zeichen ist ein Doppelzeichen. Das einfache Zeichen Li bedeutet »haften an etwas«, »bedingt sein«, »beruhen auf etwas«, »Helligkeit«. Eine dunkle Linie haftet an einem hellen Strich oben und unten, das Bild eines leeren Raumes zwischen zwei starken Strichen, wodurch diese hell werden. Es ist die mittlere Tochter. Das Schöpferische hat die zentrale Linie des Empfangenden in sich aufgenommen, und so entsteht Li. Als Bild ist es das Feuer. Das Feuer hat keine bestimmte Gestalt, sondern haftet an den brennenden Dingen und ist dadurch hell. Wie das Wasser vom Himmel herabkommt, so lodert das Feuer von der Erde empor. Während Kan die Seele bedeutet, die in dem Körper eingeschlossen ist, bedeutet Li die Natur in ihrer Verklärung.

DAS URTEIL
Das Haftende. Fördernd ist Beharrlichkeit.
Sie bringt Gelingen. Pflege der Kuh bringt Heil.

Das Dunkle haftet am Lichten und vollendet so dessen Helligkeit. Indem das Helle Licht ausstrahlt, bedarf es des Beharrlichen im Innern, damit es sich nicht restlos verbrennt, sondern dauernd leuchten kann. Alles Leuchtende in der Welt ist abhängig von etwas, an dem es haftet, damit es dauernd leuchten kann.
So haften Sonne und Mond am Himmel; Getreide, Gras und Bäume haften an der Erde. So haftet die doppelte Klarheit des berufenen Mannes am Rechten und vermag

dadurch die Welt zu gestalten. Indem der Mensch, der bedingt und nicht unabhängig dasteht in der Welt, diese Bedingtheit anerkennt, sich abhängig macht von den harmonischen und guten Kräften des Weltzusammenhangs, hat er Gelingen. Die Kuh ist das Symbol der äußersten Fügsamkeit. Indem der Mensch diese Fügsamkeit und freiwillige Abhängigkeit in sich pflegt, erlangt er Klarheit ohne Schärfe und findet seinen Platz in der Welt.
Bemerkung: Es ist ein merkwürdiges Zusammentreffen, das der Beachtung wert ist, daß hier ebenso wie in der parsischen Religion das Feuer und die Pflege der Kuh miteinander verbunden sind.

DAS BILD
Die Helle erhebt sich zweimal: das Bild des Feuers.
So erleuchtet der große Mann durch Fortsetzung dieser Helle die vier Weltgegenden.

Jedes der beiden Einzelzeichen stellt die Sonne in einem Tageslauf dar. Es ist also eine wiederholte Tätigkeit der Sonne dargestellt. Damit ist die zeitliche Wirkung des Lichts angedeutet. Der große Mann setzt das Werk der Natur in der Menschenwelt fort. Durch die Klarheit seines Wesens bewirkt er, daß das Licht immer weiter sich verbreitet und immer mehr das Menschenwesen innerlich durchdringt.

DIE EINZELNEN LINIEN:
ANFANGS EINE NEUN BEDEUTET:
Die Fußspuren laufen kreuz und quer.
Wenn man ernst dabei ist: kein Makel.

Es ist früher Morgen. Die Arbeit beginnt. Nachdem im Schlaf die Seele von der Außenwelt abgeschlossen war, fangen nun die Beziehungen zur Welt wieder an. Kreuz und quer laufen die Spuren der Eindrücke. Es herrscht eilige Geschäftigkeit. Wichtig ist dabei, die innere Sammlung zu bewahren, sich nicht mitreißen zu lassen von dem Getriebe des Lebens. Wenn man ernst und gesammelt ist, so erlangt man die nötige Klarheit zur Auseinandersetzung mit den zahlreichen Eindrücken, die auf einen einstürmen. Gerade zu Anfang ist solch gesammelter Ernst besonders wichtig; denn der Anfang enthält die Keime zu allem Weiteren.

SECHS AUF ZWEITEM PLATZ BEDEUTET:
Gelber Schein. Erhabenes Heil.

Der Mittag des Tages ist erreicht. Die Sonne strahlt in gelbem Schein. Gelb ist die Farbe der Mitte und des Maßes. Gelber Schein ist daher das Bild vollkommener Kultur und Kunst, deren höchste Harmonie im Maß besteht.

NEUN AUF DRITTEM PLATZ BEDEUTET:
Beim Schein der untergehenden Sonne
Schlagen die Menschen entweder auf den Topf und singen,
Oder sie seufzen laut über das nahende Greisenalter. Unheil.

Hier ist das Ende des Tages. Der Schein der niedergehenden Sonne erinnert an die Bedingtheit und Vergänglichkeit des Lebens. In dieser äußeren Unfreiheit werden die Menschen meist auch innerlich unfrei. Entweder ist ihnen die Vergänglichkeit ein Antrieb zu um so ausgelassenerer Lustigkeit, um das Leben zu genießen, solange es noch da ist, oder sie lassen sich von der Trauer hinreißen und verderben sich durch die Klage um das nahende Alter die kostbare Zeit. Beides ist vom Übel. Dem Edlen ist ein früher oder später Tod nicht zweierlei. Er pflegt seine Person und wartet sein Los ab und festigt dadurch sein Schicksal.

NEUN AUF VIERTEM PLATZ BEDEUTET:
Plötzlich ist sein Kommen;
Es brennt auf, erstirbt, wird weggeworfen.

Die Klarheit des Verstandes verhält sich zum Leben wie das Feuer zum Holz. Das Feuer haftet am Holz, aber es verzehrt auch das Holz. Die Verstandesklarheit wurzelt im Leben, aber sie kann das Leben auch verzehren. Es handelt sich darum, wie sie sich betätigt. Hier ist das Bild eines Meteors oder Strohfeuers gezeichnet. Ein aufgeregter, unruhiger Charakter kommt zu raschem Aufstieg. Aber es fehlen die nachhaltigen Wirkungen. Unter diesen Umständen ist es vom Übel, zu rasch sich auszugeben und als Meteor sich zu verzehren.

SECHS AUF FÜNFTEM PLATZ BEDEUTET:
Weinend in Strömen, seufzend und klagend. Heil!

Hier ist der Höhepunkt des Lebens. Ohne Warnung würde man in dieser Position sich verzehren wie eine Flamme. Wenn man statt dessen Furcht und Hoffnung aufgibt, die Nichtigkeit von allem einsieht und weint und seufzt, besorgt, seine Klarheit zu wahren, so kommt aus dieser Trauer Heil. Es handelt sich hier um wirkliche Umkehr, nicht wie bei Neun auf drittem Platz nur um eine vorübergehende Stimmung.

OBEN EINE NEUN BEDEUTET:
Der König gebraucht ihn, auszuziehen und zu züchtigen.
Am besten ist es dann, die Häupter zu töten
Und die Nachläufer gefangenzunehmen. Kein Makel.

Der Zweck der Züchtigung ist, Zucht zu schaffen, nicht blindlings Strafe walten zu lassen, Es gilt, das Übel an der Wurzel zu heilen. Im Staatsleben gilt es, die Rädelsführer zu beseitigen, aber die Mitläufer zu schonen. Bei der Selbstbildung gilt es, schlechte Gewohnheiten auszurotten, aber harmlose Gewohnheiten zu dulden. Denn allzu strenge Askese führt wie allzu strenge Strafgerichte zu keinem Erfolg.

咸

31. HIÄN / DIE EINWIRKUNG (DIE WERBUNG)

䷞ *oben Dui, das Heitere, der See*
unten Gen, das Stillehalten, der Berg

Der Name des Zeichens bedeutet »allgemein«, »durchgängig« und in übertragenem Sinn »beeinflussen«, »anregen«. Das obere Zeichen ist Dui, das Heitere, das untere Gen, das Stillehalten. Das untere, starre Zeichen regt durch beharrliche, stillehaltende Wirkung das obere, schwache Zeichen an, das heiter und in Freudigkeit dieser Anregung entspricht. Gen, das untere Zeichen, ist der jüngste Sohn, das obere, Dui, die jüngste Tochter. So ist die allgemeine gegenseitige Anziehung der Geschlechter dargestellt. Dabei muß das Männliche die Initiative ergreifen und sich unter das Weibliche herunterbegeben bei der Werbung.
Wie die erste Abteilung des Buches mit den Zeichen für Himmel und Erde beginnt, als den Grundlagen alles Bestehenden, so die zweite Abteilung mit den Zeichen für Werbung und Ehe, als den Grundlagen aller sozialen Beziehungen.

DAS URTEIL
Die Einwirkung. Gelingen. Fördernd ist Beharrlichkeit.
Ein Mädchen nehmen bringt Heil.

Das Schwache ist oben, das Starke unten, dadurch ziehen sich ihre Kräfte an, so daß sie sich vereinigen. Das schafft das Gelingen. Denn alles Gelingen beruht auf der Wirkung gegenseitiger Anziehung. Innerliches Stillhalten bei äußerer Freude bewirkt, daß die Freude nicht das Maß überschreitet, sondern in den Grenzen des Rechten bleibt. Das ist der Sinn der beigefügten Mahnung: Fördernd ist Beharrlichkeit; denn dadurch unterscheidet sich die Werbung, bei der der starke Mann sich unter das schwache Mädchen herunterbegibt und Rücksicht auf sie nimmt, von der Verführung. Diese Anziehung des Wahlverwandten ist ein allgemeines Naturgesetz. Der Himmel und die Erde ziehen sich gegenseitig an, und so entstehen alle Wesen. Der Weise wirkt durch solche Anziehung auf die Herzen der Menschen, so kommt die Welt in Frieden. Aus den Anziehungen, die etwas ausübt, kann man die Natur aller Wesen im Himmel und auf Erden erkennen.

DAS BILD
Auf dem Berge ist ein See. Das Bild der Einwirkung.
So läßt der Edle durch Aufnahmebereitschaft die
Menschen an sich herankommen.

Ein Berg, auf dem oben ein See ist, erlangt Anregung durch dessen Feuchtigkeit. Dieser Vorteil wird ihm zuteil, weil sein Gipfel nicht hervorragt, sondern vertieft ist. Das Bild ergibt den Rat, daß man sich innerlich niedrig und frei zu halten hat, so daß man für gute Ratschläge empfänglich bleibt. Wer alles besser wissen will, dem raten die Menschen bald nicht mehr.

DIE EINZELNEN LINIEN:
ANFANGS EINE SECHS BEDEUTET:
Die Einwirkung äußert sich in der großen Zehe.

Eine Bewegung, ehe sie wirklich ausgeführt wird, äußert sich zunächst in den Zehen. Der Gedanke der Einwirkung ist schon da. Aber er tritt zunächst für andere noch nicht in die Erscheinung. Solange die Absicht noch keine sichtbaren Wirkungen hat, ist sie für die Außenwelt gleichgültig, führt weder zum Guten noch zum Bösen.

SECHS AUF ZWEITEM PLATZ BEDEUTET:
Die Einwirkung äußert sich in den Waden. Unheil!
Verweilen bringt Heil!

Die Wade folgt dem Fuß in der Bewegung. Sie kann nicht von selbst vorwärts und nicht allein stehenbleiben. Es ist eine Bewegung, die unselbständig und darum, weil sie nicht Herr ihrer selbst ist, unheilvoll ist. Man soll ruhig warten, bis man durch wirkliche Einwirkung zum Handeln veranlaßt wird. Dann bleibt man frei von Schaden.

NEUN AUF DRITTEM PLATZ BEDEUTET:
Die Einwirkung äußert sich in den Schenkeln.
Hält sich an das, was ihm folgt.
Weitermachen ist beschämend.

Jede Stimmung des Herzens regt zu einer Bewegung an. Wonach das Herz strebt, dahin laufen die Schenkel, ohne sich zu besinnen; sie halten sich an das Herz, dem sie folgen. Aber aufs menschliche Leben übertragen ist diese Art, auf jede Einwirkung einer Laune hin sofort sich in Bewegung zu setzen, nicht das richtige und führt, dauernd fortgesetzt, zu Beschämung, Ein dreifacher Gedanke ergibt sich: Man darf nicht ohne weiteres allen Leuten nachlaufen, auf die man einwirken möchte, sondern muß sich unter Umständen zurückhalten können. Ebensowenig darf man sofort allen Launen derer nachkommen, in deren Dienst man steht. Und schließlich soll man den

Stimmungen des eigenen Herzens gegenüber nie die Hemmungsmöglichkeit vernachlässigen, auf der die menschliche Freiheit beruht.

NEUN AUF VIERTEM PLATZ BEDEUTET:
Beharrlichkeit bringt Heil! Die Reue schwindet.
Wenn man aufgeregt hin und her denkt,
So folgen nur die Freunde,
Auf die man bewußte Gedanken richtet.

Hier ist der Platz des Herzens erreicht. Die Anregung, die von hier ausgeht, ist am wichtigsten. Besonders ist darauf zu achten, daß der Einfluß beständig und gut sei, dann ist trotz der Gefahr, die sich aus der großen Beweglichkeit des menschlichen Herzens ergibt, keine Reue mehr nötig. Wenn die eigene ruhige Kraft des persönlichen Wesens wirkt, dann sind die Wirkungen normal. Alle Menschen, die für die Schwingungen eines solchen Geistes empfänglich sind, werden dann beeinflußt. Der Einfluß auf andere soll sich nicht als bewußte und gewollte Bearbeitung der andern äußern, Denn durch solche bewußte Agitation kommt man in Aufregung und wird aufgerieben von dem ewigen Hin und Her. Außerdem beschränken sich dann die Wirkungen auf die Menschen, auf die man bewußt seine Gedanken richtet.

NEUN AUF FÜNFTEM PLATZ BEDEUTET:
Die Einwirkung äußert sich im Nacken.
Keine Reue.

Der Nacken ist der unbeweglichste Teil des Körpers. Wenn die Einwirkung hier sich äußert, so bleibt der Wille doch fest, und die Einwirkung führt nicht zur Verwirrung.

Darum kommt hier Reue gar nicht in Betracht. Was in diesen Tiefen des Wesens, dem Unterbewußten, vor sich geht, das kann vom Bewußtsein aus weder hervorgerufen noch gehindert werden, Allerdings ist bei eigener Unbeeinflußbarkeit ein Einfluß auf die Außenwelt auch nicht möglich.

OBEN EINE SECHS BEDEUTET:
Die Einwirkung äußert sich in Kinnladen, Wangen und Zunge.

Die äußerlichste Art, auf andre Einfluß bekommen zu wollen, ist durch bloßes Geschwätz, ohne daß den Worten etwas Wirkliches entspricht. Solche Anregung durch bloße Bewegung der Sprechwerkzeuge bleibt notwendig unbedeutend. Darum ist von Glück oder Unglück nichts hinzugefügt.

恒

32. HONG / DIE DAUER

䷟ *oben Dschen, das Erregende, der Donner*
unten Sun, das Sanfte, der Wind

Das starke Zeichen Dschen ist oben, das schwache Sun unten. Das Zeichen ist das Gegenstück zum vorigen: dort die Einwirkung, hier die Vereinigung als Dauerzustand. Die Bilder sind Donner und Wind, die ebenfalls dauernd verbundene Erscheinungen sind. Das untere Zeichen deutet auf Sanftheit im Innern, das obere auf Bewegung im Äußeren.
Auf gesellschaftliche Verhältnisse übertragen haben wir hier die Einrichtung der Ehe als dauernder Verbindung der Geschlechter. Während bei der Werbung der junge Mann sich unter das Mädchen stellt, ist bei der Ehe, die durch das Zusammensein des ältesten Sohnes und der ältesten Tochter repräsentiert wird, der Mann nach außen hin leitend und bewegend, die Frau im Innern sanft und gehorchend.

DAS URTEIL
Gelingen. Kein Makel.
Fördernd ist Beharrlichkeit.
Fördernd ist, zu haben, wohin man gehe.

Die Dauer ist ein Zustand, dessen Bewegung sich nicht durch Hemmungen aufreibt. Sie ist nicht ein Ruhezustand; denn bloßer Stillstand ist Rückgang. Dauer ist vielmehr eine in sich geschlossene und darum stets sich erneuernde, nach festen Gesetzen sich vollziehende Bewegung eines organisierten, in sich fest geschlossenen Ganzen, bei der

auf jedes Ende ein neuer Anfang folgt. Das Ende wird erreicht durch die Bewegung nach innen, das Einatmen, die Systole, die Konzentration. Diese Bewegung geht über in einen neuen Anfang, bei dem die Bewegung nach außen gerichtet ist, das Ausatmen, die Diastole, die Expansion.
So haben die Himmelskörper ihre Bahnen am Himmel und können daher dauernd leuchten. Die Jahreszeiten haben ein festes Gesetz des Wechsels und der Umbildung und können daher dauernd wirken.
Und so hat auch der Berufene einen dauernden Sinn in seinem Weg, und die Welt kommt dadurch zur fertigen Bildung. Aus dem, worin die Dinge ihre Dauer haben, kann man die Natur aller Wesen im Himmel und auf Erden erkennen.

DAS BILD
Donner und Wind: Das Bild der Dauer.
So steht der Edle fest und wandelt seine Richtung nicht.

Der Donner rollt, und der Wind weht. Beides ist etwas äußerst Bewegliches, so daß es dem Anschein nach das Gegenteil von Dauer ist. Aber ihr Hervortreten und Zurücktreten, ihr Kommen und Gehen folgt dauernden Gesetzen. So beruht die Selbständigkeit des Edlen auch nicht darin, daß er starr und unbeweglich ist. Er geht immer mit der Zeit und wandelt sich mit ihr. Das Dauernde ist die feste Richtung, das innere Gesetz seines Wesens, das alle seine Handlungen bestimmt.

DIE EINZELNEN LINIEN:
ANFANGS EINE SECHS BEDEUTET:
Zu rasch Dauer wollen bringt beharrlich Unheil!
Nichts, was fördernd wäre.

Etwas Dauerndes läßt sich nur allmählich durch lange Arbeit und sorgfältiges Nachdenken schaffen. »Wenn man etwas zusammendrücken will, muß man es erst sich ordentlich ausdehnen lassen«, sagt Laotse in diesem Sinn. Wer gleich auf einmal zuviel verlangt, der überstürzt sich. Und weil er zuviel will, gelingt ihm schließlich gar nichts.

NEUN AUF ZWEITEM PLATZ BEDEUTET:
Reue schwindet.

Die Situation ist abnorm. Die Kraft des Charakters ist stärker als die zu Gebote stehende materielle Macht. Da könnte man vielleicht fürchten, daß man sich zu etwas hinreißen ließe, das über die Kraft geht. Allein da es die Zeit der Dauer ist, gelingt es, die innere Kraft zu beherrschen, so daß jedes Zuviel vermieden wird und so der Anlaß zur Reue schwindet.

NEUN AUF DRITTEM PLATZ BEDEUTET:
Wer seinem Charakter nicht Dauer gibt,
Dem bietet man Schande.
Beharrliche Beschämung.

Wenn man in seinem Wesen umgetrieben wird von Stimmungen, die von der Außenwelt durch Furcht und Hoffnung erregt werden, so verliert man die innere Konsequenz des Charakters. Solche innere Inkonsequenz führt dauernd zu peinlichen Erlebnissen. Diese Beschämungen kommen häufig von einer Seite, an die man nicht gedacht hatte. Sie sind auch nicht sowohl Wirkungen der Außenwelt als gesetzmäßige Zusammenhänge, die von dem eigenen Wesen ausgelöst werden.

NEUN AUF VIERTEM PLATZ BEDEUTET:
Im Feld ist kein Wild.

Wenn man auf der Jagd zu Schuß kommen will, so muß man es auf die rechte Weise anfangen. Wenn man dauernd dem Wild an einem Orte nachstellt, wo es keines gibt, so kann man noch so lange warten und findet keines. Dauer im Suchen genügt nicht. Was man nicht auf die rechte Weise sucht, findet man nicht.

SECHS AUF FÜNFTEM PLATZ BEDEUTET:
Seinem Charakter Dauer geben durch Beharrlichkeit,
Das ist für eine Frau von Heil, für einen Mann von Unheil.

Eine Frau soll ihr ganzes Leben einem Manne folgen, der Mann aber soll sich an das halten, was jeweils seine Pflicht ist; wenn er sich dauernd nach der Frau richten wollte, so wäre das für ihn ein Fehler.
Dementsprechend ist für eine Frau konservatives Halten am Hergebrachten ganz gut. Dagegen der Mann muß beweglich und anpassungsfähig bleiben und darf sich nur durch das bestimmen lassen, was jeweils seine Pflicht verlangt.

OBEN EINE SECHS BEDEUTET:
Rastlosigkeit als dauernder Zustand bringt Unheil.

Es gibt Menschen, die dauernd in hastiger Bewegung sind, ohne innerlich zur Ruhe zu kommen. Die Rastlosigkeit hindert nicht nur alle Gründlichkeit, sondern wird direkt zur Gefahr, wenn sie an maßgebender Stelle herrscht.

遯

33. DUN / DER RÜCKZUG

䷠ *oben Kiän, das Schöpferische, der Himmel*
unten Gen, das Stillehalten, der Berg

Die Kraft des Schattigen ist im Aufsteigen begriffen. Das Lichte zieht sich vor ihr in Sicherheit zurück, so daß jene ihm nichts anhaben kann. Es handelt sich bei diesem Rückzug nicht um menschliche Willkür, sondern um Gesetze des Naturgeschehens. Darum ist in diesem Fall der Rückzug die richtige Art des Handelns, die die Kräfte nicht aufreibt*.
Als Monatszeichen ist das Hexagramm dem sechsten Monat (Juli–August) beigeordnet, in dem die Winterkräfte schon wieder anfangen ihre Wirkung zu zeigen.

DAS URTEIL
Der Rückzug, Gelingen.
Im Kleinen ist fördernd Beharrlichkeit.

Die Verhältnisse sind so, daß die feindlichen Kräfte, durch die Zeit begünstigt, im Vorrücken sind. In diesem Fall ist der Rückzug das Richtige, und eben durch den Rückzug erlangt man Gelingen. Der Erfolg besteht darin, daß man den Rückzug richtig auszuführen vermag. Rückzug ist nicht zu verwechseln mit Flucht, die auf weiter nichts bedacht ist als Rettung unter allen Umständen.
Rückzug ist ein Zeichen von Stärke. Man darf den rechten Moment nicht versäumen, solange man in vollem Besitz von Kraft und Stellung ist. Da versteht man rechtzeitig die Zeichen der Zeit zu deuten und bereitet einen

* Es ist ein ähnlicher Gedanke in dem Zeichen ausgedrückt wie in dem Wort Jesu: »Ihr sollt nicht widerstreben dem Übel« (Matth. 5, 39).

zeitweiligen Rückzug vor, statt sich in einen verzweifelten Kampf auf Leben und Tod einzulassen. So räumt man auch dem Gegner nicht ohne weiteres das Feld, sondern erschwert ihm das Vorrücken, indem man im einzelnen noch immer Beharrlichkeit zeigt. Auf diese Weise bereitet man im Rückzug schon den Umschwung vor. Die Gesetze eines solchen aktiven Rückzugs zu verstehen ist nicht leicht. Der Sinn, der in solcher Zeit verborgen liegt, ist bedeutend.

DAS BILD
Unter dem Himmel ist der Berg:
Das Bild des Rückzugs.
So hält der Edle den Gemeinen fern,
Nicht zornig, sondern gemessen.

Der Berg erhebt sich unter dem Himmel, aber in seiner Natur liegt es, daß er schließlich stehenbleibt. Der Himmel dagegen zieht sich nach oben vor ihm in die Ferne zurück, so daß er unerreichbar bleibt. Das ist das Bild für die Art, wie der Edle sich dem aufsteigenden Gemeinen gegenüber verhält. Er zieht sich in seiner Gesinnung vor ihm zurück. Er haßt ihn nicht; denn der Haß ist eine Art von innerer Beteiligung, durch die man sich mit dem gehaßten Gegenstand verbindet. Der Edle zeigt die Stärke (Himmel) darin, daß er den Gemeinen durch seine Gemessenheit zum Stillstand bringt (Berg).

DIE EINZELNEN LINIEN:
ANFANGS EINE SECHS BEDEUTET:
Beim Rückzug am Schwanz: das ist gefährlich.
Man darf nicht etwas unternehmen wollen.

Da das Zeichen das Abbild von etwas sich Zurückziehendem ist, so ist der erste Strich der Schwanz und der oberste der Kopf. Beim Rückzug ist es vorteilhaft, vorne zu sein. Hier ist man hinten in unmittelbarer Berührung mit den nachdrängenden Feinden. Das ist gefährlich. Unter solchen gefahrvollen Umständen ist es nicht ratsam, etwas zu unternehmen. Durch Stillehalten entgeht man am leichtesten der drohenden Gefahr.

SECHS AUF ZWEITEM PLATZ BEDEUTET:
Er hält ihn fest mit gelbem Ochsenleder.
Niemand vermag ihn loszureißen.

Gelb ist die Farbe der Mitte. Sie deutet auf das Korrekte, Pflichtgemäße. Das Leder eines Ochsen ist fest und unzerreißbar. Während die Edlen sich zurückziehen und die Geringen nachdrängen, ist hier ein Geringer gezeichnet, der sich so fest und zäh an die Edlen hält, daß sie sich von ihm nicht losmachen können. Und weil er das Rechte will und so stark ist in seinem Willen, erreicht er auch sein Ziel*. Auf diese Weise bestätigt die Linie das Wort des Urteils: »Im Kleinen (hier soviel wie: für den geringen Mann) ist günstig Beharrlichkeit.«

NEUN AUF DRITTEM PLATZ BEDEUTET:
Aufgehaltener Rückzug ist peinlich und gefahrvoll.
Die Menschen als Knechte und Mägde zu halten bringt Heil.

Wenn es Zeit ist, sich zurückzuziehen, und man wird zurückgehalten, so ist das unangenehm und gefährlich zugleich, da einem die Freiheit des Handelns genommen ist, in solchem Falle ist der einzige Ausweg der, daß man die Menschen, die einen nicht gehenlassen, sozusagen in seinen Dienst nimmt, um sich so wenigstens die Initiative zu wahren und nicht wehrlos unter ihre Herrschaft zu kommen. Aber wenn dies auch ein Ausweg ist, erfreulich wird

* Es ist ein ähnlicher Gedanke angedeutet wie in dem nächtlichen Kampf Jakobs mit dem Gott von Pniell, Mos. 32: »Ich lasse dich nicht, du segnest mich denn.«

die Lage doch nicht. Denn was will man mit solchen Dienern ausrichten?

NEUN AUF VIERTEM PLATZ BEDEUTET:
Freiwilliger Rückzug bringt dem Edlen Heil,
Dem Gemeinen Niedergang.

Beim Rückzug handelt es sich für den höheren Menschen darum, daß er in aller Freundlichkeit und gerne Abschied nimmt. Der Rückzug fällt ihm auch innerlich leicht, weil er auf diese Weise seiner Überzeugung keine Gewalt anzutun braucht. Wer darunter zu leiden hat, das ist nur der Gemeine, von dem er sich zurückzieht und der ohne die Leitung des Edlen verkommen muß.

NEUN AUF FÜNFTEM PLATZ BEDEUTET:
Freundlicher Rückzug. Beharrlichkeit bringt Heil.

Es ist die Sache des Edlen, rechtzeitig zu erkennen, wann es Zeit ist, sich zurückzuziehen. Wenn man den rechten Zeitpunkt wählt zum Rückzug, so kann sich dieser Rückzug in vollkommen freundschaftlichen Formen vollziehen, ohne daß unangenehme Auseinandersetzungen nötig würden. Aber trotz aller Verbindlichkeit der äußeren Form ist unbedingte Festigkeit des Entschlusses nötig, damit man sich nicht durch anderweitige Erwägungen irremachen läßt.

OBEN EINE NEUN BEDEUTET:
Heiterer Rückzug. Alles ist fördernd.

Die Lage ist unzweideutig. Die innere Loslösung ist eine feststehende Tatsache. Dadurch hat man die Freiheit zu gehen, Wo man seinen Weg so klar und zweifellos vor sich sieht, stellt sich eine heitere Fassung ein, die das Rechte ohne jedes Bedenken wählt. Ein solch klarer Weg führt stets zum Guten.

大壯

34. DA DSCHUANG
DES GROSSEN MACHT

☳ *oben Dschen, das Erregende, der Donner*
☰ *unten Kiän, das Schöpferische, der Himmel*

Die großen, d.h. lichten, starken Linien sind mächtig. Vier lichte Linien sind von unten her in das Zeichen eingetreten und sind im Begriff, weiter aufzusteigen. Das obere Halbzeichen ist Dschen, das Erregende, das untere Kiän, das Schöpferische. Das Schöpferische ist stark, das Erregende bewegend. Die Vereinigung von Bewegung und Stärke gibt den Sinn der Macht des Großen. Das Zeichen ist dem zweiten Monat (März–April) zugeordnet.

DAS URTEIL
Des Großen Macht. Fördernd ist Beharrlichkeit.

Das Zeichen deutet auf eine Zeit, da innerer Wert gewaltig aufsteigt und zur Macht kommt. Aber die Stärke hat die Mitte schon überschritten. Darum liegt die Gefahr nahe, daß man sich auf seine Macht verläßt, ohne jederzeit nach dem Rechten zu fragen, daß man auf Bewegung aus ist, ohne auf die rechte Zeit zu warten. Deshalb ist der Satz beigefügt, daß Beharrlichkeit förderlich ist. Denn das ist eben wirklich große Macht, die nicht in bloße Gewalt ausartet, sondern innerlich verbunden bleibt mit den Grundsätzen des Rechts und der Gerechtigkeit. Wenn man diesen Punkt versteht, daß Größe und Gerechtigkeit untrennbar verbunden sein müssen, so versteht man den wahren Sinn alles Weltgeschehens in Himmel und Erde.

DAS BILD
Der Donner ist am Himmel droben: Das Bild der Macht des Großen. So tritt der Edle nicht auf Wege, Die nicht der Ordnung entsprechen.

Der Donner, die elektrische Kraft, steigt im Frühjahr nach oben. Diese Bewegung ist im Einklang mit der Richtung der Bewegung des Himmels. Es ist also eine Bewegung in Übereinstimmung mit dem Himmel, die große Macht bewirkt. Wahre Größe beruht aber darauf, daß sie in Einklang ist mit dem, was recht ist. Darum hütet sich der Edle in Zeiten großer Macht, etwas zu tun, das nicht im Einklang ist mit dem, was der Ordnung entspricht.

DIE EINZELNEN LINIEN:
ANFANGS EINE NEUN BEDEUTET:
Macht in den Zehen.
Fortmachen bringt Unheil.
Das ist gewißlich wahr.

Die Zehen sind ganz unten und sind bereit voranzuschreiten. So ist große Macht an niederer Stelle geneigt, gewaltsam den Fortschritt zu erzwingen. Das würde aber, wenn man so weitermacht, sicher ins Unheil führen. Daher ist als Rat eine Warnung beigefügt.

NEUN AUF ZWEITEM PLATZ BEDEUTET:
Beharrlichkeit bringt Heil!

Die vorausgesetzte Lage ist, daß die Pforten des Erfolgs sich zu öffnen beginnen. Der Widerstand beginnt zu weichen. Man kommt machtvoll voran. Dies ist der Punkt, wo allzu leicht der Übermut einsetzt, der sich nicht zügeln kann. Darum das Orakel, daß Beharrlichkeit – nämlich im inneren Gleichgewicht, ohne übertriebene Machtwirkung – Heil bringt.

NEUN AUF DRITTEM PLATZ BEDEUTET:
Der Gemeine wirkt durch Macht, der Edle wirkt nicht so.
Fortmachen ist gefährlich.
Ein Ziegenbock stößt gegen eine Hecke
Und verwickelt seine Hörner.

Das Pochen auf Macht führt zu Verwicklungen, wie ein Bock, der gegen eine Hecke stößt, seine Hörner verwickelt Während der Gemeine, wenn er im Besitz der Macht ist, darin schwelgt, macht es der Edle nicht so. Er ist sich der Gefahr des Weitermachens unter allen Umständen bewußt und verzichtet daher rechtzeitig auf bloße Machtentfaltung.

NEUN AUF VIERTEM PLATZ BEDEUTET:
Beharrlichkeit bringt Heil!
Die Reue schwindet.
Die Hecke öffnet sich, es gibt keine Verwicklung.
Die Macht beruht auf der Achse eines großen Wagens.

Wenn man beharrlich und still fortarbeitet an der Beseitigung der Widerstände, dann gelingt es schließlich*. Die Hemmnisse weichen, und der Anlaß zur Reue, der auf einer Übertreibung der Anwendung von Macht beruht,verschwindet.

Die Macht zeigt sich nicht äußerlich, aber sie hat die Wirkung, daß sie schwere Lasten voranbringt wie ein großer Wagen, dessen Stärke auf seiner Achse beruht. Je weniger man die Macht nach außen hin anwendet, desto stärker wirkt sie.

* Das gilt auch für Kämpfe mit der eigenen unvollkommenen Natur. Auch hier gilt es, trotz dauernder Rückfälle nicht müde zu werden, sondern fortzumachen, bis der Erfolg sich einstellt und der Moment eintritt, wo es heißt:

»Alles Vergängliche,
In Sünden Verfängliche,
Es war einmal.
Es wachsen Flügel,
Es hebt sich der Riegel
Zum ewigen Saal.«

SECHS AUF FÜNFTEM PLATZ BEDEUTET:
Verliert den Bock in Leichtigkeit.
Keine Reue!

Der Bock zeichnet sich durch äußere Härte bei innerer Schwäche aus, Nun ist die Lage so, daß alles ganz leicht ist; kein Widerstand ist mehr vorhanden. Da mag man das kampfbereite, bockige Wesen ablegen und wird es nicht zu bereuen haben.

OBEN EINE SECHS BEDEUTET:
Ein Bock stößt gegen eine Hecke.
Er kann nicht zurück, er kann nicht voran.
Nichts ist fördernd.
Merkt man die Schwierigkeit, so bringt das Heil.

Wenn man sich zu weit vorwagt, so kommt man an einen toten Punkt, wo man weder vorwärts noch rückwärts kann und alles nur dazu dient, die Sache noch verwickelter zu machen. Bei solchem Eigensinn kommt man in unüberwindliche Schwierigkeiten. Wenn man die Lage einsieht und nicht fortmachen will, sondern sich beruhigt, so wird mit der Zeit alles wieder gut werden.

晉

35. DSIN / DER FORTSCHRITT

oben Li, das Haftende, das Feuer
unten Kun, das Empfangende, die Erde

Das Zeichen stellt die Sonne dar, die über die Erde emporsteigt; es ist daher das Bild des raschen, leichten Fortschritts, der gleichzeitig immer weitere Ausdehnung und Klarheit bedeutet.

DAS URTEIL

Der Fortschritt:
Der starke Fürst wird geehrt durch Pferde in großer Menge. An einem Tage wird er dreimal empfangen.

Als Beispiel wird eine Zeit geschildert, da ein starker Lehnsfürst die übrigen Fürsten um den Großkönig in Gehorsam und Frieden versammelt und vom Großkönig reich beschenkt und in nächste Nähe gezogen wird.
Es liegt darin ein doppelter Gedanke. Die eigentliche Wirkung des Fortschrittes geht von einem Mann in abhängiger Stellung aus, den die andern als ihresgleichen ansehen, weshalb sie ihm willig folgen. Dieser Führer besitzt innere Klarheit genug, um den großen Einfluß, den er hat, nicht zu mißbrauchen, sondern zugunsten des Herrn zu verwenden. Der Herr seinerseits ist frei von jeder Eifersucht, beschenkt den großen Mann reichlich und zieht ihn dauernd in seine Nähe. Ein erleuchteter Herr und ein gehorchender Diener, das sind die Bedingungen großen Fortschritts.

DAS BILD
Die Sonne steigt über die Erde empor:
Das Bild des Fortschritts.
So macht der Edle selbst seine klaren Anlagen hell.

Das Licht der Sonne, das über die Erde aufsteigt, ist von Natur klar, aber je höher die Sonne steigt, desto mehr kommt sie aus den trüben Dünsten heraus und strahlt in um so weiterem Umfang in ihrer ursprünglichen Reinheit. So ist auch das wahre Wesen des Menschen ursprünglich gut, aber es wird getrübt durch den Zusammenhang mit dem Irdischen und bedarf daher der Läuterung, damit es in seiner ihm ursprünglich zukommenden Klarheit leuchten kann*.

DIE EINZELNEN LINIEN:
ANFANGS EINE SECHS BEDEUTET:
Fortschreitend, aber zurückgewiesen.
Beharrlichkeit bringt Heil!
Wenn man kein Vertrauen findet, so bleibe man gelassen.
Kein Fehler.

Zu einer Zeit, da alles nach Fortschritt drängt, befindet man sich noch in Ungewißheit darüber, ob man nicht beim Fortschritt auf Zurückweisung stoßen könnte. Da gilt es, einfach im Rechten fortzumachen: das bringt schließlich Heil. Es kann sein, daß einem kein Vertrauen entgegengebracht wird. In diesem Fall erstrebe man nicht Vertrauen unter allen Umständen; man muß gelassen und heiter bleiben und sich nicht zum Zorn reizen lassen. So bleibt man ohne Fehler.

* Hier ist das Thema, das in der »Höheren Bildung« (Da Hüo) ausführlich behandelt wird.

明夷

36. MING I
DIE VERFINSTERUNG DES LICHTS

䷣ *oben Kun, das Empfangende, die Erde*
unten Li, das Haftende, das Feuer

Die Sonne ist hier unter die Erde gesunken, daher verdunkelt. Der Name des Zeichens bedeutet eigentlich Verwundung des Hellen, daher die einzelnen Linien auch vielfach von Verwundungen reden. Die Situation ist genau die entgegengesetzte wie beim vorigen Zeichen. Dort ein weiser Mann an der Spitze, der tüchtige Gehilfen hat, mit denen er gemeinsam voranschreitet; hier ein finsterer Mann an maßgebender Stelle, durch den der Tüchtige und Weise geschädigt wird.

DAS URTEIL
Die Verfinsterung des Lichts.
Fördernd ist es, in der Not beharrlich zu sein.

Man darf sich auch von ungünstigen Verhältnissen nicht wehrlos mitreißen, nicht in seiner inneren Willenshaltung beugen lassen. Dies ist möglich, wenn man innerlich licht ist und nach außen hin nachgiebig und fügsam. Durch diese Haltung läßt sich auch die größte Not überwinden. Man muß freilich unter Umständen sein Licht verbergen, um trotz Schwierigkeiten in der unmittelbaren Umgebung seinen Willen durchhalten zu können. Die Beharrlichkeit muß im innersten Bewußtsein leben und darf nach außen nicht hervortreten. Nur so kann man unter Schwierigkeiten seinen Willen wahren.

DAS BILD
Das Licht ist in die Erde hineingesunken:
Das Bild der Verfinsterung des Lichts.
So lebt der Edle mit der großen Menge:
Er verhüllt seinen Schein und bleibt doch hell.

In Zeiten der Finsternis gilt es vorsichtig und zurückhaltend zu sein. Nicht durch rücksichtsloses Auftreten soll man sich nutzlos übermächtige Feindschaft zuziehen. Man soll in solchen Zeiten die Gewohnheiten der Menschen zwar nicht mitmachen, aber sie auch nicht kritisch ans Licht ziehen. Im Verkehr muß man in solchen Zeiten nicht alles wissen wollen. Man muß manches auf sich beruhen lassen, ohne sich darum betören zu lassen.

DIE EINZELNEN LINIEN:
ANFANGS EINE NEUN BEDEUTET:
Verfinsterung des Lichts im Fluge.
Er senkt seine Flügel.
Der Edle auf seiner Wanderschaft ißt drei Tage nichts.
Aber er hat, wohin er geht.
Der Wirt hat über ihn zu reden.

In großartigem Entschluß will man sich über alle Hindernisse emporschwingen. Aber da trifft man auf das feindliche Geschick. Man zieht sich zurück und weicht aus. Die Zeit ist schwer. Rastlos muß man ohne bleibende Stätte weitereilen. Wenn man nicht innerliche Kompromisse machen will, sondern seinen Grundsätzen treu bleiben, so kommt man in Mangel. Aber man hat sein festes Ziel, dem man zustrebt, auch wenn die Leute, bei denen man wohnt, einen nicht verstehen und über einen lästern.

SECHS AUF ZWEITEM PLATZ BEDEUTET:
Die Verfinsterung des Lichts verletzt ihn am linken Schenkel.
Er wirkt Hilfe mit der Macht eines Pferdes. Heil.

Hier ist der Herr des Lichts an untergeordnetem Platz. Er wird verletzt vom Herrn der Finsternis. Aber die Verwundung ist nicht lebensgefährlich, sondern nur hinderlich. Rettung ist noch möglich. Der Betroffene denkt nicht an sich selbst, sondern nur an die Rettung der anderen, die auch bedroht sind. Darum sucht er mit äußerster Kraft zu retten, was zu retten ist. In diesem pflichtmäßigen Handeln liegt das Heil.

NEUN AUF DRITTEM PLATZ BEDEUTET:
Die Verfinsterung des Lichts auf der Jagd im Süden.
Man bekommt ihr großes Haupt.
Man darf nicht zu eilig Beharrlichkeit erwarten.

Scheinbar ist ein Spiel des Zufalls am Werk. Während der Starke und Getreue bestrebt ist, in eifriger Tätigkeit Ordnung zu schaffen, ohne alle Hintergedanken, trifft er wie zufällig den Rädelsführer der Unordnung und wird seiner habhaft. Damit ist der Sieg erlangt. Aber man darf nicht die Abstellung der Mißbräuche allzu hastig betreiben. Das wäre vom Übel, weil die Mißbräuche schon zu lange im Schwange waren.

SECHS AUF VIERTEM PLATZ BEDEUTET:
Er dringt in die linke Bauchhöhle ein.
Man erhält das Herz der Verfinsterung des Lichts
Und verläßt Tor und Hof.

Man befindet sich in der Nähe des Hauptes der Finsternis und erfährt so seine geheimsten Gedanken. Auf diese

Weise erkennt man, daß Besserung nicht mehr zu erhoffen ist, und wird rechtzeitig instand gesetzt, den Ort des Unheils zu verlassen, ehe es hereinbricht.

SECHS AUF FÜNFTEM PLATZ BEDEUTET:
Verfinsterung des Lichts wie beim Prinzen Gi.
Fördernd ist Beharrlichkeit.

Der Prinz Gi lebte am Hof des finsteren Tyrannen Dschou Sin, der als historisches Beispiel ungenannt der ganzen Situation zugrunde liegt. Der Prinz Gi war ein Verwandter dieses Tyrannen, darum konnte er sich nicht vom Hofe zurückziehen. Er verbarg deshalb seine gute Gesinnung und stellte sich wahnsinnig. So wurde er denn als Sklave gehalten, ohne daß er durch äußere Unbilden in seiner Gesinnung sich hätte irremachen lassen.
Hieraus ergibt sich die Lehre für diejenigen, die in Zeiten der Finsternis ihren Platz nicht verlassen können. Sie bedürfen bei unbesiegbarer Beharrlichkeit im Innern nach außen hin doppelter Vorsicht, um der Gefahr zu entgehen.

OBEN EINE SECHS BEDEUTET:
Nicht Licht, sondern Dunkel.
Erst stieg er zum Himmel empor,
Dann stürzte er in die Tiefen der Erde hinunter.

Hier ist der Höhepunkt der Finsternis erreicht. Die finstere Macht war erst so hoch gestellt, daß sie alle Guten und Lichten verletzen konnte. Zum Schluß jedoch geht sie an ihrer eigenen Finsternis zugrunde, denn das Böse muß in dem Augenblick stürzen, da es das Gute vollkommen überwunden und damit die Kraft aufgezehrt hat, der es bisher seinen Bestand verdankte.

家人

37. GIA JEN / DIE SIPPE

☲ *oben Sun, das Sanfte, der Wind*
unten Li, das Haftende, das Feuer

Das Zeichen stellt die Gesetze dar, die innerhalb der Sippe walten. Der oberste starke Strich stellt den Vater dar, der unterste den Sohn, der fünfte starke Strich stellt den Gatten dar, die zweite weiche Linie die Gattin. Andererseits stellen die beiden starken Linien auf fünftem und drittem Platz zwei Brüder dar, die zugehörigen schwachen Linien auf viertem und zweitem Platz ihre Frauen, so daß alle Beziehungen und Verhältnisse innerhalb der Sippe zu ihrem wesensgemäßen Ausdruck kommen. Jede einzelne Linie hat die ihrem Platz entsprechende Natur. Daß auf dem sechsten Platz, wo man eine schwache Linie erwarten könnte, dennoch ein starker Strich steht, bezeichnet aufs deutlichste die starke Herrschaft, die vom Haupt der Sippe ausgehen muß. Der Strich kommt hier nicht in seiner Eigenschaft als sechster, sondern als oberster in Betracht. Die Sippe zeigt die Gesetze im Innern des Hauses wirksam, die nach außen übertragen Staat und Welt in Ordnung halten. Der Einfluß, der vom Innern der Sippe nach außen wirkt, ist dargestellt unter dem Bild des Windes, der vom Feuer erzeugt wird.

DAS URTEIL
Die Sippe. Fördernd ist die Beharrlichkeit der Frau.

Die Grundlage der Sippe sind die Beziehungen von Gatte und Gattin. Das Band, das die Sippe zusammenhält, liegt in der Treue und Beharrlichkeit der Frau. Ihr Platz ist im

Innern (zweite Linie), der Platz des Mannes im Äussern (fünfte Linie). Daß Mann und Frau ihren rechten Platz einnehmen, entspricht den großen Gesetzen der Natur. In der Sippe bedarf es der festen Autorität: das sind die Eltern. Wenn der Vater wirklich Vater ist und der Sohn Sohn, wenn der ältere Bruder seinen Platz als älterer Bruder ausfüllt und der jüngere seinen Platz als jüngerer Bruder, wenn der Gatte wirklich Gatte ist und die Gattin Gattin, dann ist die Sippe in Ordnung. Ist die Sippe in Ordnung, so kommen die ganzen Gesellschaftsbeziehungen der Menschheit in Ordnung. Von den fünf gesellschaftlichen Beziehungen liegen drei innerhalb der Sippe: die zwischen Vater und Sohn – die Liebe –, zwischen Mann und Frau – die Zucht –, zwischen älterem und jüngerem Bruder – die Ordnung. Die liebevolle Ehrfurcht des Sohnes wird dann weiterhin auf den Fürsten übertragen als Pflichttreue und die Ordnung und Zuneigung der Brüder auf den Freund als Treue und das Verhältnis zu den Vorgesetzten als Unterordnung. Die Sippe ist die Keimzelle der Gesellschaft, der Naturboden, auf dem die Ausübung der moralischen Pflichten durch natürliche Zuneigung erleichtert wird, so daß im engen Kreis die Grundlage geschaffen wird, von der sie dann auf die menschlichen Beziehungen im allgemeinen übertragen werden.

DAS BILD
Der Wind kommt aus dem Feuer hervor:
Das Bild der Sippe.
So hat der Edle in seinen Worten die Sache
Und in seinem Wandel die Dauer.

Die Hitze erzeugt Kraft; das bedeutet der Wind, der durch das Feuer entfacht wird und aus ihm hervorgeht. Das ist die Wirkung von innen nach außen. Ganz dasselbe ist bei der Regelung der Sippe notwendig. Auch hier muß die Wirkung von der eigenen Person auf andere ausgehen. Um eine solche Wirkung ausüben zu können, müssen die Worte eine Kraft haben; das können sie nur, wenn sie auf etwas Wirklichem beruhen, wie die Flamme auf dem Brennstoff. Nur wenn die Worte sachlich sind, sich auf bestimmte Verhältnisse klar beziehen, haben sie Einfluß. Allgemeine Reden und Ermahnungen sind gänzlich wirkungslos. Ferner müssen die Worte unterstützt werden von dem ganzen Benehmen, wie der Wind durch seine Dauer wirkt. Nur ein festes, konsequentes Handeln wird auf andere den Eindruck machen, daß sie sich ihm anpassen und nach ihm richten können. Sind Wort und Benehmen nicht im Einklang und konsequent, so bleibt die Wirkung aus.

DIE EINZELNEN LINIEN:
ANFANGS EINE NEUN BEDEUTET:
Fester Abschluß innerhalb der Sippe. Reue schwindet.

Die Familie muß eine festbegrenzte Einheit bilden, innerhalb derer jedes Glied seinen Platz kennt. Von Anfang an müssen die Kinder an feste Ordnungen gewöhnt werden, noch ehe ihr Wille auf anderes gerichtet ist. Wenn man zu spät mit der Durchsetzung der Ordnung beginnt, wenn der Wille der Kinder schon verwöhnt ist, so leisten die groß gewordenen Launen und Leidenschaften Widerstand, und es gibt Anlaß zur Reue. Wenn man mit der Ordnung rechtzeitig beginnt, so kommen wohl auch Anlässe zur Reue vor – sie sind beim Zusammenleben in größerem Kreis unvermeidbar –, aber die Reue schwindet immer wieder. Es zieht sich alles zurecht. Denn es gibt nichts, das leichter vermeidbar und schwerer durchführbar wäre, als den Kindern »den Willen zu brechen«.

SECHS AUF ZWEITEM PLATZ BEDEUTET:
Sie soll nicht ihrer Laune folgen.
Sie soll im Innern für Speise sorgen.
Beharrlichkeit bringt Heil.

Die Frau soll sich immer nach dem Willen des Hausherrn richten, sei es des Vaters, des Gatten oder des erwachsenen Sohnes*. Ihre Stellung ist inmitten des Hauses. Hier hat sie große und wichtige Pflichten, die sie nicht erst zu suchen braucht. Sie muß für die Nahrung der Angehörigen und die Opferspeisen sorgen. Dadurch wird sie zum Mittelpunkt für das gesellschaftliche und religiöse Leben der Familie. Beharrlichkeit in dieser Stellung bringt dem ganzen Hause Heil.
Auf allgemeine Verhältnisse übertragen, wird der Rat erteilt, nichts gewaltsam zu suchen, sondern auf die vorhandenen Pflichten ruhig sich zu beschränken.

NEUN AUF DRITTEM PLATZ BEDEUTET:
Wenn es in der Sippe hitzig zugeht,
So entsteht Reue über zu große Strenge.
Doch Heil!
Wenn Weib und Kind tändeln und lachen,
So führt das schließlich zur Beschämung.

In der Familie soll die rechte Mitte zwischen Härte und Läßlichkeit herrschen. Zu große Strenge gegen das eigene Fleisch und Blut führt zu Reue. Das beste ist, feste Dämme zu errichten, innerhalb derer den einzelnen volle Bewegungsfreiheit gelassen wird. Doch ist im Zweifelsfalle zu große Strenge trotz einzelner Mißgriffe besser, weil die Zucht der Familie erhalten bleibt, als zu große Schwäche, die zu Schande führt.

* Vgl.: »Dienen lerne beizeiten das Weib nach seiner Bestimmung.«

SECHS AUF VIERTEM PLATZ BEDEUTET:
Sie ist der Reichtum des Hauses.
Großes Heil!

Die Hausfrau ist es, von der der Wohlstand der Familie abhängt. Wohlstand herrscht immer dann, wenn Ausgaben und Einnahmen zueinander in gesundem Verhältnis stehen. Das führt zu großem Heil. Aufs öffentliche Leben übertragen, ist hier der treue Haushalter gemeint, der das allgemeine Wohl durch seine Maßregeln fördert.

NEUN AUF FÜNFTEM PLATZ BEDEUTET:
Ein König naht er seiner Sippe, fürchtet euch nicht.
Heil!

Ein König ist das Bild eines väterlichen, innerlich reichen Mannes. Er handelt nicht so, daß man sich vor ihm fürchten muß, sondern die ganze Familie kann Vertrauen haben, weil die Liebe herrscht im Verkehr*. Sein Wesen übt ganz von selbst den rechten Einfluß aus.

OBEN EINE NEUN BEDEUTET:
Seine Arbeit ist ehrfurchtgebietend.
Schließlich kommt Heil.

Die Ordnung der Familie beruht letzten Endes auf der Person des Hausherrn. Wenn er seine Person so ausbildet, daß sie in der Kraft innerer Wahrheit imponierend wirkt, dann geht in der Familie alles gut. Man muß die Verantwortung in leitender Stellung selbst auf sich nehmen.

* Vgl.: »Furcht ist nicht in der Liebe.«

睽

38. KUI / DER GEGENSATZ

oben Li, das Haftende, die Flamme
unten Dui, das Heitere, der See

Das Zeichen besteht aus dem oberen Urzeichen Li, die Flamme, die nach oben flammt, und dem Urzeichen Dui, der See, unten, der nach unten sickert. Diese Bewegungen stehen zueinander im Gegensatz. Ferner ist Li die zweite und Dui die jüngste Tochter. Obwohl sie im selben Hause wohnen, gehören sie doch verschiedenen Männern an, und ihr Wille ist daher nicht gemeinsam, sondern auf Gegensätzliches gerichtet.

DAS URTEIL
Der Gegensatz. In kleinen Sachen Heil!

Wenn die Menschen in Gegensatz und Entfremdung leben, so läßt sich ein großes gemeinsames Werk nicht ausführen. Die Gesinnungen gehen zu weit auseinander. Vor allem darf man nicht schroff vorgehen, wodurch der Gegensatz nur noch verschärft würde, sondern muß sich auf allmähliche Wirkungen im Kleinen beschränken. Hier ist noch Heil zu erwarten, da die Lage so ist, daß der Gegensatz nicht jede Verständigung ausschließt.
Der Gegensatz, der im allgemeinen als Hemmung erscheint, hat als polarer Gegensatz innerhalb eines umfassenden Ganzen auch seine guten und wichtigen Funktionen.
Die Gegensätze zwischen Himmel und Erde, Geist und Natur, Mann und Weib bewirken durch ihren Ausgleich die Schöpfung und Fortpflanzung des Lebens. In der

sichtbaren Welt der Dinge ermöglicht der Gegensatz eine Sonderung in Arten, durch die Ordnung in die Welt kommt.

DAS BILD
Oben das Feuer, unten der See:
Das Bild des Gegensatzes.
So behält der Edle bei aller Gemeinschaft seine Besonderheit.

Wie die beiden Elemente Feuer und Wasser, auch wenn sie beisammen sind, sich nie vermischen, sondern ihre eigene Natur behalten, so wird der gebildete Mensch auch durch Verkehr und gemeinsame Interessen mit andersgearteten Menschen sich nie dahin bringen lassen, daß er sich gemein macht, sondern er wird bei aller Gemeinsamkeit doch immer seine Eigenart wahren.

DIE EINZELNEN LINIEN:
ANFANGS EINE NEUN BEDEUTET:
Die Reue schwindet.
Wenn du dein Pferd verlierst, so lauf ihm nicht nach;
Es kommt von selber wieder.
Wenn du böse Menschen siehst, so hüte dich vor Fehlern.

Auch in Zeiten des Gegensatzes kann man so handeln, daß man frei von Fehlern bleibt, so daß die Reue schwindet. Man darf bei beginnendem Gegensatz die Einheit nicht erzwingen wollen; dadurch würde man nur das Gegenteil erreichen, wie ein Pferd sich immer weiter entfernt, wenn man ihm nachläuft. Ist es unser Pferd, so kann man es ruhig laufen lassen: es kommt von selber wieder. So kommt auch ein Mensch, der zu uns gehört und infolge eines Mißverständnisses sich augenblicklich von uns entfernt, von selber wieder, wenn man ihn machen läßt.

Auf der anderen Seite gilt es vorsichtig sein, wenn böse Menschen, die nicht zu uns gehören, sich herbeidrängen – auch infolge eines Mißverständnisses. Hier gilt es, Fehler zu vermeiden: sie nicht gewaltsam entfernen wollen, wodurch erst recht Feindschaft entstünde, sondern sie einfach dulden. Sie ziehen sich schon von selbst zurück.

NEUN AUF ZWEITEM PLATZ BEDEUTET:
Man begegnet seinem Herrn in enger Gasse.
Kein Makel.

Infolge der Mißverständnisse ist es nicht möglich, daß Menschen, die ihrer Art nach zusammengehören, auf ganz korrekte Weise zusammenkommen. Da mag denn ein zufälliges Zusammentreffen unter unformellen Umständen auch hingehen, wenn nur die innere Zusammengehörigkeit vorhanden ist.

SECHS AUF DRITTEM PLATZ BEDEUTET:
Man sieht den Wagen nach hinten gezerrt,
Die Rinder festgehalten,
Dem Menschen Haare und Nase abgeschnitten.
Kein guter Anfang, aber ein gutes Ende.

Manchmal sieht es so aus, als ob sich alles gegen einen verschworen habe; man sieht sich im Fortschritt gehemmt und zurückgehalten, man sieht sich beschimpft und verletzt (Abschneiden von Haaren und Nase war eine schwere, entehrende Strafe). Aber man darf sich dann nicht irremachen lassen, sondern muß trotz dieser Gegensätze festhalten an dem Menschen, mit dem man sich zusammengehörig weiß. So wird trotz des schlechten Anfangs das Ende schließlich gut werden.

NEUN AUF VIERTEM PLATZ BEDEUTET:
Durch Gegensatz vereinsamt,
Trifft man auf einen Gleichgesinnten,
Mit dem man in Treuen verkehren kann.
Trotz der Gefahr kein Makel.

Wenn man in einer Gesellschaft ist, von der man durch einen inneren Gegensatz getrennt ist, so kommt man in Vereinsamung. Aber wenn man in solcher Lage einen Menschen trifft, der ursprünglich seinem ganzen Wesen nach zu einem gehört, dem man sein volles Vertrauen schenken kann, dann überwindet man alle Gefahren der Vereinsamung. Unser Wille hat Erfolg, und man wird frei von Fehlern.

SECHS AUF FÜNFTEM PLATZ BEDEUTET:
Die Reue schwindet.
Der Gefährte beißt sich durch die Hülle.
Wenn man hingeht zu ihm, wie wäre das ein Fehler?

Man findet einen treuen Menschen, den man in der allgemeinen Entfremdung zuerst verkennt. Aber er beißt sich durch die trennenden Hüllen durch. Da ist es nun für den, dem dieser Gefährte sich in seinem wahren Wesen zeigt, Pflicht, ihm entgegenzugehen und mit ihm zusammenzuarbeiten.

OBEN EINE NEUN BEDEUTET:
Durch Gegensatz vereinsamt, sieht man seinen Gefährten
Wie ein schmutzbeladenes Schwein,
Wie einen Wagen voll Teufel.
Erst spannt man den Bogen nach ihm,
Dann legt man den Bogen weg.
Nicht Räuber er ist, will freien zur Frist.
Beim Hingehen fällt Regen, dann kommt Heil!

Hier ist die Vereinsamung durch Mißverständnisse, nicht durch die äußeren Verhältnisse, sondern durch innere Zustände bedingt. Man verkennt seine besten Freunde, hält sie für unrein wie ein schmutziges Schwein und für gefährlich wie einen Wagen voll Teufel. Man setzt sich in Verteidigungsstellung. Aber schließlich erkennt man seinen Irrtum, legt den Bogen weg und merkt, daß der andere in bester Absicht zu enger Verbindung kommt. So löst sich die Spannung. Die Vereinigung löst den Gegensatz, wie der fallende Regen die Schwüle vor dem Gewitter ablöst. Alies geht gut, denn der Gegensatz schlägt gerade auf seiner Höhe in sein Gegenteil um.

蹇

39. GIÄN / DAS HEMMNIS

䷦ *oben Kan, das Abgründige, das Wasser*
unten Gen, das Stillehalten, der Berg

Das Zeichen stellt einen gefährlichen Abgrund dar, der vor einem liegt; hinter sich hat man den steilen, unzugänglichen Berg. So ist man von Hemmnissen umgeben. Aber in der Eigenschaft des Berges, stillezuhalten, liegt auch gleichzeitig ein Fingerzeig, wie man aus den Hemmnissen herauskommen kann. Das Zeichen stellt Hemmnisse dar, die im Lauf der Zeit sich einstellen, die aber überwunden werden können und sollen. Daher ist die ganze Auskunft darauf gerichtet, die Hemmnisse zu überwinden.

DAS URTEIL
Das Hemmnis: Fördernd ist der Südwesten.
Nicht fördernd ist der Nordosten.
Fördernd ist es, den großen Mann zu sehen.
Beharrlichkeit ist von Heil!

Südwesten ist die Gegend des Rückzugs, Nordosten die Gegend des Vordringens. Es handelt sich um eine Lage, da sich Hemmnisse einem gegenüberstellen, die nicht direkt überwunden werden können. In diesem Fall ist es Weisheit, angesichts der Gefahr stehenzubleiben und sich zurückzuziehen. Dieser Rückzug ist jedoch nur die Vorbereitung zur Überwindung der Hemmnisse. Es gilt, sich mit gleichgesinnten Freunden zusammenzutun und sich der Leitung eines Mannes zu unterstellen, der der Lage gewachsen ist; dann wird es gelingen, die Hemmnisse zu beseitigen. Dazu bedarf es der Gesinnung der Beharrlichkeit gerade dann, wenn man scheinbar etwas tun muß, das vom Ziel abführt. Diese unbeirrbare Richtung des Innern bringt schließlich Heil! Das Hemmnis, das nur eine Zeitlang dauert, ist von Wert für die Bildung der eigenen Persönlichkeit. Das ist der Wert der Not.

DAS BILD
Auf dem Berg ist das Wasser: Das Bild des Hemmnisses.
So wendet sich der Edle seiner eigenen Person zu
Und bildet seinen Charakter.

Schwierigkeiten und Hemmnisse werfen den Menschen auf sich selbst zurück. Während aber der Gemeine die Schuld draußen bei andern Menschen sucht und das Schicksal anklagt, sucht der Edle den Fehler in sich selbst, und durch dieses Insichgehen wird die äußere Hemmung für ihn ein Anlaß innerer Bereicherung und Bildung.

DIE EINZELNEN LINIEN:
ANFANGS EINE SECHS BEDEUTET:
Gehen führt in Hemmnis, Kommen findet Lob.

Wenn man sich einem Hemmnis gegenübersieht, so handelt es sich darum, zu überlegen, wie man damit am besten fertig wird. Wenn eine Gefahr uns droht, dürfen wir nicht blindlings nach vorwärts streben, das führte nur in Verwicklungen. Sondern es ist richtig, sich zunächst zurückzuziehen, nicht um den Kampf aufzugeben, sondern um den richtigen Augenblick für das Handeln abzuwarten.

SECHS AUF ZWEITEM PLATZ BEDEUTET:
Des Königs Diener ist in Hemmnis über Hemmnis.
Aber es ist nicht seine eigene Schuld.

Während man normalerweise das Hemmnis am besten umgeht und auf der Linie des geringsten Widerstands zu überwinden sucht, gibt es doch einen Fall, da man der Schwierigkeit entgegengehen muß, auch wenn sich Schwierigkeit auf Schwierigkeit türmt: wenn nämlich der Weg der Pflicht dahin führt; wenn man nicht aus freier Entschließung handeln kann, sondern die Pflicht hat, im Dienste einer höheren Sache die Gefahr aufzusuchen. Dann mag man es tun und dabei innerlich vollkommen beruhigt sein, weil man nicht durch eigene Schuld sich in diese schwierige Situation begeben hat.

NEUN AUF DRITTEM PLATZ BEDEUTET:
Gehen führt in Hemmnisse; da kommt er zurück.

Während die vorige Linie den Beamten zeigt, der um der Pflicht willen den Weg der Gefahr gehen muß, ist hier der Mann gezeigt, der als Familienvater oder Haupt der Seinen zu handeln hat. Wollte er sich leichtsinnig in Gefahr stürzen, so würde es doch nutzlos sein, weil die seiner Hut Anvertrauten allein nicht weiterkommen. Zieht er sich dagegen zurück und wendet sich den Seinen wieder zu, so begrüßen ihn diese mit großer Freude.

SECHS AUF VIERTEM PLATZ BEDEUTET:
Gehen führt in Hemmnisse,
Kommen führt zur Vereinigung.

Auch hier ist eine Lage gezeichnet, der man allein nicht gewachsen ist. In solchem Fall ist der gerade Weg nicht der kürzeste. Wollte man aus eigner Kraft vorwärtsstreben, ohne die nötigen Vorbereitungen, so fände man nicht den nötigen Beistand und würde zu spät erkennen, daß die Berechnungen täuschen, indem die Umstände, mit denen man rechnen zu können hoffte, sich als zu schwach erweisen, Darum ist es in diesem Fall richtiger, zunächst sich zurückzuhalten und zuverlässige Gefährten um sich zu sammeln, auf die man sich stützen kann, um die Hemmnisse zu überwinden.

NEUN AUF FÜNFTEM PLATZ BEDEUTET:
Inmitten der größten Hemmnisse kommen Freunde.

Hier sehen wir den Mann, der berufen ist, der Not zu steuern. Er darf den Hemmnissen nicht ausweichen wollen, auch wenn sie sich noch so gefährlich vor ihm auftürmen. Aber da er wirklich einen höheren Beruf hat, so ist die Macht seines Geistes stark genug, die Menschen an sich zu ziehen, daß sie kommen und ihm helfen, und er ist imstande, sie wirklich zu organisieren, damit durch die planvoll verteilte Zusammenarbeit aller Beteiligten das Hemmnis überwunden wird.

OBEN EINE SECHS BEDEUTET:
Gehen führt in Hemmnisse, Kommen führt zu großem Heil.
Fördernd ist es, den großen Mann zu sehen.

Es ist hier jemand gezeichnet, der die Welt und ihr Getriebe schon hinter sich hat. Wenn nun die Zeit der Hemmnisse für die Welt kommt, so könnte es scheinen, als wäre es das einfachste für ihn, einfach die Welt hinter sich zu lassen und sich hinaus ins Jenseits zu flüchten. Aber dieser Weg ist ihm versperrt. Er darf nicht allein selig werden und die Welt ihrer Not überlassen. Sondern seine Pflicht ruft ihn noch einmal zurück ins Weltgetriebe. Gerade seine Erfahrung und innere Freiheit ermöglichen ihm dann, etwas Großes und Reifes zu schaffen, das Heil bringt. Und es ist fördernd, den großen Mann zu sehen, mit dem zusammen man das Werk der Rettung vollbringen kann.

解

40. HIÄ / DIE BEFREIUNG

䷧ *oben Dschen, das Erregende, der Donner*
unten Kan, das Abgründige, das Wasser

Die Bewegung geht hier aus der Gefahr heraus. Das Hemmnis ist beseitigt, die Schwierigkeiten sind in der Lösung begriffen. Die Befreiung ist noch nicht vorüber, sondern setzt eben erst ein, und ihre verschiedenen Stadien kommen in dem Zeichen zur Darstellung.

DAS URTEIL
Die Befreiung. Fördernd ist der Südwesten.
Wenn nichts mehr da ist, wohin man zu gehen hätte,
Ist das Wiederkommen von Heil.
Wenn es noch etwas gibt, wohin man gehen muß,
Dann ist Raschheit von Heil.

Es handelt sich um eine Zeit, da Spannungen und Verwicklungen sich zu lösen beginnen. In solchen Zeiten gilt es, sobald als möglich zu den gewöhnlichen Verhältnissen sich zurückzuziehen – dies die Bedeutung des Südwestens. Solche Zeiten des Umschlags sind sehr wichtig. Ähnlich wie ein befreiender Regen die Spannung der Atmosphäre löst und alle Knospen zum Springen bringt, wirkt eine Zeit der Befreiung von drückender Last erlösend und anregend auf das Leben, Aber eins ist wichtig: man darf in solchen Zeiten den Triumph nicht übertreiben wollen. Es gilt, nicht weiter vorzudringen, als nötig ist. Sowie die Befreiung erreicht ist, zurückzukehren zur Ordnung des Lebens, das ist von Heil. Wenn noch Reste aufzuarbeiten bleiben, so gilt es, das so schnell wie möglich zu tun, damit reiner Tisch gemacht wird und keine Verzögerungen eintreten.

DAS BILD
Donner und Regen erheben sich:
Das Bild der Befreiung.
So verzeiht der Edle Fehler und vergibt die Schuld.

Das Gewitter hat luftreinigende Wirkung. So macht es der Edle auch mit den Fehlern und Sünden der Menschen, die Spannungszustände hervorrufen. Durch Klarheit schafft er Befreiung. Aber wenn die Verfehlungen am Tage sind, dann bleibt er nicht dabei, sondern geht über die Fehler, die unabsichtlichen Übertretungen, einfach weg, wie der Donner verklingt, und vergibt die Schuld, die absichtlichen Übertretungen, wie das Wasser alles vom Schmutz reinigt.

DIE EINZELNEN LINIEN:
ANFANGS EINE SECHS BEDEUTET:
Ohne Makel.

Es werden nicht viele Worte gemacht, entsprechend der Situation. Die Hemmung ist vorüber, die Befreiung ist da. Man erholt sich in Ruhe und hält sich still. Das ist in Zeiten nach überstandenen Schwierigkeiten ganz das Richtige.

NEUN AUF ZWEITEM PLATZ BEDEUTET:
Auf dem Feld erlegt man drei Füchse
Und bekommt einen gelben Pfeil.
Beharrlichkeit ist von Heil.

Das Bild ist von der Jagd genommen. Der Jäger fängt drei listige Füchse und erhält zur Belohnung einen gelben Pfeil. Die Hemmnisse des öffentlichen Lebens sind die falschen Füchse, die als Schmeichler den Herrscher zu beeinflussen suchen. Sie müssen beseitigt werden, ehe Befreiung eintreten kann. Aber der Kampf darf nicht mit falschen Waffen geführt werden. Die gelbe Farbe deutet auf Maß und Mitte beim Vorgehen gegen die Feinde, der Pfeil auf die gerade Richtung. Wenn man sich der Aufgabe der Befreiung mit ganzem Herzen widmet, bekommt man eine solche Kraft der inneren Geradheit, daß sie als Waffe wirkt gegen alles Falsche und Gemeine.

SECHS AUF DRITTEM PLATZ BEDEUTET:
Wenn einer eine Last auf dem Rücken trägt
Und trotzdem auf dem Wagen fährt,
Veranlaßt er dadurch die Räuber herbeizukommen.
Beharrlichkeit führt zu Beschämung.

Ein Mensch ist aus ärmlichen Verhältnissen heraus in eine bequeme Lage gekommen, da er von Not befreit ist. Wenn er nun nach Art eines Emporkömmlings es sich bequem machen will, ohne doch in seinem Wesen zu den bequemen Verhältnissen zu passen, so zieht er dadurch Räuber an, und wenn er so fortmacht, gerät er bestimmt in Schande.
Kungtse sagt darüber: Eine Last auf dem Rücken zu tragen ist das Geschäft eines gemeinen Menschen. Ein Wagen ist das Gerät eines vornehmen Mannes. Wenn nun ein Gemeiner das Gerät eines vornehmen Mannes benutzt, so denken die Räuber darauf, es ihm wegzunehmen. Wenn einer frech nach oben und hart nach unten ist, so denken

die Räuber daran, ihn anzugreifen. Lässige Aufbewahrung verführt die Räuber zum Stehlen. Üppiger Schmuck eines Mädchens verlockt zum Raub ihrer Tugend.

NEUN AUF VIERTEM PLATZ BEDEUTET:
Befreie dich von deiner großen Zehe.
Dann kommt der Gefährte herbei,
Und dem kannst du trauen.

Zu Zeiten des Stillstandes kommt es vor, daß gemeine Menschen sich einem höheren Menschen anschließen und durch tägliche Gewohnheit mit ihm zusammenwachsen und unentbehrlich werden, wie die große Zehe dem Fuß, dem sie das Gehen erleichtert. Aber wenn die Zeit der Befreiung naht mit ihrer Berufung zur Tat, dann muß man sich frei machen von solchen Zufallsbekanntschaften, mit denen man doch nicht innerlich zusammengehört. Denn sonst bleiben die gleichgesinnten Freunde, denen man wirklich trauen kann und mit denen gemeinsam sich etwas leisten läßt, voll Mißtrauen weg.

SECHS AUF FÜNFTEM PLATZ BEDEUTET:
Wenn der Edle sich nur befreien kann, das bringt Heil.
Er zeigt so den Gemeinen, daß es ihm ernst ist.

Befreiungszeiten bedürfen des inneren Entschlusses. Die Gemeinen sind nicht zu entfernen durch Verbote und äußere Mittel. Will man sie loswerden, so muß man sich innerlich erst vollkommen von ihnen losmachen, dann merken sie von selber, daß es einem ernst ist, und ziehen sich zurück.

OBEN EINE SECHS BEDEUTET:
Der Fürst schießt nach einem Habicht auf hoher Mauer.
Er erlegt ihn. Alles ist fördernd.

Der Habicht auf hoher Mauer ist das Bild eines machtvollen Gemeinen an hoher Stelle, der die Befreiung hindert. Er widersteht der Einwirkung durch innere Einflüsse, da er in seiner Bosheit verhärtet ist. Er muß gewaltsam beseitigt werden; dazu bedarf es der entsprechenden Mittel.

Kungtse sagt darüber: Der Habicht ist der Zweck der Jagd. Pfeil und Bogen sind die Werkzeuge und Mittel. Der Schütze ist der Mensch, der die Mittel zum Zweck richtig gebrauchen muß. Der Edle birgt die Mittel in seiner Person. Er wartet die Zeit ab, und dann handelt er. Wie sollte da nicht alles gutgehen? Er handelt und ist frei. Darum braucht er nur auszugehen und erlegt die Beute. So steht es mit einem Menschen, der handelt, nachdem er die Mittel fertiggestellt hat.

損

41. SUN / DIE MINDERUNG

䷨ *oben Gen, das Stillehalten, der Berg*
unten Dui, das Heitere, der See

Das Zeichen stellt eine Minderung des unteren Zeichens zugunsten des oberen dar, indem der dritte, ursprünglich starke Strich nach oben gegangen ist und der ursprünglich schwache obere Strich an seine Stelle getreten ist. Das Untere wird also auf Kosten des Oberen vermindert. Das aber ist Verminderung schlechthin. Wenn man das Fundament eines Bauwerks vermindert und seine oberen Mauern verstärkt, so verliert das Ganze an Festigkeit. Ebenso ist eine Minderung des Volkswohlstands zugunsten der Regierung eine Verminderung schlechthin. Und die ganze Tendenz des Zeichens geht dahin, darauf hinzuweisen, wie diese Wohlstandsverschiebung vor sich gehen kann, ohne daß die Quellen des Wohlstands im Volk und seinen unteren Ständen dadurch versiegen.

DAS URTEIL
Minderung verbunden mit Wahrhaftigkeit
Wirkt erhabenes Heil ohne Makel.
Man kann darin beharrlich sein.
Fördernd ist es, etwas zu unternehmen.
Wie übt man das aus?
Zwei kleine Schüsselchen mag man benützen zum Opfer.

Minderung bedeutet nicht unter allen Umständen etwas Schlechtes. Mehrung und Minderung kommen zu ihrer Zeit. Da gilt es, sich in die Zeit zu finden und die Armut nicht durch leeren Schein verdecken zu wollen. Wenn durch eine Zeit der geringen Dinge eine innere Wahrheit zum Ausdruck kommt, so darf man sich der Einfachheit nicht schämen. Sie ist dann gerade das Richtige, das innere Kraft verleiht, durch die man dann wieder etwas unternehmen kann. Man darf selbst kein Bedenken tragen, wenn die äußere Schönheit der Kultur, ja selbst die Ausgestaltung religiöser Beziehungen unter der Einfachheit zu leiden hätte. Man muß von der Stärke der inneren Gesinnung etwas nehmen und es der Dürftigkeit der äußeren Erscheinung als Ersatz zulegen. Dann hilft die Kraft des Gehalts über die Schlichtheit der Form hinweg. Vor Gott bedarf es nicht des falschen Scheins. Auch mit geringen Mitteln läßt sich die Gesinnung des Herzens zum Ausdruck bringen*.

DAS BILD

Unten am Berg ist der See: Das Bild der Minderung.
So bändigt der Edle seinen Zorn und hemmt seine Triebe.

Der See unten am Berg verdunstet. Dadurch wird er gemindert auf Kosten des Bergs, der durch seine Feuchtigkeit bereichert wird. Der Berg ist das Bild eigensinniger Stärke, die sich zum Zorn verdichten kann; der See ist das Bild der unkontrollierten Lustigkeit, die sich zu leidenschaftlichen Trieben entwickeln kann, wenn sie auf Kosten der Lebenskräfte sich entwickelt. Da gilt es zu mindern: der Zorn muß durch Stillehalten gemindert werden, die Triebe müssen durch Einschränkung gehemmt werden. Durch diese Minderung der niederen Seelenkräfte werden die höheren Seiten der Seele bereichert.

* Vgl. das Scherflein der Witwe im Lucasevangelium.

DIE EINZELNEN LINIEN:
ANFANGS EINE NEUN BEDEUTET:
Wenn die Geschäfte fertig sind, rasch hingehen
Ist kein Makel.
Doch muß man überlegen,
Wie weit man andere mindern darf.

Es ist selbstlos und gut, wenn man nach Erledigung der unmittelbar wichtigen eigenen Aufgaben seine Kraft in den Dienst der anderen stellt und, ohne viel daraus zu machen oder zu prahlen, rasch hilft, wo zu helfen ist. Aber der Mann an höherer Stelle, dem so geholfen wird, muß wohl überlegen, wieviel er annehmen darf, ohne den hilfreichen Diener oder Freund im wesentlichen zu schädigen. Nur wo solches Zartgefühl vorhanden ist, kann man sich ohne Bedenken unbedingt geben.

NEUN AUF ZWEITEM PLATZ BEDEUTET:
Fördernd ist Beharrlichkeit.
Etwas zu unternehmen, ist von Unheil.
Ohne sich selbst zu mindern,
Vermag man die andern zu mehren.

Ein edles Selbstbewußtsein und konsequenter Ernst, der sich nichts vergibt, ist die Gesinnung, die notwendig ist, wenn man andern dienen will. Wer sich wegwirft, um einem Höheren zu Willen zu sein, der mindert zwar eine eigene Stellung, ohne aber dem andern dauernd zu nützen. Das aber ist vom Übel. Ohne sich selbst aufzugeben, dem andern zu dienen, das erst ist der wahre Dienst von dauerndem Wert.

SECHS AUF DRITTEM PLATZ BEDEUTET:
Wenn drei Menschen miteinander wandern,
So vermindern sie sich um einen Menschen.
Wenn ein Mensch wandert,
So findet er seinen Gefährten.

Wo drei zusammen sind, da gibt es Eifersucht. Da muß einer weichen. Engste Verbindung ist nur zu zweien möglich. Wo aber einer einsam ist, da findet er sicher seinen Gefährten, der ihn ergänzt.

SECHS AUF VIERTEM PLATZ BEDEUTET:
Wenn man seine Mängel mindert,
Macht man, daß der andre eilig kommt und Freude hat.
Kein Makel.

Oft hindern unsere Fehler selbst wohlgesinnte Menschen, uns näherzutreten. Diese Fehler werden oft verstärkt und schlimmer gemacht durch die Umgebung, in der wir uns befinden. Wenn man es über sich bringen kann, sich herabzugeben und sie abzulegen, so befreit man die wohlgesinnten Freunde von einem inneren Druck und bewirkt, daß sie sich nur um so schneller nahen zu beiderseitiger Freude.

SECHS AUF FÜNFTEM PLATZ BEDEUTET:
Es mehrt ihn wohl jemand.
Zehn Paar Schildkröten können dem nicht widerstreben.
Erhabenes Heil!

Wenn jemand vom Schicksal zum Glück bestimmt ist, so kommt es unweigerlich. Alle Orakel, wie sie z.B. durch Schildkrötenschalen gewonnen werden, müssen in günstigen Zeichen zu seinen Gunsten übereinstimmen. Er braucht sich vor nichts zu fürchten, denn sein Glück ist höhere Fügung.

OBEN EINE NEUN BEDEUTET:
Wenn man ohne Minderung der anderen gemehrt wird,
So ist das kein Makel. Beharrlichkeit bringt Heil.
Fördernd ist es, etwas zu unternehmen.
Man bekommt Diener,
Aber hat kein besonderes Heim mehr.

Es gibt Menschen, die Segen spenden für die ganze Welt. Jeder Kraftzuwachs, jede Mehrung, die ihnen zuteil wird, kommt allen Menschen zugute und bedeutet daher keine Minderung für die andern. Durch beharrliche und eifrige Arbeit hat man Erfolg und findet Gehilfen, wie man sie braucht. Aber was man wirkt, ist nicht ein irgendwie begrenzter Privatvorteil, sondern es ist offen und für jedermann zugänglich.

益

42. I / DIE MEHRUNG

䷩ *oben Sun, das Sanfte, der Wind*
unten Dschen, das Erregende, der Donner

Der Gedanke der Mehrung drückt sich dadurch aus, daß der unterste starke Strich des oberen Halbzeichens sich heruntergesenkt und unter das untere Halbzeichen gestellt hat. Der Grundgedanke des Buchs der Wandlungen kommt auch in dieser Auffassung zum Ausdruck. Wahres Herrschen muß Dienen sein. Ein Opfer des Höheren, das eine Mehrung des Niederen bewirkt, wird Mehrung schlechthin genannt, um dadurch den Geist anzudeuten, der allein imstande ist, der Welt zu helfen.

DAS URTEIL
Die Mehrung. Fördernd ist es, etwas zu unternehmen.
Fördernd ist es, das große Wasser zu durchqueren.

Durch das Opfer, das von oben her zur Mehrung des Unteren gebracht wird, entsteht im Volk eine Stimmung der Freude und Dankbarkeit, die für die Blüte des Gemeinwesens überaus wertvoll ist. Wenn die Menschen so ihren Führern zugetan sind, dann läßt sich etwas unternehmen, und auch schwierige, gefahrvolle Dinge werden gelingen. Darum gilt es in solchen aufsteigenden Zeiten, deren Entwicklung von Erfolg begleitet ist, zu arbeiten und die Zeit auszunutzen. Diese Zeit ist wie die Zeit, wenn Himmel und Erde sich vermählen, wenn die Erde der schöpferischen Kraft des Himmels teilhaftig wird und nun die Lebewesen gestaltet und verwirklicht. Die Zeit der Mehrung dauert nicht, darum muß sie benützt werden, solange sie da ist.

DAS BILD
Wind und Donner: Das Bild der Mehrung.
So der Edle: sieht er Gutes, so ahmt er es nach,
Hat er Fehler, so legt er sie ab.

Indem man beobachtet, wie Donner und Wind sich gegenseitig mehren und verstärken, lernt man den Weg zu seiner eignen Selbstmehrung und Besserung. Wenn man an anderen etwas Gutes entdeckt, soll man es nachahmen und so alles Gute auf Erden sich zu eigen machen. Sieht man an sich selbst etwas Schlechtes, so lege man es ab. Dadurch wird man frei vom Bösen. Diese ethische Veränderung ist die wichtigste Mehrung der Persönlichkeit.

DIE EINZELNEN LINIEN:
ANFANGS EINE NEUN BEDEUTET:
Fördernd ist es, große Taten zu vollbringen.
Erhabenes Heil! Kein Makel.

Wenn man von oben her eine große Förderung erfährt, muß man den Kraftzuwachs, den man so erhält, dazu benützen, etwas Großes zu leisten, zu dem man sonst vielleicht weder Kraft noch Verantwortungsfreudigkeit gefunden hätte. Dadurch, daß man frei von Selbstsucht ist, wird großes Heil bewirkt, und indem man großes Heil zustande bringt, bleibt man frei von Vorwürfen.

SECHS AUF ZWEITEM PLATZ BEDEUTET:
Es mehrt ihn wohl jemand.
Zehn Paar Schildkröten können dem nicht widerstreben.
Dauernde Beharrlichkeit bringt Heil.
Der König stellt ihn dar vor Gott. Heil.

Die wirkliche Mehrung kommt dadurch, daß man in sich die Bedingungen dafür schafft: Aufnahmebereitschaft und Liebe zum Guten. Dadurch kommt das Erstrebte von selber mit naturgesetzlicher Notwendigkeit. Wo die Mehrung so in Einklang steht mit den höchsten Weltgesetzen, kann sie durch keine Konstellation von Zufällen verhindert werden. Nur kommt alles darauf an, daß man sich durch unerwartetes Glück nicht leichtsinnig machen läßt, sondern durch innere Stärke und Beständigkeit es sich zu eigen macht. Dann bekommt man Bedeutung vor Gott und Menschen und kann etwas ausrichten zum Besten der Welt.

SECHS AUF DRITTEM PLATZ BEDEUTET:
Man wird gemehrt durch unheilvolle Ereignisse.
Kein Makel, wenn du wahrhaftig bist
Und in der Mitte wandelst
Und dem Fürsten berichtest mit einem Siegel.

Eine Zeit des Segens und der Bereicherung ist in ihrer Wirkung so stark, daß selbst sonst unheilvolle Ereignisse denen zum Besten dienen müssen, die davon betroffen sind. Sie werden frei von Fehlern und gewinnen dadurch, daß sie der Wahrheit entsprechend handeln, eine solche innere Autorität, daß sie Einfluß ausüben, als seien sie durch Brief und Siegel bestätigt.

SECHS AUF VIERTEM PLATZ BEDEUTET:
Wenn du in der Mitte wandelst
Und dem Fürsten berichtest,
So wird er folgen.
Fördernd ist es, benützt zu werden
Bei der Verlegung der Hauptstadt.

Es ist von Wichtigkeit, daß es Menschen gibt, die zwischen Führern und Geführten vermitteln. Das müssen selbstlose Persönlichkeiten sein, namentlich in Zeiten der Mehrung, da vom Führer Nutzen ausgehen soll für das Volk. Von dem Segen darf nichts in selbstsüchtiger Weise zurückgehalten werden, sondern er muß wirklich denen zugute kommen, für die er bestimmt ist. Eine solche Vermittlerpersönlichkeit, die auch auf den Führer einen guten Einfluß ausübt, ist besonders wichtig in Zeiten, da es sich um große, für die Zukunft entscheidende Unternehmungen handelt, die der inneren Zustimmung aller Beteiligten bedürfen.

NEUN AUF FÜNFTEM PLATZ BEDEUTET:
Wenn du wahrhaftig ein gutes Herz hast,
So frage nicht. Erhabenes Heil!
Wahrhaftig wird Güte als deine Tugend anerkannt werden.

Wirkliche Güte rechnet und fragt nicht nach Würdigkeit und Dank, sondern sie wirkt sich aus nach innerer Notwendigkeit. Ein solch wahrhaft gütiges Herz findet sich auch belohnt, indem es anerkannt wird, und so wird der segensvolle Einfluß sich ungehemmt ausdehnen.

OBEN EINE NEUN BEDEUTET:
Er gereicht niemand zur Mehrung.
Es schlägt ihn wohl gar jemand.
Er hält sein Herz nicht dauernd fest. Unheil!

Der Sinn der Lage ist, daß die Oberen durch Verzicht die Unteren mehren sollen. Indem man diese Pflicht versäumt und niemand nützt, entzieht man sich auch dem fördern den Einfluß der andern und sieht sich bald vereinsamt. Dadurch zieht man sich Angriffe zu. Eine Gesinnung, die

nicht dauernd im Einklang ist mit den Forderungen der Zeit, wird notwendig Unheil mit sich bringen.
Konfuzius sagt über diese Linie: »Der Edle bringt seine Person in Ruhe, ehe er sich bewegt; er faßt sich in seinem Sinn, ehe er redet; er festigt seine Beziehungen, ehe er um etwas bittet. Indem der Edle diese drei Stücke in Ordnung bringt, ist er in völliger Sicherheit. Wenn man aber unvermittelt ist in seinen Bewegungen, so tun die Leute nicht mit. Wenn man aufgeregt ist in seinen Worten, so finden sie keinen Widerhall bei den Leuten. Wenn man ohne vorherige Beziehungen etwas verlangt, so geben es einem die Leute nicht. Wenn niemand mit einem ist, so kommen die Schädiger herbei.«

夬

43. GUAI / DER DURCHBRUCH (DIE ENTSCHLOSSENHEIT)

oben Dui, das Heitere, der See
unten Kiän, das Schöpferische, der Himmel

Das Zeichen bedeutet einerseits einen Durchbruch nach lange angesammelter Spannung, wie den Durchbruch eines geschwellten Flusses durch seine Dämme, wie einen Wolkenbruch. Auf menschliche Verhältnisse übertragen ist es andererseits die Zeit, da allmählich die Gemeinen im Schwinden sind. Ihr Einfluß ist im Abnehmen, und durch eine entschlossene Aktion kommt eine Änderung der Verhältnisse zum Durchbruch. Das Zeichen ist dem dritten Monat zugeordnet.

DAS URTEIL
Der Durchbruch.
Entschlossen muß man am Hof des Königs
Die Sache bekanntmachen.
Der Wahrheit gemäß muß sie verkündet werden.
Gefahr!
Man muß seine eigene Stadt benachrichtigen.
Nicht fördernd ist es, zu den Waffen zu greifen.
Fördernd ist es, etwas zu unternehmen.

Wenn in einer Stadt auch nur ein Gemeiner an herrschendem Platz sich hält, so vermag er die Edlen zu bedrücken. Wenn im Herzen auch nur noch eine Leidenschaft nistet, so vermag sie die Vernunft zu umdüstern. Leidenschaft und Vernunft können nicht zusammen bestehen, darum ist unbedingter Kampf notwendig, wenn man das Gute zur Herrschaft bringen will. Für den entschlossenen Kampf des Guten zur Beseitigung des Bösen gibt es aber bestimmte Regeln, die nicht außer acht gelassen werden dürfen, wenn man Erfolg haben will. 1. Entschlossenheit muß auf einer Vereinigung von Stärke und Freundlichkeit beruhen. 2. Ein Kompromiß mit dem Schlechten ist nicht möglich; es muß unter allen Umständen offen diskreditiert werden. Ebenso dürfen auch die eigenen Leidenschaften und Fehler nicht beschönigt werden. 3. Der Kampf darf nicht direkt durch Gewalt geführt werden. Wo das Böse gebrandmarkt ist, da sinnt es auf Waffen, und wenn man ihm den Gefallen tut, es Schlag gegen Schlag zu bekämpfen, so zieht man den Kürzeren, weil man dadurch selbst in Haß und Leidenschaft verwickelt wird. Darum gilt es, beim eigenen Haus anzufangen: persönlich auf der Hut zu sein vor den gebrandmarkten Fehlern. Dadurch stumpfen sich die Waffen des Bösen von selbst ab, wenn sie keinen Gegner finden. Ebenso dürfen auch eigene Fehler nicht direkt bekämpft werden. Solange man sich mit ihnen herumschlägt, bleiben sie immer siegreich. 4. Die beste Art, das Böse zu bekämpfen, ist energischer Fortschritt im Guten.

DAS BILD
Der See ist an den Himmel emporgestiegen:
Das Bild des Durchbruchs.
So spendet der Edle Reichtum nach unten hin
Und scheut es, bei seiner Tugend zu verweilen.

Wenn das Wasser des Sees an den Himmel emporgestiegen ist, so läßt das einen Wolkenbruch befürchten. Das läßt sich der Edle zur Warnung dienen, indem er rechtzeitig einem gewaltsamen Zusammenbruch vorbeugt. Wer nur für sich allein Reichtum anhäufen wollte, ohne an andre zu denken, der würde es bestimmt erleben, daß es einen Zusammenbruch mit ihm gibt. Denn auf alles Sammeln folgt ein Zerstreuen. Darum zerstreut der Edle schon während des Sammelns. Ebenso ist er bei der Bildung seines Charakters darauf bedacht, sich nicht in Eigensinn zu versteifen, sondern sich in dauernder strenger Selbstprüfung eindrucksfähig zu erhalten.

DIE EINZELNEN LINIEN:
ANFANGS EINE NEUN BEDEUTET:
Mächtig in den vorwärts schreitenden Zehen.
Geht man hin und ist der Sache nicht gewachsen,
So macht man einen Fehler.

In Zeiten entschlossenen Voranschreitens ist besonders der erste Anfang schwierig. Man fühlt sich zu entschlossenem Voranschreiten begeistert. Aber der Widerstand ist noch sehr stark. Da gilt es, die eigene Kraft zu ermessen und nur so weit sich einzulassen, als man des Erfolges sicher ist. Blinde Draufgängerei ist vom Übel, denn gerade zu Anfang kann ein unerwarteter Rückschlag von den unheilvollsten Folgen sein.

NEUN AUF ZWEITEM PLATZ BEDEUTET:
Alarmruf. Abends und nachts Waffen.
Fürchte nichts.

Bereit sein ist alles. Entschlossenheit ist mit Vorsicht untrennbar verbunden. Wenn man sorgfältig und besonnen ist, so braucht man nicht zu erschrecken und aufgeregt zu werden. Wenn man allezeit wachsam ist, solange noch keine Gefahr da ist, so ist man gewappnet, wenn die Gefahr naht, und braucht sich nicht zu fürchten. Der Edle ist auf der Hut vor dem, was noch nicht zu sehen ist, und besorgt vor dem, was noch nicht zu hören ist; darum weilt er inmitten der Schwierigkeiten, als wären es keine Schwierigkeiten. Wenn man seinen Charakter ausbildet, so fügen sich einem die Menschen von selbst. Siegt die Vernunft, so ziehen sich die Leidenschaften von selbst zurück. Besonnen sein und nicht die Rüstung vergessen, das ist der rechte Weg zur Sicherheit.

NEUN AUF DRITTEM PLATZ BEDEUTET:
Mächtig in den Backenknochen zu sein bringt Unheil.
Der Edle ist fest entschlossen.
Er wandelt einsam und kommt in den Regen.
Er wird bespritzt, und man murrt wider ihn.
Kein Makel.

Die Lage, in der man sich befindet, ist zweideutig. Während alle im entschlossenen Kampf gegen das Gemeine begriffen sind, ist man allein in einer gewissen Beziehung zu einem gemeinen Menschen. Wollte man sich nun äußerlich stark zeigen, und ehe die Verhältnisse reif sind, sich gegen ihn wenden, so würde man damit nur die Gesamtlage gefährden; denn der Gemeine würde dann vorzeitig zu Gegenmaßregeln greifen. Die Aufgabe des höheren Menschen ist hier überaus schwierig. Er muß innerlich fest entschlossen sein und, während er mit dem Gemeinen verkehrt, sich doch von aller Beteiligung an seiner Gemeinheit fernhalten. Dabei wird er natürlich verkannt. Man denkt, er gehöre mit zu der Partei des Gemeinen. Er ist ganz einsam, weil ihn niemand versteht. Seine Beziehungen zu dem Gemeinen beschmutzen ihn in den Augen der Menge, und man wendet sich murrend gegen ihn. Aber er trägt die Verkennung und macht keinen Fehler, da er sich selber treu bleibt.

NEUN AUF VIERTEM PLATZ BEDEUTET:
An den Oberschenkeln ist keine Haut,
Und das Gehen fällt schwer.
Ließe man sich führen wie ein Schaf,
So würde die Reue schwinden.
Wenn man aber diese Worte hört,
So wird man sie nicht glauben.

Man leidet an innerer Unruhe, so daß man nicht auf seinem Platz beharren kann. Man möchte unter allen Umständen voran und findet dabei unübersteigliche Hindernisse. So ist man mit seiner Lage in innerem Konflikt. Das kommt von dem Eigensinn, mit dem man seinen Willen durchsetzen möchte. Würde man von diesem Eigensinn lassen, so ginge alles gut. Aber dieser Rat wird wie so viele gute Ratschläge überhört werden. Denn der Eigensinn macht, daß man zwar Ohren hat, aber nicht hört.

NEUN AUF FÜNFTEM PLATZ BEDEUTET:
Dem Unkraut gegenüber braucht es feste Entschlossenheit. In der Mitte wandeln bleibt frei von Makel.

Unkraut wächst immer wieder nach und läßt sich schwer ausrotten. So bedarf der Kampf gegen einen hochstehenden Gemeinen feste Entschlossenheit. Man steht mit ihm in Beziehungen, und es ist infolge davon zu fürchten, daß man den Kampf als hoffnungslos aufgibt. Aber das darf nicht sein. Man muß entschlossen weitermachen und darf sich nicht vom Weg abbringen lassen. Nur so bleibt man frei von Makel.

OBEN EINE SECHS BEDEUTET:
Kein Ruf! Schließlich kommt Unheil.

Der Sieg scheint errungen zu sein. Es ist nur noch ein Rest übrig von dem Bösen, dessen entschlossene Ausrottung an der Zeit ist. Es sieht alles ganz leicht aus. Aber gerade darin besteht die Gefahr. Wenn man nicht auf der Hut ist, gelingt es dem Bösen durch Verdeckung zu entkommen, und wenn es erst entgangen ist, so entsteht neues Unheil aus den übriggebliebenen Keimen; denn das Böse stirbt nicht leicht. Auch beim Bösen des eigenen Charakters muß man gründliche Arbeit tun. Wenn man nachlässigerweise etwas übriglassen wollte, so würde daraus neues Übel entstehen.

姤

44. GOU / DAS ENTGEGENKOMMEN

䷫ *oben Kiän, das Schöpferische, der Himmel*
unten Sun, das Sanfte, der Wind

Das Zeichen deutet auf eine Lage, da das dunkle Prinzip heimlich und unerwartet von innen und unten her sich wieder eindrängt, nachdem es beseitigt war. Das Weibliche kommt von sich aus den Männern entgegen. Das ist eine gefährliche und nicht günstige Lage, wegen der möglichen Konsequenzen, die es rechtzeitig zu erkennen und dadurch zu verhindern gilt.
Das Zeichen ist dem fünften Monat zugeordnet, da mit der Sommersonnenwende das dunkle Prinzip allmählich wieder aufzusteigen beginnt.

DAS URTEIL
Das Entgegenkommen. Das Mädchen ist mächtig.
Man soll ein solches Mädchen nicht heiraten.

Das Emporkommen des Gemeinen ist unter dem Bild eines frechen Mädchens gezeichnet, das sich leichthin preisgibt und dadurch die Herrschaft an sich reißt. Das wäre nicht möglich, wenn das Starke und Lichte dem nicht auch seinerseits entgegenkäme. Das Gemeine sieht so harmlos und schmeichelnd aus, daß man seine Freude daran hat. Es sieht so klein und schwach aus, daß man meint, unbesorgt mit ihm scherzen zu können.
So kommt der Gemeine nur dadurch hoch, daß der Edle ihn für ungefährlich hält und ihm Macht verleiht. Würde man ihm vom ersten Anfang an entgegentreten, so würde er nie zu Einfluß gelangen können.

Aber die Zeit des Entgegenkommens hat doch auch noch eine andere Seite, die der Beachtung wert ist. Wenn das Entgegenkommen des Schwachen dem Starken gegenüber nicht die Regel sein darf, so hat es doch zu Zeiten seine große Bedeutung. Wenn Himmel und Erde einander entgegenkommen, so kommen alle Geschöpfe zum Gedeihen. Wenn Fürst und Gehilfe einander entgegenkommen, so kommt die Welt in Ordnung. Ein gegenseitiges Entgegenkommen der füreinander bestimmten und aufeinander angewiesenen Prinzipien ist nötig. Nur muß es frei sein von unreinen Nebengedanken, sonst ist es vom Übel.

DAS BILD
Unter dem Himmel ist der Wind:
Das Bild des Entgegenkommens.
So macht es der Fürst beim Verbreiten seiner Befehle
Und ihrer Verkündigung an die vier Himmelsgegenden.

Die Lage ist ähnlich wie bei dem Zeichen »Anblick« (Nr. 20). Dort weht der Wind über die Erde, hier weht er unter dem Himmel. Beide Male kommt er überall hin. Aber wenn dort der Wind auf der Erde unten war, so ergab das das Bild der Kenntnisnahme der Verhältnisse durch den Herrscher. Hier weht der Wind von oben; das deutet auf den Einfluß, den der Herrscher durch seine Befehle ausübt. Der Himmel ist den Dingen auf Erden fern, aber er bringt sie in Bewegung durch den Wind. Der Herrscher ist dem Volke fern, aber er bringt es in Bewegung durch seine Befehle und Willensäußerungen.

DIE EINZELNEN LINIEN:
ANFANGS EINE SECHS BEDEUTET:
Man muß es hemmen mit ehernem Radschuh.

Beharrlichkeit ist von Heil!
Wenn man es hingehen läßt, so erfährt man Unheil!

Auch ein mageres Schwein hat die Anlage dazu, umherzutoben. Wenn ein minderwertiges Element sich eingeschlichen hat, so muß man es sofort energisch hemmen. Dadurch, daß es konsequent gehemmt wird, kann man üble Wirkungen vermeiden. Wenn man ihm seinen Lauf läßt, so entsteht sicher Unheil daraus. Man darf durch die Geringfügigkeit dessen, was sich einschleicht, sich nicht dazu verführen lassen, es zu leicht zu nehmen. Solange ein Schwein noch jung und mager ist, kann es noch nicht viel umhertollen, aber wenn es sich erst satt und stark gefressen hat, kommt seine wahre Natur zur Geltung, wenn man es nicht vorher schon beschränkt hat.

NEUN AUF ZWEITEM PLATZ BEDEUTET:
Im Behälter ist ein Fisch. Kein Makel!
Nicht fördernd für Gäste.

Das niedere Element wird nicht vergewaltigt, aber unter sanfter Kontrolle gehalten. Dann ist nichts Schlimmes zu befürchten. Nur muß man dafür sorgen, daß es nicht mit Fernerstehenden zusammenkommt, weil es – losgelassen – seine schlechten Seiten ungehemmt entfalten würde.

NEUN AUF DRITTEM PLATZ BEDEUTET:
An den Oberschenkeln ist keine Haut,
Und das Gehen fällt schwer.
Wenn man der Gefahr eingedenk ist,
Macht man keinen großen Fehler.

Man ist innerlich in Versuchung, sich mit dem schlechten Element, das sich einem anbietet, einzulassen. Das ist eine sehr gefährliche Lage. Glücklicherweise ist man daran durch die Umstände behindert. Man möchte gern, aber kann nicht. Das gibt eine schmerzliche Unentschiedenheit des Handelns. Aber wenn man sich über die Gefährlichkeit der Lage klar wird, so wird man wenigstens größere Fehler vermeiden.

NEUN AUF VIERTEM PLATZ BEDEUTET:
Im Behälter ist kein Fisch.
Daraus erhebt sich Unheil.

Die kleinen Leute muß man dulden, damit sie einem wohlgesinnt bleiben. Dann kann man sie auch benutzen, wenn man sie einmal braucht. Wenn man sich ihnen entfremdet und ihnen nicht entgegenkommt, so wenden sie sich von einem ab, und man hat sie nicht zur Verfügung, wenn man sie einmal braucht. Das hat man sich dann aber selbst zuzuschreiben.

NEUN AUF FÜNFTEM PLATZ BEDEUTET:
Mit Weidenblättern bedeckte Melone:
Verborgene Linien.
Da fällt es einem vom Himmel herunter zu.

Die Melone ist wie der Fisch ein Symbol des dunklen Prinzips. Sie ist süß, aber fault leicht, weshalb sie mit Weidenblättern schützend zugedeckt wird. Die Lage ist so, daß ein starker, hoher, in sich gefestigter Mensch die Niedrigen, die unter seiner Hand sind, duldend schützt. Er hat die festen Linien der Ordnung und Schönheit in sich selbst. Aber er macht sie nicht geltend. Er fällt jenen nicht durch äußeres Scheinen oder lästige Mahnungen beschwerlich, sondern läßt sie ganz frei, im festen Vertrauen auf die innerlich umbildende Macht, die einer starken und reinen Persönlichkeit innewohnt. Und siehe da! Das Schicksal ist günstig. Die Niedrigen werden beeinflußt und fallen ihm als reife Früchte zu.

OBEN EINE NEUN BEDEUTET:
Er kommt mit seinen Hörnern entgegen.
Beschämung. Kein Makel.

Wenn man sich aus der Welt zurückgezogen hat, so wird einem das Getriebe der Welt oft unerträglich. Oft gibt es Menschen, die sich in edlem Stolz von allem Gemeinen fernhalten und es schroff zurückstoßen, wo es ihnen entgegenkommt. Solche Menschen werden als stolz und unzugänglich gescholten, aber da sie nicht mehr durch Pflichten des Handelns an die Welt gebunden sind, so ist das weiter nicht schlimm. Sie wissen die Abneigung der Masse in Fassung zu tragen.

萃

45. TSUI / DIE SAMMLUNG

䷬ *oben Dui, das Heitere, der See*
unten Kun, das Empfangende, die Erde

Das Zeichen ist dem Zeichen Bi, »Zusammenhalten« (Nr. 8), nach Form und Bedeutung verwandt. Dort das Wasser über der Erde, hier ein See über der Erde. Der See ist der Sammlungspunkt des Wassers, daher ist die Idee der Sam-lung hier noch stärker ausgedrückt als in jenem Zeichen. Derselbe Grundgedanke ergibt sich auch daraus, daß es hier zwei starke Striche sind, auf viertem und fünftem Platz, welche die Sammlung bewirken, während dort nur ein Strich an fünfter Stelle inmitten der Schwachen steht.

> DAS URTEIL
> Die Sammlung. Gelingen.
> Der König naht sich seinem Tempel.
> Fördernd ist es, den großen Mann zu sehen.
> Das bringt Gelingen. Fördernd ist Beharrlichkeit.
> Große Opfer zu bringen schafft Heil.
> Fördernd ist es, etwas zu unternehmen.

Die Sammlung der Menschen in größeren Gemeinschaften ist entweder eine natürliche, wie innerhalb der Familie, oder eine künstliche, wie im Staat. Die Familie sammelt sich um den Vater als ihr Oberhaupt. Die Fortsetzung dieser Sammlung vollzieht sich durch die Ahnenopfer, bei denen sich der ganze Klan versammelt. Die Ahnen werden durch die gesammelte Andacht der Hinterbliebenen in ihrem Geiste konzentriert, so daß sie sich nicht zerstreuen und auflösen.

Wo die Menschen gesammelt werden sollen, bedarf es der religiösen Kräfte. Aber es muß auch ein menschliches Haupt als Mittelpunkt der Sammlung da sein. Um andere sammeln zu können, muß dieser Mittelpunkt der Sammlung erst in sich selbst gesammelt sein. Nur durch gesammelte moralische Kraft läßt sich die Welt einigen. Solche großen Einigungszeiten werden dann auch große Werke hinterlassen. Das ist der Sinn der großen Opfer, die gebracht werden. Und auch auf weltlichem Gebiet bedarf es in Zeiten der Sammlung großer Werke.

DAS BILD
Der See ist oberhalb der Erde:
Das Bild der Sammlung.
So erneuert der Edle seine Waffen,
Um Unvorhergesehenem zu begegnen.

Wenn das Wasser im See sich sammelt, so daß es über die Erde emporsteigt, so droht ein Durchbruch. Dagegen muß man Vorkehrungen treffen. So entsteht auch leicht Streit, wo Menschen sich in großer Anzahl sammeln; wo Güter sich sammeln, entsteht leicht Raub. Darum muß man sich in Zeiten der Sammlung rechtzeitig rüsten, um Unerwartetes abzuwehren. Das Leid auf Erden kommt meist durch unerwartete Ereignisse, auf die man nicht gerüstet ist. Ist man gefaßt, so läßt es sich verhüten.

DIE EINZELNEN LINIEN:
ANFANGS EINE SECHS BEDEUTET:
Wenn du wahrhaftig bist, doch nicht bis zum Ende,
So gibt es bald Verwirrung, bald Sammlung.
Wenn du rufst, so kannst du nach einem Griff wieder lachen.
Bedaure nichts.
Hingehen ist ohne Makel.

Die Lage ist hier, daß man sich sammeln will um einen Führer, zu dem man aufblickt. Doch befindet man sich in zahlreicher Gesellschaft, durch die man sich beeinflussen läßt, so daß man in seinem Entschluß wankend wird. So hat man keinen festen Mittelpunkt für eine Sammlung. Wenn man aber dieser Not Ausdruck verleiht und um Hilfe ruft, so genügt ein Griff des Führers, um alle Not zu wenden. Darum darf man sich nicht irremachen lassen. Sich an jenen Führer anzuschließen ist ohne weiteres das Rechte.

SECHS AUF ZWEITEM PLATZ BEDEUTET:
Sich ziehen lassen bringt Heil und bleibt ohne Makel.
Wenn man wahrhaftig ist,
Ist es auch fördernd, ein kleines Opfer zu bringen.

Man soll in Zeiten der Sammlung seinen Weg nicht willkürlich wählen. Es sind geheime Kräfte am Werk, die die Menschen zusammenführen, die zueinander passen. Dieser Anziehung muß man sich überlassen, dann macht man keinen Fehler. Wo innere Beziehungen vorhanden sind, da sind keine großen Vorbereitungen und Förmlichkeiten nötig. Man versteht sich ohne weiteres, wie die Gottheit auch ein kleines Opfer gnädig annimmt, wenn es von Herzen kommt.

SECHS AUF DRITTEM PLATZ BEDEUTET:
Sammlung unter Seufzen. Nichts, das fördernd wäre.
Hingehen ist ohne Makel. Kleine Beschämung.

Man hat oft das Bedürfnis des Anschlusses, aber alle andern in der Umgebung haben sich schon untereinander zusammengeschlossen, so daß man isoliert bleibt. Die ganze Lage ist so, daß sie sich als unhaltbar erweist. Da gilt es, sich dem Fortschritt zuzuwenden, entschlossen sich an einen Mann anzuschließen, der dem Mittelpunkt der Sammlung nähersteht und einen in den geschlossenen Kreis einzuführen vermag. Das ist kein Fehler, auch wenn man als Außenseiter zunächst eine etwas beschämende Stellung hat.

NEUN AUF VIERTEM PLATZ BEDEUTET:
Großes Heil! Kein Makel.

Es ist hier ein Mann gezeichnet, der im Namen seines Herrn die Menschen um sich sammelt. Da er keine Sondervorteile für sich erstrebt, sondern uneigennützig an der allgemeinen Einheit arbeitet, so ist seine Arbeit von Erfolg gekrönt, und alles wird recht.

NEUN AUF FÜNFTEM PLATZ BEDEUTET:
Wenn man beim Sammeln die Stellung hat,
So gibt das keinen Makel.
Wenn manche noch nicht wahrhaft dabei sind,
So bedarf es erhabener, dauernder Beharrlichkeit,
Dann schwindet die Reue.

Wenn sich die Menschen von selbst um einen sammeln, so ist das, wenn es einem ungesucht zuteil wird, nur gut. Man bekommt dadurch einen gewissen Einfluß, der durchaus nützlich sein kann. Aber damit ist natürlich auch die Möglichkeit gegeben, daß sich manche um einen sammeln, die nicht aus innerem Vertrauen kommen, sondern nur um der einflußreichen Stellung willen. Das ist gewiß bedauerlich. Solchen Leuten gegenüber gibt es kein anderes Mittel, als ihr Vertrauen zu erwerben durch vermehrte, unentwegte Pflichttreue und Beständigkeit. Dadurch wird das geheime Mißtrauen allmählich überwunden, und der Anlaß zum Bedauern fällt weg.

OBEN EINE SECHS BEDEUTET:
Klagen und Seufzen, Tränen in Strömen!
Kein Makel.

Es kann vorkommen, daß man sich wohl anschließen möchte, aber in seinen guten Absichten verkannt wird. Da ist man traurig und klagt. Aber das ist der rechte Weg. Denn dadurch kann es kommen, daß der andere zur Besinnung kommt und man den gesuchten und schmerzlich vermißten Anschluß doch noch findet.

升

46. SCHONG / DAS EMPORDRINGEN

☷ *oben Kun, das Empfangende, die Erde*
☴ *unten Sun, das Sanfte, der Wind, das Holz*

Das untere Zeichen, Sun, hat als Bild das Holz, das obere, Kun, bedeutet die Erde. Damit ist der Gedanke verbunden, daß das Holz in der Erde emporwächst. Dieses »Empordringen« ist im Gegensatz zu dem »Fortschritt« (Nr. 35) mit Anstrengung verbunden, wie die Pflanze Kraft braucht, um durch die Erde emporzudringen. Darum steht das Zeichen, obwohl es mit Erfolg verbunden ist, in Beziehung zur Anstrengung des Willens. Der »Fortschritt« zeigt mehr Expansion, das »Empordringen« mehr geradliniges Aufsteigen zu Macht und Einfluß aus Unbekanntheit und Niedrigkeit.

DAS URTEIL
Das Empordringen hat erhabenes Gelingen!
Man muß den großen Mann sehen.
Fürchte dich nicht!
Aufbruch nach Süden bringt Heil.

Das Empordringen der tüchtigen Elemente stößt auf kein Hindernis, darum ist es von großem Erfolg begleitet. Die Art, die das Empordringen ermöglicht, ist nicht gewalttätig, sondern bescheiden und fügsam. Aber da man von der Zeiten Gunst getragen wird, kommt man voran. Man muß hingehen und die maßgebenden Leute aufsuchen. Man braucht sich davor nicht zu fürchten; denn der Erfolg wird nicht ausbleiben. Nur muß man sich an die Arbeit machen; denn Tätigkeit (dies die Bedeutung des Südens) ist von Heil.

DAS BILD
Inmitten der Erde wächst das Holz:
Das Bild des Empordringens.
So häuft der Edle hingebenden Wesens Kleines,
Um es zu Hohem und Großem zu bringen.

Das Holz in der Erde wächst ohne Hast und ohne Rast der Höhe zu, indem es sich fügsam um die Hindernisse herumbiegt. So ist der Edle hingebend in seinem Charakter und ruht nie in seinem Fortschritt*.

DIE EINZELNEN LINIEN:
ANFANGS EINE SECHS BEDEUTET:
Empordringen, das Zutrauen findet, bringt großes Heil.

Hier ist die Anfangslage des Aufstiegs. Wie das Holz für sein Empordringen die Kraft aus der Wurzel entnimmt, die an sich ganz unten ist, so entstammt die Kraft zum Emporkommen dieser Stellung. Sie ist niedrig und unbekannt. Aber es besteht eine innere Verwandtschaft des Wesens zu den oberen Herrschenden, und diese Gemeinsamkeit verschafft einem das Zutrauen, das man braucht, um etwas leisten zu können.

NEUN AUF ZWEITEM PLATZ BEDEUTET:
Wenn man wahrhaftig ist,
So ist es auch fördernd, ein kleines Opfer zu bringen.
Kein Makel.

* Vgl. dazu: »Beschäftigung, die nie ermattet,
Die langsam schafft, doch nie zerstört,
Die zu dem Bau der Ewigkeiten
Zwar Sandkorn nur für Sandkorn reicht,
Doch von der großen Schuld der Zeiten
Minuten, Tage, Jahre streicht.«

Es ist hier ein starker Mann vorausgesetzt. Er paßt zwar insofern nicht in seine Umgebung, als er zu rauh ist und zu wenig auf Formen gibt. Aber er ist innerlich aufrichtig, darum findet er Entgegenkommen, und seine Dürftigkeit in den äußeren Formen bringt keinen Schaden. Die Aufrichtigkeit ist hier der Ausfluß solider Eigenschaften, während sie bei dem entsprechenden Strich des vorigen Zeichens die Wirkung innerer Demut ist.

NEUN AUF DRITTEM PLATZ BEDEUTET:
Man dringt empor in eine leere Stadt.

Hier fallen alle Hemmungen weg, die dem Vordringen sonst gesteckt sind. Es geht mit merkwürdiger Leichtigkeit voran. Unbedenklich folgt man dieser Straße, um den Erfolg auszunützen. Es sieht, äußerlich betrachtet, so aus, wie wenn alles in bester Ordnung wäre. Dennoch ist kein glückverheißender Ausdruck beigefügt. Es fragt sich, wie lange ein solcher hemmungsloser Erfolg dauert. Doch gilt es, solchen Bedenken nicht nachzuhängen, weil dadurch die Kraft nur gehemmt würde, sondern rasch die Gunst der Zeit sich zunutze zu machen.

SECHS AUF VIERTEM PLATZ BEDEUTET:
Der König bringt ihn dem Berg Ki dar. Heil. Kein Makel.

Der Berg Ki ist im Westen Chinas, dem Stammlande des Königs Wen, von dessen Sohne, dem Herzog von Dschou, die Worte zu den Einzellinien beigefügt sind. Es ist eine Erinnerung an die Zeiten der Erhebung der Dynastie Dschou. Damals wurden die großen Gehilfen vom König Wen dem Gott des heimatlichen Berges vorgestellt, und sie bekamen ihren Platz zur Seite des Herrschers in den Ahnenhallen. Es ist hier ein Stadium gezeichnet, in dem das Empordringen zum Ziele gelangt. Man wird berühmt vor Menschen und Göttern und aufgenommen in den Kreis der Männer, die das Leben der Nation im Geiste aufbauen, und bekommt dadurch dauernde, überzeitliche Bedeutung.

SECHS AUF FÜNFTEM PLATZ BEDEUTET:
Beharrlichkeit bringt Heil. Man dringt empor auf Stufen.

Wenn man immer weiter vorankommt, so ist es wichtig, daß man sich am Erfolg nicht berauscht. Man muß gerade bei großem Erfolg dauernd nüchtern bleiben, keine Stufen überspringen wollen, sondern langsam wie zögernd Schritt für Schritt weitergehen. Nur dieser ruhige, stetige Fortschritt, der nichts überstürzt, führt zum Ziel.

OBEN EINE SECHS BEDEUTET:
Empordringen im Dunkeln.
Fördernd ist es, unablässig beharrlich zu sein.

Wer blindlings empordringt, der ist innerlich betört. Er kennt nur den Fortschritt, nicht den Rückzug. Dabei erschöpft man sich aber. Wichtig ist es, in solchem Falle unablässig darauf bedacht zu sein, daß man gewissenhaft und konsequent sein und bleiben muß. Nur dadurch wird man von blindem Drange frei, der stets vom Übel ist.

困

47. KUN / DIE BEDRÄNGNIS (DIE ERSCHÖPFUNG)

䷮ *oben Dui, das Heitere, der See*
unten Kan, das Abgründige, das Wasser

Oben ist der See, das Wasser darunter. Der See ist leer und erschöpft. Noch auf eine andere Weise kommt der Gedanke der Erschöpfung heraus: oben eine dunkle Linie, die zwei lichte unten hält; unten ist eine lichte Linie zwischen zwei dunkle eingeklemmt. Das obere Zeichen gehört dem dunklen Prinzip an, während das untere dem lichten Prinzip angehört. So sind überall die Edlen von den Gemeinen unterdrückt und in Schranken gehalten.

DAS URTEIL
Die Bedrängnis. Gelingen. Beharrlichkeit.
Der große Mann wirkt Heil. Kein Makel.
Wenn man etwas zu sagen hat, wird es nicht geglaubt.

Notzeiten sind das Gegenteil von Erfolg. Aber sie können zu Erfolg führen, wenn sie den rechten Menschen treffen. Wenn ein starker Mensch in Not kommt, so bleibt er trotz aller Gefahr heiter, und diese Heiterkeit ist die Grundlage späterer Erfolge. Sie ist die Beständigkeit, die stärker ist als das Schicksal. Wer sich durch Erschöpfung innerlich brechen läßt, der hat freilich keinen Erfolg. Aber wen die Not nur beugt, in dem erzeugt sie eine Kraft der Gegenwirkung, die sicher mit der Zeit ans Licht kommt. Doch dazu ist kein Gemeiner fähig. Nur der große Mann wirkt Heil und bleibt ohne Makel. Freilich nach außen hin ist ihm zunächst der Einfluß versagt, da seine Worte keine Wirkung haben. Darum gilt es in Zeiten der Not, innerlich stark zu sein und wenig Worte zu machen.

DAS BILD
Im See ist kein Wasser: das Bild der Erschöpfung.
So setzt der Edle sein Leben daran,
Um seinem Willen zu folgen.

Wenn das Wasser aus dem See nach unten geflossen ist, muß der See vertrocknen und sich erschöpfen. Das ist Schicksal. Das ist das Bild widriger Schicksale im Menschenleben. In solchen Zeiten läßt sich nichts tun, als daß man sein Schicksal auf sich nimmt und sich selbst treu bleibt. Es handelt sich dabei aber um die tiefste Schicht des eigentlichen Wesens; denn nur die ist jedem äußeren Schicksal überlegen.

DIE EINZELNEN LINIEN:
ANFANGS EINE SECHS BEDEUTET:
Man sitzt bedrängt unter einem kahlen Baum
Und gerät in ein finsteres Tal.
Drei Jahre lang sieht man nichts.

Wenn man in Not kommt, ist es vor allem wichtig, stark zu sein und die Not innerlich zu überwinden. Wenn man aber schwach ist, dann übermannt einen die Not. Statt weiterzuschreiten, bleibt man sitzen unter einem kahlen Baum und gerät immer mehr in Finsternis und Schwermut hinein. Dadurch wird die Lage nur immer aussichtsloser. Diese Haltung ist die Folge einer inneren Verblendung, die man durchaus überwinden muß.

NEUN AUF ZWEITEM PLATZ BEDEUTET:
Man ist bedrängt bei Wein und Speisen.
Der Mann mit den scharlachroten Kniebinden kommt eben.
Fördernd ist es, Opfer darzubringen.
Aufbrechen ist von Unheil.
Kein Makel.

Hier ist es eine innere Bedrängnis, in der man sich befindet. Äußerlich geht alles gut; man hat zu essen und zu trinken. Aber man ist erschöpft durch die Gewöhnlichkeiten des Lebens, aus denen sich kein Ausweg zeigt. Doch von oben her kommt Hilfe. Ein Fürst – die Fürsten trugen im alten China scharlachrote Kniebinden – ist auf der Suche nach tüchtigen Gehilfen. Aber es sind noch Hindernisse zu überwinden. Darum ist es wichtig, diesen Hindernissen im Unsichtbaren zu begegnen durch Opfer und Gebet. Unvorbereitet aufzubrechen würde ins Unheil führen, obwohl es sittlich nicht unrecht ist. Man muß hier durch innere Geduld eine widrige Situation überwinden.

SECHS AUF DRITTEM PLATZ BEDEUTET:
Man läßt sich bedrängen durch Stein
Und stützt sich auf Dornen und Disteln.
Man geht in sein Haus und sieht nicht seine Frau. Unheil!

Es zeigt sich hier ein Mann, der unruhig und unentschieden ist in Zeiten der Not. Erst will er voran, da stößt er auf Hindernisse, die allerdings nur dann eine Bedrängnis bedeuten, wenn man dagegen in unüberlegter Weise angeht. Man will mit dem Kopfe durch die Wand und fühlt sich infolge davon durch die Wand bedrängt. Dann stützt man sich auf Dinge, die keinen Halt in sich selbst haben und für den nur bedenklich sind, der sich auf sie stützt. Nun kehrt man unentschlossen um und zieht sich in sein

Haus zurück, aber nur, um zu neuer Enttäuschung zu entdecken, daß seine Frau nicht da ist.
Kungtse sagt darüber: »Wenn jemand sich von etwas, das ihn nicht bedrängen sollte, bedrängen läßt, so wird sein Name sicher in Schande geraten. Wenn er sich auf Dinge stützt, auf die man sich nicht stützen kann, so wird sein Leben sicher in Gefahr geraten. Wer in Schande und Gefahr ist, dem naht die Todesstunde; wie kann er da noch seine Frau sehen!«

NEUN AUF VIERTEM PLATZ BEDEUTET:
Er kommt ganz sachte, bedrängt in einem goldnen Wagen.
Beschämung, aber man kommt zu Ende.

Ein wohlhabender Mann sieht die Not der Unteren und möchte auch ganz gerne helfen. Doch greift er nicht rasch und energisch zu, wo es nötig ist, sondern fängt die Sache zögernd und gemessen an. Da stößt er auf Hindernisse. Mächtige und reiche Leute der Bekanntschaft ziehen ihn in ihre Kreise. Er muß mittun und kann sich ihnen nicht entziehen. Daher befindet er sich in einer großen Verlegenheit. Aber die Not ist vorübergehend. Die ursprüngliche Stärke der Natur gleicht den begangenen Fehler wieder aus, und das Ziel wird erreicht.

NEUN AUF FÜNFTEM PLATZ BEDEUTET:
Es werden ihm Nase und Füße abgeschnitten.
Man ist bedrängt von dem in purpurnen Kniebinden.
Sachte kommt die Freude.
Fördernd ist es, Opfer und Spenden zu bringen.

Es ist jemand, dem das Wohl der Menschen am Herzen liegt, von oben und unten her bedrängt (das ist der Sinn der abgeschnittenen Nase und Füße). Man findet keine

Hilfe bei den Menschen, deren Pflicht es wäre, bei dem Rettungswerk mitzuhelfen (die Minister trugen purpurne Kniebinden). Doch entwickeln sich die Dinge allmählich zum Bessern. Bis dahin gilt es, in starker innerer Sammlung vor Gott zu treten und für das Wohl des Ganzen zu beten und zu opfern.

OBEN EINE SECHS BEDEUTET:
Er ist bedrängt von Ranken.
Er bewegt sich unsicher und spricht: »Bewegung schafft Reue«.
Wenn man darüber Reue empfindet und sich aufmacht,
So hat man Heil!

Man ist bedrängt durch Bande, die sich leicht zerreißen lassen. Die Bedrängnis naht sich ihrem Ende. Aber man ist noch unschlüssig. Man ist noch beeinflußt von dem früheren Zustand und denkt, man werde es zu bereuen haben, wenn man sich bewegt. Aber sobald man zur Einsicht kommt, diese geistige Haltung ablegt und einen starken Entschluß faßt, so gelingt es, der Bedrängnis Herr zu werden.

井

48. DSING / DER BRUNNEN

䷯ *oben Kan, das Abgründige, das Wasser*
unten Sun, das Sanfte, der Wind, das Holz

Unten ist das Holz, oben das Wasser. Das Holz steigt in die Erde, um das Wasser heraufzuholen. Es ist das Bild des altchinesischen Wippbrunnens. Mit dem Holz sind nicht etwa die Eimer, die in alter Zeit von Ton waren, gemeint, sondern die Holzstange, durch deren Bewegungen das Wasser aus dem Brunnen gehoben wird. Das Bild deutet auch auf die Pflanzenwelt, die in ihren Adern das Wasser aus der Erde emporhebt Der Brunnen, aus dem man Wasser schöpft, enthält außerdem den Gedanken der unerschöpflichen Nahrungsspende.

DAS URTEIL
Der Brunnen.
Man mag die Stadt wechseln,
Aber kann nicht den Brunnen wechseln.
Er nimmt nicht ab und nimmt nicht zu.
Sie kommen und gehen und schöpfen aus dem Brunnen.
Wenn man beinahe das Brunnenwasser erreicht hat,
Aber noch nicht mit dem Seil drunten ist
Oder seinen Krug zerbricht, so bringt das Unheil.

Die Hauptstädte wurden im alten China zuweilen verlegt, teils aus Gründen der Gunst der Lage, teils bei dem Wechsel der Dynastien. Der Baustil wechselte im Lauf der Jahrhunderte, aber die Form des Brunnens ist von uralter Zeit bis auf den heutigen Tag dieselbe geblieben. So ist der Brunnen ein Bild der gesellschaftlichen Organisation der

Menschheit in ihren primitivsten Lebensnotwendigkeiten, die von allen politischen Gestaltungen unabhängig ist. Die politischen Gestaltungen, die Nationen wechseln, aber das Leben der Menschen mit seinen Erfordernissen bleibt ewig dasselbe. Das läßt sich nicht ändern. Dieses Leben ist auch unerschöpflich. Es wird nicht weniger noch mehr und ist für alle da. Geschlechter kommen und gehen, und sie alle genießen das Leben in seiner unerschöpflichen Fülle.

Für eine gute staatliche oder gesellschaftliche Organisation der Menschen ist aber ein doppeltes nötig. Man muß bis auf die Grundlagen des Lebens hinuntergehen. Alle Oberflächlichkeit in der Lebensordnung, die die tiefsten Lebensbedürfnisse unbefriedigt läßt, ist ebenso unvollkommen, als hätte man gar keinen Versuch zur Ordnung gemacht. Ebenso ist eine Fahrlässigkeit, durch die der Krug zerbricht, vom Übel. Wenn z. B. der militärische Schutz eines Staates so übertrieben wird, daß er Kriege hervorruft, durch die die Macht des Staates vernichtet wird, so ist das ein Zerbrechen des Krugs. Auch für den einzelnen Menschen kommt das Zeichen in Betracht. So verschieden die Anlagen und Bildungen der Menschen sind, die menschliche Natur in ihren Grund-lagen ist bei jedem dieselbe. Und jeder Mensch kann bei seiner Bildung aus dem unerschöpflichen Born der göttlichen Natur des Menschenwesens schöpfen. Aber auch hier drohen zwei Gefahren: einmal, daß man in seiner Bildung nicht durchdringt bis zu den eigentlichen Wurzeln des Menschentums, sondern in Konvention stecken bleibt – eine solche Halbbildung ist ebenso schlimm wie Unbildung – oder daß man plötzlich zusammenbricht und die Bildung seines Wesens vernachlässigt.

DAS BILD
Über dem Holz ist Wasser: das Bild des Brunnens.
So ermuntert der Edle das Volk
Und ermahnt es, einander zu helfen.

Unten ist das Zeichen Sun, Holz, darüber das Zeichen Kan, Wasser. Das Holz saugt das Wasser nach oben. Wie das Holz als Organismus die Tätigkeit des Brunnens nachahmt, die allen Teilen der Pflanze zugute kommt, so ordnet der Edle die menschliche Gesellschaft, daß sie wie ein Pflanzenorganismus zum Wohl des Ganzen ineinandergreift.

DIE EINZELNEN LINIEN:
ANFANGS EINE SECHS BEDEUTET:
Der Schlamm des Brunnens wird nicht getrunken.
Zu einem alten Brunnen kommen keine Tiere.

Wenn sich jemand in den sumpfigen Niederungen umhertreibt, so versinkt sein Leben im Schlamm. Ein solcher Mensch verliert seine Bedeutung für die Menschheit. Wer sich selbst wegwirft, zu dem kommen auch die andern nicht mehr. Niemand kümmert sich schließlich mehr um ihn.

NEUN AUF ZWEITEM PLATZ BEDEUTET:
Am Brunnenloch schießt man Fische.
Der Krug ist zerbrochen und rinnt.

Das Wasser ist an sich klar. Aber man gebraucht es nicht. So halten sich nur Fische im Brunnen auf, und wer kommt, kommt nur, um Fische zu fangen; aber der Krug ist zerbrochen, so daß man die Fische nicht darin aufbewahren kann.

Es wird eine Lage geschildert, da jemand an sich gute Gaben hätte; aber sie werden vernachlässigt. Niemand kümmert sich um ihn. Dadurch kommt er innerlich herunter. Er gibt sich mit gemeinen Menschen ab und kann nichts Tüchtiges mehr leisten.

NEUN AUF DRITTEM PLATZ BEDEUTET:
Der Brunnen ist gereinigt, aber man trinkt nicht daraus.
Das ist meines Herzens Leid;
Denn man könnte daraus schöpfen.
Wäre der König klar,
So genösse man gemeinsam das Glück.

Hier ist ein tüchtiger Mann vorhanden. Er gleicht einem gereinigten Brunnen, dessen Wasser man trinken könnte. Aber er wird nicht gebraucht. Das ist das Leid der Menschen, die ihn kennen. Der Wunsch besteht, daß der Fürst es erfahre; dann wäre es für alle Beteiligten ein Glück.

SECHS AUF VIERTEM PLATZ BEDEUTET:
Der Brunnen wird ausgemauert, kein Makel.

Wenn der Brunnen ausgemauert wird, so kann man ihn zwar so lange nicht benützen, aber die Arbeit ist nicht vergebens; sie bewirkt, daß das Wasser klar bleibt. So gibt es im Leben auch Zeiten, in denen man sich selbst in Ordnung bringen muß. Während dieser Zeit kann man zwar nichts für andere leisten, aber sie ist dennoch wertvoll, weil man durch innere Ausbildung seine Kraft und Fähigkeiten steigert, so daß man nachher um so mehr leistet.

NEUN AUF FÜNFTEM PLATZ BEDEUTET:
Im Brunnen ist ein klarer, kühler Quell,
Den man trinken kann.

Das ist ein guter Brunnen, der auf seinem Grunde eine Quelle lebendigen Wassers hat. Ein Mann, der solche Tugenden hat, ist zum Retter und Führer der Menschen geboren. Er hat das Wasser des Lebens. Dennoch fehlt das Zeichen: Heil. Beim Brunnen kommt alles darauf an, daß das Wasser geschöpft wird. Das beste Wasser ist für die Erfrischung der Menschen nur als Möglichkeit da, solange es nicht gehoben ist. So kommt es auch bei Führern der Menschheit darauf an, daß man aus ihrer Quelle trinkt, ihre Worte ins Leben überführt.

OBEN EINE SECHS BEDEUTET:
Man schöpft aus dem Brunnen ohne Hinderung.
Er ist zuverlässig. Erhabenes Heil!

Der Brunnen ist für alle da. Kein Verbot hemmt die Schöpfenden. Aber so viele auch kommen, sie finden, was sie brauchen; denn der Brunnen ist zuverlässig. Er hat eine Quelle und versiegt nicht; darum ist er für das ganze Land ein großes Heil: So der wirklich große Mann, der unerschöpflich reich ist an innerem Gut. Je mehr Menschen aus ihm schöpfen, desto größer wird sein Reichtum.

革

49. GO / DIE UMWÄLZUNG (DIE MAUSERUNG)

䷰ *oben Dui, das Heitere, der See*
unten Li, das Haftende, das Feuer

Das Zeichen bedeutet ursprünglich ein Tierfell, das sich im Lauf des Jahres durch Mauserung ändert. Von da aus wird das Wort übertragen auf die Mauserungen im Staatsleben, die großen Umwälzungen, die mit einem Regierungswechsel verbunden sind. Die beiden Figuren, aus denen das Zeichen sich zusammensetzt, sind wie bei Kui, »der Gegensatz« (No. 38), die beiden jüngeren Töchter Li und Dui. Aber während dort die ältere der beiden oben steht und sich daraus im wesentlichen nur ein Gegensatz der Tendenzen ergibt, ist hier die jüngere oben, und die Wirkungen gehen gegeneinander, die Kräfte bekämpfen sich wie Feuer und Wasser (See), von denen jedes das andere zu vernichten strebt. Daher der Gedanke der Umwälzung.

DAS URTEIL
Die Umwälzung.
Am eigenen Tag, da findest du Glauben.
Erhabenes Gelingen, fördernd durch Beharrlichkeit.
Die Reue schwindet.

Staatliche Umwälzungen sind etwas überaus Schweres. Man darf sie nur im äußersten Notfall, wenn kein anderer Ausweg übrig ist, vornehmen. Nicht jeder ist dazu berufen, sondern nur der, der das Vertrauen des Volkes hat, und auch der erst dann, wenn die Zeit erfüllt ist. Man muß

dabei in der rechten Weise vorgehen, daß man das Volk erfreut und durch Aufklärung Ausschreitungen verhindert. Man muß dabei ferner ganz frei von selbstsüchtigen Zielen sein und muß wirklich der Not des Volkes abhelfen. Nur dann hat man nichts zu bereuen.
Die Zeiten ändern sich und mit ihnen die Anforderungen. So ändern sich die Jahreszeiten im Lauf des Jahres. So gibt es auch im Weltenjahr Frühling und Herbst der Völker und Nationen, die gesellschaftliche Umgestaltungen erfordern.

DAS BILD
Im See ist Feuer: das Bild der Umwälzung.
So ordnet der Edle die Zeitrechnung
Und macht die Zeiten klar.

Das Feuer unten und der See oben bekämpfen und vernichten einander. So findet im Lauf des Jahres auch ein Kampf der lichten und der dunklen Kraft statt, der sich in den Umwälzungen der Jahreszeiten auswirkt. Der Mensch wird Herr über den Wechsel der Natur, wenn er seine Regelmäßigkeit erkennt und den Zeitverlauf entsprechend einteilt. Dadurch kommt Ordnung und Klarheit in den scheinbar chaotischen Wechsel der Zeiten, und man kann sich schon im voraus auf die Erfordernisse der verschiedenen Zeiten einstellen.

DIE EINZELNEN LINIEN:
ANFANGS EINE NEUN BEDEUTET:
Man wird eingewickelt in das Fell einer gelben Kuh.

Änderungen darf man erst unternehmen, wenn es nicht mehr anders möglich ist. Darum ist zunächst äußerste Zurückhaltung nötig. Man muß innerlich ganz fest werden, sich mäßigen – gelb ist die Farbe der Mitte, die Kuh ist das Symbol der Fügsamkeit – und zunächst noch nichts unternehmen; denn jedes vorzeitige Losschlagen hat üble Folgen.

SECHS AUF ZWEITEM PLATZ BEDEUTET:
Am eigenen Tage, da mag man umwälzen.
Aufbruch bringt Heil. Kein Makel.

Wenn man alles versucht hat, um die Verhältnisse zu reformieren, ohne daß es einen Erfolg hatte, dann ergibt sich die Notwendigkeit einer Revolution. Allein eine solche tiefgreifende Umwälzung muß wohl vorbereitet sein. Es muß ein Mann da sein, der die Fähigkeiten und das öffentliche Vertrauen besitzt. Einem solchen Mann mag man sich dann zuwenden. Das bringt Heil und ist kein Fehler. Es handelt sich zunächst erst um die innere Stellung zu dem Neuen, das kommen muß. Man muß ihm gleichsam entgegengehen. Nur dadurch wird es vorbereitet.

NEUN AUF DRITTEM PLATZ BEDEUTET:
Aufbruch bringt Unheil. Beharrlichkeit bringt Gefahr.
Wenn die Rede von der Umwälzung dreimal ergangen ist,
Dann mag man sich ihm zuwenden und wird Glauben finden.

Wenn Wechsel nötig ist, dann gibt es zwei Fehler, die man vermeiden muß. Der eine ist zu rasches und rücksichtsloses Vorgehen, das mit Unheil verbunden ist. Der andere ist überkonservatives Zögern, das ebenfalls gefährlich ist. Man darf nicht auf jede Rede hören, die nach Änderung des Bestehenden ruft. Aber man darf wiederholte und wohlbegründete Beschwerden auch nicht überhören. Wenn dreimal das Wort vom Wechsel an einen kommt und man es wohl überlegt hat, dann mag man ihm Glauben schenken und darauf eingehen. Dann wird man Glauben finden und etwas erreichen*.

NEUN AUF VIERTEM PLATZ BEDEUTET:
Die Reue schwindet. Man findet Glauben.
Die Staatsordnung zu wechseln bringt Heil.

Grundstürzende Änderungen erfordern die nötige Autorität. Sowohl die innere Charakterstärke muß da sein als auch die einflußreiche Stellung. Es muß einer höheren Wahrheit entsprechen, was man tut, und darf nicht willkürlichen oder kleinlichen Motiven entspringen, dann bringt es großes Heil. Wenn keine solche innere Wahrheit einer Revolution zugrunde liegt, ist sie immer vom Übel und hat keinen Erfolg. Denn die Menschen unterstützen schließlich doch nur solche Unternehmungen, für deren innere Gerechtigkeit sie ein instinktives Gefühl haben.

NEUN AUF FÜNFTEM PLATZ BEDEUTET:
Der große Mann ändert wie ein Tiger.
Noch ehe er das Orakel fragt, findet er Glauben.

Ein Tigerfell mit seinen deutlich sichtbaren schwarzen Streifen auf gelbem Grund ist weithin sichtbar deutlich gegliedert. So ist es bei Umwälzungen, die ein großer Mann zustande bringt: es werden große, klare Richtlinien sichtbar, die jedermann verstehen kann. So braucht er nicht erst das Orakel zu fragen, denn ganz von selbst fällt ihm das Volk zu.

* Vergleiche dazu in Goethes Märchen das dreimalige: »Es ist an der Zeit«, ehe die große Umwälzung eintritt.

OBEN EINE SECHS BEDEUTET:
Der Edle ändert wie ein Panther,
Der Geringe mausert sich im Gesicht.
Aufbruch bringt Unheil.
In Beharrlichkeit weilen bringt Heil!

Nachdem die großen grundsätzlichen Fragen entschieden sind, sind noch Umgestaltungen im Einzelnen und genauere Durchführungen notwendig. Diese sind zu vergleichen mit den ebenfalls deutlichen, aber kleineren Flecken des Pantherfells. Ruch bei den Geringen findet infolge davon eine Änderung statt. Sie mausern sich ebenfalls der neuen Ordnung entsprechend. Freilich ist diese Mauserung nicht tiefgehend, aber das läßt sich auch nicht erwarten. Man muß sich mit dem Möglichen zufrieden geben. Wollte man zu weit gehen und zu viel erreichen wollen, so würde das zur Beunruhigung und zum Unheil ausschlagen. Denn was durch eine große Umwälzung erstrebt werden soll, sind klare, gefestigte Zustände, die eine allgemeine Beruhigung bei dem zur Zeit Möglichen gewähren.

鼎

50. DING / DER TIEGEL

oben Li, das Haftende, das Feuer
unten Sun, das Sanfte, der Wind, das Holz

Das ganze Zeichen ist das Bild des Tiegels, unten die Beine, dann der Bauch, dann die Ohren bzw. Henkel und oben die Ringe zum Tragen. Das Bild des Tiegels legt gleichzeitig den Gedanken der Ernährung nahe. Der Tiegel, aus Bronze gegossen, war das Gerät, das im Ahnentempel und bei Festmählern die gekochten Speisen enhielt. Aus ihm wurden sie vom Hausherrn in die Schüsseln der Gäste geschöpft. Auch der Brunnen hat den Nebengedanken der Nahrungsspende, aber mehr für das Volk. Der Tiegel als Gerät der verfeinerten Kultur legt Pflege und Ernährung der tüchtigen Männer nahe, deren Pflege der Staatsregierung zugute kam (vgl. die vier Zeichen der Ernährung Nr. 5, 27, 48, 50).
Dieses Zeichen und das Zeichen »Brunnen« sind die beiden einzigen Zeichen im Buch der Wandlungen, die konkrete künstliche Gegenstände darstellen. Allein auch hier hat der Gedanke seine abstrakte Seite. Unten Sun ist Holz und Wind, oben Li ist die Flamme; es stellt also die durch Holz und Wind entfachte Flamme dar, die ebenfalls den Gedanken der Speisenbereitung nahelegt.

DAS URTEIL
Der Tiegel. Erhabenes Heil. Gelingen.

Während der Brunnen die soziale Grundlage der Gesellschaft behandelt, die wie das Wasser ist, das dem Holz zur Nahrung dient, so wird hier der kulturelle Überbau der

Gesellschaft angedeutet. Hier ist es das Holz, das der Flamme, dem Geistigen, zur Nahrung dient. Alles Sichtbare muß sich steigern und fortsetzen ins Unsichtbare hinein. Dadurch bekommt es die rechte Weihe und rechte Klarheit und wurzelt in den Weltzusammenhängen fest. So ist hier die Kultur gezeigt, wie sie ihren Gipfel in der Religion hat. Der Tiegel dient zum Opfern für Gott. Das höchste Irdische muß dem Göttlichen geopfert werden. Aber das wahrhaft Göttliche zeigt sich nicht abgesondert vom Menschlichen. Gottes höchste Offenbarung ist in Propheten und Heiligen. Ihre Verehrung ist die wahre Gottesverehrung. Der Wille Gottes, der durch sie geoffenbart wird, muß demütig entgegengenommen werden, dann entsteht eine innere Erleuchtung und das wahre Weltverständnis, das zu großem Heil und Erfolg führt.

DAS BILD
Über dem Holz ist Feuer: das Bild des Tiegels.
So festigt der Edle
Durch Richtigmachung der Stellung das Schicksal.

Das Holz ist das Schicksal des Feuers; solange es unten vorhanden ist, brennt das Feuer oben. So ist es mit dem menschlichen Leben. Auch im Menschen ist ein Schicksal, das seinem Leben die Kraft verleiht. Und wenn es gelingt, dem Leben und Schicksal den richtigen Platz anzuweisen, dann festigt man das Schicksal, indem so das Leben unmittelbar im Einklang mit dem Schicksal ist. Es finden sich in diesen Worten Andeutungen über die Pflege des Lebens, wie sie durch die Geheimlehre der chinesischen Yogapraxis von Mund zu Mund überliefert werden.

DIE EINZELNEN LINIEN:
Anfangs eine Sechs bedeutet:
Ein Tiegel mit umgekippten Beinen.
Fördernd zur Entfernung des Stockenden.
Man nimmt eine Nebenfrau um ihres Sohns willen.
Kein Makel.

Wenn man den Tiegel umkehrt, ehe man ihn in Gebrauch nimmt, so hat das nichts zu sagen; im Gegenteil, der Unrat kommt auf diese Weise heraus. Eine Nebenfrau ist an sich niedrig stehend, aber weil sie einen Sohn hat, kommt sie zu Ehren.
Diese beiden Gleichnisse drücken den Gedanken aus, daß in Zeiten hoher Kultur, wie sie durch das Zeichen angedeutet sind, jedermann, der guten Willens ist, irgendwie ankommen kann. Wenn man noch so niedrig ist, wenn man nur bereit ist, sich zu reinigen, so wird man angenommen. Man kommt in eine Lage. da man sich fruchtbar an Leistungen erweisen kann und infolge davon Anerkennung findet.

NEUN AUF ZWEITEM PLATZ BEDEUTET:
Im Tiegel ist Nahrung.
Meine Genossen haben Neid,
Aber sie können mir nichts anhaben.
Heil!

In Zeiten hoher Kultur kommt alles darauf an, daß man wirklich etwas leistet. Wenn man sich nur auf diese wirklichen Leistungen verläßt, so wird man zwar vielleicht Neid und Mißgunst erleben, aber das ist nicht gefährlich. Je mehr man sich auf seine positiven Leistungen beschränkt, desto weniger können einem die Neider anhaben.

NEUN AUF DRITTEM PLATZ BEDEUTET:
Der Henkel des Tiegels ist verändert.
Man ist behindert in seinem Wandel.
Das Fett des Fasans wird nicht gegessen.
Wenn erst der Regen fällt, dann erschöpft sich die Reue.
Endlich kommt Heil.

Der Henkel ist die Stelle, an der der Tiegel aufgehoben wird. Wenn der Henkel sich ändert, so kann der Tiegel nicht aufgehoben und benutzt werden, und die schönen Speisen, die darin sind, wie das Fett von Fasanen, dienen bedauerlicherweise niemand zur Nahrung.
Es ist damit jemand gezeichnet, der in einer Zeit hoher Kultur an einer Stelle sich befindet, wo er von niemand beachtet und anerkannt wird. Das ist für sein Wirken eine schwere Hemmung. Seine ganzen guten Eigenschaften und Geistesgaben werden auf diese Welse nutzlos verbraucht. Allein man muß nur dafür sorgen, daß man innerlich wirklich geistigen Besitz hat. Dann wird sicher schließlich die Zelt kommen, da die Hemmnisse sich lösen und alles gutgeht.
Die Lösung der Spannung ist hier wie sonst durch das Fallen des Regens symbolisiert.

NEUN AUF VIERTEM PLATZ BEDEUTET:
Der Tiegel bricht die Beine.
Das Mahl des Fürsten wird verschüttet,
Und die Gestalt wird befleckt.
Unheil!

Man hat eine schwere, verantwortungsvolle Aufgabe, deren Erfüllung man nicht gewachsen ist. Da man zudem sich dieser Aufgabe nicht mit voller Kraft widmet, sondern sich mit niedrigstehenden Menschen abgibt, so miß-

lingt die Durchführung. Damit bringt man sich auch selbst in Schimpf und Schande.
Kungtse sagt darüber: »Schwacher Charakter bei geehrter Stellung, geringes Wissen und große Pläne, kleine Kraft und schwere Verantwortung werden selten dem Unheil entgehen.«

SECHS AUF FÜNFTEM PLATZ BEDEUTET:
Der Tiegel hat gelbe Henkel, goldne Tragringe.
Fördernd ist Beharrlichkeit.

Es ist ein Mann an herrschender Stelle, der in seinem Wesen zugänglich und bescheiden ist. Durch diese innere Haltung gelingt es ihm, starke und tüchtige Gehilfen zu finden, die ihn ergänzen und ihm bei seinem Werk helfen. Es ist wichtig, daß man sich in dieser Stellungnahme, die einer dauernden inneren Selbstverleugnung bedarf, nicht irre machen läßt, sondern daran festhält.

OBEN EINE NEUN BEDEUTET:
Der Tiegel hat Nephritringe. Großes Heil!
Nichts, das nicht fördernd wäre.

Beim vorigen Strich sind die Tragringe golden genannt, um ihre Stärke zu bezeichnen. Hier heißen sie von Nephrit. Der Nephrit zeichnet sich dadurch aus, daß er Härte mit einem milden Glanz vereinigt. Vom Standpunkt des Mannes aus, der für den Rat zugänglich ist, wirkt dieser Rat als starke Förderung. Hier ist der Rat bezeichnet vom Standpunkt des Weisen aus, der ihn erteilt. Er wird dabei milde und geläutert sein wie edler Nephrit. Auf diese Weise findet das Werk Wohlgefallen vor den Augen der Gottheit, die großes Heil spendet, und wird angenehm bei Menschen, weshalb alles gutgeht.

震

51. DSCHEN / DAS ERREGENDE (DAS ERSCHÜTTERN, DER DONNER)

䷲ *oben Dschen, das Erregende, der Donner*
unten Dschen, das Erregende, der Donner

Das Zeichen Dschen ist der älteste Sohn, der die Herrschaft energisch und machtvoll ergreift. Ein Yangstrich entsteht unter zwei Yinstrichen und dringt machtvoll empor. Diese Bewegung ist so heftig, daß sie Schrecken erregt. Als Bild dient der Donner, der aus der Erde hervorbricht und durch seine Erschütterung Furcht und Zittern verursacht.

DAS URTEIL
Das Erschüttern bringt Gelingen.
Das Erschüttern kommt: Hu, Hu!
Lachende Worte: Ha, Ha!
Das Erschüttern erschreckt hundert Meilen,
Und er läßt nicht Opferlöffel und Kelch fallen.

Die Erschütterung, die durch das Hervortreten Gottes im Innern der Erde aufsteigt, macht, daß der Mensch sich fürchtet, aber diese Furcht vor Gott ist etwas Gutes; denn sie bewirkt, daß Fröhlichkeit und Freude folgen kann. Wenn man innerlich gelernt hat, was Furcht und Zittern ist, so ist man gegen den Schrecken durch äußere Einflüsse gesichert. Wenn auch der Donner tost, also, daß er hundert Meilen im Umkreis erschreckt, so bleibt man innerlich so gefaßt und ehrerbietig, daß man die Opferhandlung nicht unterbricht. Ein solcher tiefer, innerer Ernst, der alle äußeren Schrecken machtlos abprallen läßt, ist die Geistesverfassung, wie sie die Führer der Menschen und die Herrscher haben müssen.

DAS BILD
Fortgesetzter Donner: das Bild des Erschütterns.
So macht der Edle unter Furcht und Zittern sein Leben recht
Und erforscht sich selbst.

Der fortgesetzte Donner bringt durch seine Erschütterung Furcht und Zittern mit sich. So steht der Edle stets in Ehrfurcht vor dem Hervortreten Gottes und bringt sein Leben in Ordnung und erforscht sein Herz, ob nichts im Geheimen dem Willen Gottes widerspricht. So ist die Ehrfurcht die Grundlage der wahrhaftigen Lebensbildung.

DIE EINZELNEN LINIEN:
ANFANGS EINE NEUN BEDEUTET:
Das Erschüttern kommt: Hu, Hu!
Darauf folgen lachende Worte: Ha, Ha!
Heil!

Furcht und Zittern der Erschütterung kommt zuerst an einen, so daß man den andern gegenüber sich in Nachteil gestellt sieht. Aber das ist nur vorläufig. Wenn man durch das Gericht hindurch ist, so kommt die Erleichterung. Und so bringt gerade der Schrecken, in den man zunächst hinein muß, im Ganzen betrachtet, Heil.

SECHS AUF ZWEITEM PLATZ BEDEUTET:
Das Erschüttern kommt mit Gefahr.
Hunderttausendfach verlierst du deine Schätze
Und mußt auf die neun Hügel steigen.
Jage ihnen nicht nach.
Nach sieben Tagen bekommst du sie wieder.

Es ist eine Lage gezeichnet, da man durch eine Erschütterung in Gefahr gerät und große Verluste erleidet. Die Verhältnisse sind so, daß Widerstand der Richtung der Zeitbewegung entgegen ist und daher keinen Erfolg hat. Darum soll man sich einfach zurückziehen in Höhengebiete, die unzugänglich sind für die drohenden Gefahren. Die Verluste an Besitz muß man mit in Kauf nehmen und soll sich nicht übermäßig darum kümmern. Ohne daß man dem Besitz nachjagt, wird man ihn von selber wiederbekommen, wenn die Zeit vorüber ist, deren Erschütterungen den Besitz geraubt haben.

SECHS AUF DRITTEM PLATZ BEDEUTET:
Das Erschüttern kommt und macht fassungslos.
Wenn man infolge des Erschütterns handelt,
So bleibt man frei von Unglück.

Es gibt dreierlei Erschütterungen: die Erschütterung des Himmels, das ist der Donner, ferner die Erschütterung des Schicksals und endlich die Erschütterung des Herzens. Hier handelt es sich weniger um innere Erschütterung als um die Erschütterung des Schicksals. In solchen Erschütterungszeiten verliert man zu leicht die Besonnenheit, so daß man alle Möglichkeiten des Handeins verkennt und stumm dem Schicksal den Lauf läßt. Wenn man sich durch die Erschütterung des Schicksals zu innerer Bewegung bringen läßt, so wird man die äußeren Schicksalsschläge ohne große Mühe überwinden.

NEUN AUF VIERTEM PLATZ BEDEUTET:
Das Erschüttern gerät in Schlamm.

Die innere Bewegung hängt in ihrem Erfolg zum Teil auch von den Umständen ab. Wenn die Umstände so sind, daß weder Widerstand vorhanden ist, der sich energisch bekämpfen ließe, noch die Dinge nachgeben, so daß ein Sieg errungen werden kann, sondern alles zäh und träge ist wie Schlamm, so wird die Bewegung gelähmt.

SECHS AUF FÜNFTEM PLATZ BEDEUTET:
Das Erschüttern geht hin und her: Gefahr.
Aber man verliert durchaus nichts,
Nur gibt es Geschäfte.

Es ist hier nicht nur eine einmalige Erschütterung, sondern eine wiederholte, die gar keine Zeit zum Aufatmen läßt. Aber dennoch bringt die Erschütterung keinen Verlust, da man darauf bedacht ist, sich im Zentrum der Bewegung zu halten und dadurch von dem Schicksal befreit zu sein, wehrlos hin und her geworfen zu werden.

OBEN EINE SECHS BEDEUTET:
Das Erschüttern bringt Verfall und ängstliches Umherblicken.
Vorangehen bringt Unheil.
Wenn es noch nicht den eignen Leib erreicht,
Sondern erst den Nachbar erreicht hat,
So ist kein Makel.
Die Genossen haben zu reden.

Die innere Erschütterung raubt einem die Besinnung und Klarheit des Blickes, wenn sie aufs höchste gestiegen ist. In einer solchen Erschütterung ist es natürlich nicht möglich, besonnen zu handeln. Da ist es das Richtige, sich stillzuhalten, bis die Ruhe und Klarheit sich wiedergefunden hat.
Dazu ist man aber nur imstande, solange man selbst noch nicht von der Aufregung angesteckt ist, während man an

der Umgebung schon die unheilvollen Wirkungen einer solchen Erregung beobachten kann. Zieht man sich nun rechtzeitig von der Handlung zurück, so bleibt man frei von Fehlern und Schaden. Aber die Genossen in ihrer Erregung, die sich nicht mehr warnen lassen, werden sicher mit einem unzufrieden sein. Allein darauf darf man keine Rücksicht nehmen.

艮

52. GEN / DAS STILLEHALTEN, DER BERG

䷳ *oben Gen, das Stillehalten, der Berg*
unten Gen, das Stillehalten, der Berg

Das Bild des Zeichens ist der Berg, der jüngste Sohn von Himmel und Erde. Das Männliche ist oben, wohin es seiner Natur nach strebt, das Weibliche unten, wohin seine Bewegungsrichtung führt. So ist Ruhe vorhanden, da die Bewegung ihr normales Ende erreicht hat.
Auf den Menschen angewandt, ist das Problem gezeigt, die Ruhe des Herzens zu erlangen. Das Herz ist sehr schwer zur Ruhe zu bringen. Während der Buddhismus die Ruhe erstrebt durch Abklingen jeglicher Bewegung im Nirwana, ist der Standpunkt des Buchs der Wandlungen, daß Ruhe nur ein polarer Zustand ist, der als seine Ergänzung dauernd die Bewegung hat.
Vielleicht sind in den Worten des Textes Anweisungen zur Yogaübung enthalten.

DAS URTEIL
Stillehalten seines Rückens,
So daß er seinen Leib nicht mehr empfindet.
Er geht in seinen Hof und sieht nicht seine Menschen.
Kein Makel.

Die wahre Ruhe ist die, daß man stille hält, wenn die Zeit gekommen ist stillezuhalten, und daß man vorangeht, wenn die Zeit gekommen ist, voranzugehen. Auf diese Weise ist Ruhe und Bewegung in Übereinstimmung mit den Erfordernissen der Zeit, und dadurch gibt es Licht des Lebens.

Das Zeichen ist Ende und Anfang aller Bewegung. Der Rücken wird genannt, weil im Rücken alle Nervenstränge sich befinden, die die Bewegung vermitteln. Wenn man die Bewegung dieser Rückenmarksnerven zum Stillstand bringt, so verschwindet sozusagen das Ich in seiner Unruhe. Wenn nun der Mensch innerlich so ruhig geworden ist, dann mag er sich der Außenwelt zuwenden. Er sieht in ihr nicht mehr den Kampf und das Gewühl der Einzelwesen und hat deshalb die wahre Ruhe, wie sie nötig ist, um die großen Gesetze des Weltgeschehens zu verstehen und dementsprechend zu handeln. Wer aus dieser Tiefenlage heraus handelt, der macht keinen Fehler.

DAS BILD
Zusammenstehende Berge: Das Bild des Stillehaltens.
So geht der Edle mit seinen Gedanken nicht
über seine Lage hinaus.

Das Herz denkt dauernd. Das läßt sich nicht ändern. Aber es sollen die Bewegungen des Herzens, d. h. die Gedanken, sich auf die gegenwärtige Lebenslage beschränken. Alles Darüberhinausdenken macht das Herz nur wund*.

DIE EINZELNEN LINIEN:
ANFANGS EINE SECHS BEDEUTET:
Stillehalten seiner Zehen.
Kein Makel.
Fördernd ist dauernde Beharrlichkeit.

Das Ruhigbleiben der Zehen bedeutet ein Stehenbleiben, noch ehe man angefangen hat, sich zu bewegen. Der Anfang ist die Zeit, da man wenig Fehler macht. Man ist

* Vgl. Goethe: »Sehnsucht ins Ferne, Künftige zu beschwichtigen, Beschäftige dich hier und heut im Tüchtigen.«

noch in Übereinstimmung mit der ursprünglichen Unschuld. Man sieht die Dinge intuitiv wie sie sind, noch unbeeinflußt von der Verdunkelung durch Interessen und Begehrungen. Wer anfangs stillesteht, solange er die Wahrheit noch nicht verlassen hat, der findet das Richtige. Nur ist dauernde Festigkeit nötig, damit man nicht in ein willenloses Sichtreibenlassen hineingerät.

SECHS AUF ZWEITEM PLATZ BEDEUTET:
Stillehalten seiner Waden.
Er kann den nicht retten, dem er folgt.
Sein Herz ist nicht froh.

Das Bein kann sich nicht selbständig bewegen, sondern ist in seiner Bewegung abhängig von der Bewegung des Leibes. Wenn der Leib in starker Bewegung ist und das Bein wird plötzlich angehalten, so führt die weitergehende Bewegung des Leibes dazu, daß der Mensch fällt.
So ist es auch mit einem Menschen, der sich im Gefolge einer stärkeren Persönlichkeit befindet. Er wird mitgerissen. Selbst wenn er auf der Bahn des Unrechts einhält, so kann er doch den andern in seiner starken Bewegung nicht mehr aufhalten. Wo der Herr vorwärts drängt, kann ihn der Diener, auch wenn er es noch so gut meint, nicht retten.

NEUN AUF DRITTEM PLATZ BEDEUTET:
Stillehalten seiner Hüften.
Steifmachen seines Kreuzbeins.
Gefährlich. Das Herz erstickt.

Es handelt sich hier um erzwungene Ruhe. Das Herz, das in der Unruhe ist, soll gewaltsam gebändigt werden. Aber das Feuer, das gewaltsam zurückgedrängt wird, wandelt sich zu beizendem Rauch, der erstickend sich ausbreitet. Bei Meditations- und Konzentrationsübungen darf man daher nicht gewaltsam vorgehen. Sondern die Ruhe muß sich ganz natürlich aus einem Zustand innerer Sammlung heraus entwickeln. Wenn gewaltsam durch künstliches Steifhalten die Ruhe erzwungen werden soll, so wird die Meditation zu großen Unzuträglichkeiten führen.

SECHS AUF VIERTEM PLATZ BEDEUTET:
Stillehalten seines Rumpfes.
Kein Makel.

Ruhighalten des Rückens, wie es in den Worten zum Gesamtzeichen erwähnt ist, bedeutet, daß man das Ich vergißt. Das ist die höchste Stufe der Ruhe. Hier ist diese Stufe der Ruhe noch nicht erreicht. Man vermag es zwar schon, das Ich mit seinen Gedanken und Regungen stille zu halten. Aber man wird doch noch nicht ganz frei davon. Immerhin ist das Stillehalten des Herzens eine wichtige Funktion, die mit der Zeit zum völligen Ausschalten der egoistischen Triebe führt. Wenn man auch noch nicht von allen Gefahren des Zweifels und der Unruhe frei bleibt, so ist dennoch diese Gemütshaltung, da sie auf dem Weg zu jener andern, höheren liegt, kein Fehler.

SECHS AUF FÜNFTEM PLATZ BEDEUTET:
Stillehalten seiner Kinnladen.
Die Worte haben Ordnung.
Die Reue schwindet.

In gefährlicher Lage, namentlich solange man der Lage nicht gewachsen ist, ist man sehr leicht mit Reden und vorlauten Scherzen bei der Hand. Aber durch unvorsichtiges Reden kommt man leicht in Situationen, da man nachher manches zu bereuen hat. Allein, wenn man sich im Reden zurückhält, so bekommen die Worte immer mehr eine feste Gestalt, und dann verschwindet jeder Anlaß zur Reue.

OBEN EINE NEUN BEDEUTET:
Großzügiges Stillehalten.
Heil!

Hier ist die Vollendung der Bemühung zur Ruhe gegeben. Man ist ruhig nicht in kleinlich abgezirkelter Weise im Einzelnen, sondern eine allgemeine Resignation im Ganzen gibt Ruhe und Heil für alles Einzelne.

漸

53. DSIÄN / DIE ENTWICKLUNG (ALLMÄHLICHER FORTSCHRITT)

䷴ *oben Sun, das Sanfte, der Wind, das Holz*
unten Gen, das Stillehalten, der Berg

Das Zeichen besteht aus Sun (Holz, Eindringen) oben bzw. außen und Gen (Berg, Stille) unten bzw. innen. Ein Baum auf dem Berg entwickelt sich langsam und ordnungsgemäß, infolge davon steht er festgewurzelt. Dadurch ergibt sich der Gedanke der Entwicklung, die Schritt für Schritt allmählich weitergeht. Auch die Eigenschaften der Figuren deuten darauf hin: innen ist Ruhe, die vor Unbesonnenheiten schützt, und außen Eindringen, das die Entwicklung und den Fortschritt ermöglicht.

DAS URTEIL
Die Entwicklung. Das Mädchen wird verheiratet. Heil!
Fördernd ist Beharrlichkeit.

Zögernd ist die Entwicklung, die dazu führt, daß das Mädchen dem Mann in sein Heim folgt. Es müssen die verschiedenen Formalitäten erledigt werden, ehe die Heirat zustande kommt. Diese allmähliche Entwicklung kann auch auf andere Verhältnisse Übertragen werden, immer, wenn es sich um korrekte Beziehungen der Zusammenarbeit handelt, z.B. bei Anstellung eines Beamten. Da muß eine korrekte Entwicklung abgewartet werden. Ein überstürztes Vorgehen wäre nicht gut. Ebenso ist es schließlich, wo man Einfluß auf andere ausüben will. Auch da handelt es sich um einen korrekten Weg der Entwicklung durch die Kultur der eigenen Persönlichkeit. Aller agita-

torische Einfluß wirkt nicht auf die Dauer. Auch im Innern muß die Entwicklung denselben Weg nehmen, wenn dauernde Resultate erreicht werden sollen.
Das Sanfte, sich Anpassende, aber doch auch Eindringende ist das Äußere, das aus innerer Ruhe hervorgehen muß.
Gerade das Allmähliche der Entwicklung macht es notwendig, daß Beständigkeit vorhanden ist. Denn nur die Beständigkeit bewirkt, daß der langsame Fortschritt sich doch nicht im Sande verläuft.

DAS BILD
Auf dem Berge ist ein Baum: das Bild der Entwicklung.
So weilt der Edle in würdiger Tugend,
Um die Sitten zu bessern.

Der Baum auf dem Berge ist weithin sichtbar, und seine Entwicklung ist von Einfluß auf das Landschaftsbild der ganzen Gegend. Er schießt nicht empor wie die Sumpfgewächse, sondern sein Wachstum geht allmählich vor sich. Die Wirkung auf die Menschen kann auch nur allmählich sein. Keine plötzliche Beeinflussung oder Erweckung ist nachhaltig. Ganz allmählich muß der Fortschritt sein. Und um diesen Fortschritt in der öffentlichen Meinung, den öffentlichen Sitten zu erreichen, ist es nötig, daß die Persönlichkeit Einfluß und Schwerkraft bekommt. Dies geschieht durch sorgfältige und dauernde Arbeit an der eigenen moralischen Entwicklung.

DIE EINZELNEN LINIEN:
ANFANGS EINE SECHS BEDEUTET:
Die Wildgans zieht allmählich dem Ufer zu.
Der junge Sohn ist in Gefahr.
Es gibt Gerede. Kein Makel.

Die einzelnen Linien haben alle den allmählichen Zug der Wildgans zum Bild. Die Wildgans ist das Symbol der ehelichen Treue. Es heißt von ihr, daß sie nach dem Tod des Gatten sich nicht mit anderen vereinigt.
Die erste Linie zeigt die erste Station auf dem Zug der Wasservögel vom Wasser zur Höhe. Das Ufer wird erreicht. Die Lage ist die eines einsamen jungen Menschen, der anfangen will, sich im Leben durchzusetzen. Weil er niemand hat, der ihm entgegenkommt, sind seine ersten Schritte langsam und zögernd, und er ist von Gefahr umgeben. Natürlich wird er vielfach kritisiert. Aber gerade die Schwierigkeiten machen, daß er sich nicht übereilt und sein Fortschritt gelingt.

SECHS AUF ZWEITEM PLATZ BEDEUTET:
Die Wildgans zieht allmählich dem Felsen zu.
Essen und Trinken in Frieden und Eintracht. Heil!

Der Fels ist ein sicherer Platz am Ufer. Die Entwicklung ist einen Schritt weiter. Man ist über die anfängliche Unsicherheit hinaus und hat eine gesicherte Lebensstellung gefunden, durch die man einen auskömmlichen Lebensunterhalt hat. Dieser erste Erfolg, der die Bahn der Möglichkeit des Wirkens eröffnet, gibt der Stimmung eine gewisse Fröhlichkeit, und beruhigt schreitet man der Zukunft zu.
Von der Wildgans heißt es, daß sie ihre Genossen herbeiruft, wenn sie Futter findet; das ist das Bild des Friedens und der Eintracht im Glück. Man will sein Glück nicht für sich allein haben, sondern ist bereit, es mit andern zu teilen.

NEUN AUF DRITTEM PLATZ BEDEUTET:
Die Wildgans zieht allmählich der Hochebene zu.
Der Mann zieht aus und kehrt nicht wieder.
Die Frau trägt ein Kind, aber bringt es nicht zur Welt.
Unheil!
Fördernd ist es, Räuber abzuwehren.

Die trockene Hochebene ist nicht für die Wildgans. Zieht sie dorthin, so hat sie ihren Weg verloren und ist zu weit gegangen. Das widerspricht dem Gesetz der Entwicklung. So geht es auch im Menschenleben. Wenn man nicht die Dinge sich ruhig entwickeln läßt, sondern von sich aus sich voreilig in den Kampf stürzt, so bringt das Unheil. Das eigene Leben schlägt man in die Schanze, und die Familie geht darüber zugrunde. Aber das ist keineswegs notwendig, sondern nur die Folge davon, daß man das Gesetz der natürlichen Entwicklung übertritt. Wenn man nicht von sich aus den Kampf aufsucht, sondern sich darauf beschränkt, seinen Platz kraftvoll zu behaupten und unberechtigte Angriffe abzuwehren, so geht alles gut.

SECHS AUF VIERTEM PLATZ BEDEUTET:
Die Wildgans zieht allmählich dem Baume zu.
Vielleicht bekommt sie einen flachen Ast. Kein Makel.

Der Baum ist kein Platz, der für eine Wildgans geeignet ist. Aber wenn sie klug ist, findet sie einen flachen Ast, auf dem sie stehen kann. Im Leben kommt man im Lauf der Entwicklung auch oft in Situationen, die einem nicht entsprechen, in denen man sich schwer ohne Gefahr behaupten kann. Da ist es wichtig, daß man klug und nachgiebig ist. Dann kann man mitten in der Gefahr einen sicheren Platz ausfindig machen, an dem sich leben läßt.

NEUN AUF FÜNFTEM PLATZ BEDEUTET:
Die Wildgans zieht allmählich dem Gipfel zu.
Die Frau bekommt drei Jahre lang kein Kind.
Endlich kann sie nichts verhindern. Heil!

Der Gipfel ist ein hoher Platz. Auf hoher Stelle gerät man leicht in Vereinsamung. Man wird verkannt von dem, auf den man angewiesen ist: die Frau von ihrem Mann, der Beamte von seinem Herrn. Die Ursache davon sind falsche Menschen, die sich dazwischengedrängt haben. Die Folge ist, daß die Beziehungen steril bleiben und nichts geleistet wird. Aber die Entwicklung bringt es mit sich, daß solche Mißverständnisse sich lösen und die Vereinigung schließlich doch zustande kommt.

OBEN EINE NEUN BEDEUTET:
Die Wildgans zieht allmählich den Wolkenhöhen zu.
Ihre Federn können zum heiligen Tanz verwendet werden.
Heil!

Hier ist das Leben abgeschlossen. Das Werk liegt vollendet da. Hoch erhebt sich seine Bahn in den Himmel, wie der Flug der Wildgänse, wenn sie jeden irdischen Boden verlassen haben. Da fliegen sie hin und halten die Ordnung ihres Fluges ein, Figuren strenger Linien bildend. Und wenn ihre Federn herunterfallen, so können sie zum Schmuck bei den heiligen Tempeltanzpantomimen verwendet werden.
So ist das Leben eines vollendeten Menschen ein helles Licht für die Menschen der Erde, die zu ihm als Vorbild aufsehen.

歸妹

54. GUi ME
DAS HEIRATENDE MÄDCHEN

oben Dschen, das Erregende, der Donner
unten Dui, das Heitere, der See

Oben ist Dschen, der älteste Sohn, unten Dui, die jüngste Tochter. Der Mann geht voran, das Mädchen folgt ihm erfreut. Es wird der Eintritt des Mädchens in das Haus des Mannes geschildert. Es gibt im ganzen vier Zeichen, die die Beziehungen zwischen Gatten schildern. Nr. 31, Hiän, »die Einwirkung«, schildert die Anziehung, die ein junges Paar aufeinander ausübt. Nr. 32, Hong, »die Dauer«, schildert die dauernden Verhältnisse der Ehe. Nr. 53, Dsiän, »die Entwicklung«, schildert die zögernden und zeremoniellen Vorgänge beim Abschluß einer korrekten Ehe. Gui Me, »die Heirat des Mädchens«, endlich zeigt einen älteren Mann, dem ein junges Mädchen zur Ehe folgt.

Bemerkung: In China herrscht formell die Einehe. Jeder Mann hat nur eine offizielle Frau. Diese Verbindung, die weniger die beiden Beteiligten als die Familien angeht, wird unter strenger Beobachtung der Formen geschlossen. Doch behält der Mann das Recht, auch den zarteren Neigungen persönlicher Art Gehör zu schenken. Ja, es ist die schönste Pflicht einer guten Frau, ihm darin behilflich zu sein. Auf diese Weise wird das Verhältnis ein schönes und offenes. Das Mädchen, das nach der Wahl des Mannes in die Familie eintritt, ordnet sich der Hausfrau bescheiden unter als jüngere Schwester. Selbstverständlich handelt es sich hier um sehr heikle und zarte Fragen, die viel Takt auf jeder Seite erfordern. Doch wenn die

Umstände günstig sind, findet sich hier die Lösung eines Problems, die der europäischen Kultur nicht gelungen ist. Selbstverständlich entspricht die Weiblichkeit in China so wenig dem Ideal, wie die Ehen in Europa durchschnittlich im Einklang mit den europäischen Eheidealen sind.

DAS URTEIL
Das heiratende Mädchen. Unternehmungen bringen Unheil.
Nichts, das fördernd wäre.

Ein Mädchen, das in die Familie aufgenommen ist, ohne Hauptfrau zu sein, muß sich besonders vorsichtig und zurückhaltend benehmen. Es darf sich nicht von sich aus aufmachen, um die Hausfrau zu verdrängen, denn das würde Unordnung bedeuten, und man käme dadurch in unhaltbare Verhältnisse.
Das bezieht sich auf alle freien Verhältnisse unter Menschen. Während die rechtlich geordneten Verhältnisse einen festen Zusammenhang von Pflichten und Rechten aufweisen, beruhen die Neigungsverhältnisse der Menschen in ihrer Dauer rein auf taktvoller Zurückhaltung.
Diese Neigung als Prinzip der Beziehungen ist von größter Bedeutung in allen Verhältnissen der Welt, denn aus der Vereinigung von Himmel und Erde kommt der Bestand der ganzen Natur, und ebenso ist unter den Menschen die freie Neigung als Prinzip der Vereinigung Anfang und Ende.

DAS BILD
Oberhalb des Sees ist der Donner:
Das Bild des heiratenden Mädchens.
So erkennt der Edle durch die Ewigkeit des Endes das Vergängliche.

Der Donner erregt das Wasser des Sees, das ihm in schimmernden Wellen folgt. Das ist das Bild des Mädchens, das dem Manne seiner Wahl folgt. Allein jede Verbindung von Menschen untereinander schließt die Gefahr in sich, daß sich Verirrungen einschleichen, die zu endlosen Mißverständnissen und Unzuträglichkeiten führen. Darum gilt es, das Ende dauernd in Betracht zu ziehen. Wenn man sich treiben läßt, kommt man zusammen und geht wieder auseinander, wie es der Tag fügt. Wenn man dagegen ein dauerhaftes Ende ins Auge faßt, so wird es einem gelingen, die Klippen zu umgehen, die näheren Beziehungen der Menschen untereinander entgegenstehen.

DIE EINZELNEN LINIEN:
ANFANGS EINE NEUN BEDEUTET:
Das heiratende Mädchen als Nebenfrau.
Ein Lahmer, der auftreten kann.
Unternehmungen bringen Heil.

Die Fürsten des Altertums hatten eine feste Rangordnung unter den Palastdamen, die der Königin unterstellt waren wie die jüngeren Schwestern der ältesten. Sie waren auch vielfach aus der Familie der Königin, die sie selbst ihrem Gatten zuführte.
Der Sinn ist der, daß ein junges Mädchen, wenn sie im Einverständnis mit der Ehefrau in eine Familie eintritt, dieser nach außen hin nicht gleichstehen, sondern bescheiden zurücktreten wird. Aber wenn sie es versteht, sich in den Zusammenhang einzufügen, so bekommt sie eine Stellung, die durchaus befriedigend ist, und sie wird sich geborgen fühlen in der Liebe des Gatten, dem sie Kinder bringt.
Dieselbe Bedeutung ergibt sich in den Beziehungen von Beamten. Ein Fürst hat vielleicht einen Mann, mit dem er

persönlich befreundet ist und den er in sein Vertrauen zieht. Dieser Mann muß taktvollerweise nach außen hin zurücktreten hinter den offiziellen Staatsminister. Aber obwohl er durch diese Stellung gehindert ist wie ein Lahmer, kann er doch etwas ausrichten durch die Güte seines Wesens.

NEUN AUF ZWEITEM PLATZ BEDEUTET:
Ein Einäugiger, der sehen kann.
Fördernd ist die Beharrlichkeit eines einsamen Menschen.

Die Lage ist hier so, daß das Mädchen sich mit einem Manne verbunden hat, der sie enttäuscht. Mann und Frau sollen zusammenwirken wie die beiden Augen. Hier ist das Mädchen einsam zurückgeblieben. Der Mann ihrer Wahl ist entweder untreu geworden oder gestorben. Aber sie verliert das innere Licht der Treue nicht. Ob auch das andere Auge erloschen ist, sie hält die Treue fest auch in der Einsamkeit.

SECHS AUF DRITTEM PLATZ BEDEUTET:
Das heiratende Mädchen als Sklavin.
Sie heiratet als Nebenfrau.

Ein Mädchen, das sich in geringer Stellung befindet und keinen Mann bekommt, kann als Nebenfrau unter Umständen noch unterkommen.
Die Situation ist die, daß man allzusehr nach Freuden begehrt, die man auf normalem Weg nicht erlangen kann. So gibt man sich in eine Lage hinein, die mit der eigenen Würde sich nicht ganz verträgt. Es wird weder ein Urteil noch eine Warnung beigefügt, sondern einfach die Situ-

ation als solche aufgedeckt, so daß sich jeder selbst die Lehre daraus ziehen kann.

NEUN AUF VIERTEM PLATZ BEDEUTET:
Das heiratende Mädchen verzögert die Frist.
Eine späte Heirat kommt zu ihrer Zeit.

Das Mädchen ist sehr gut, will sich nicht wegwerfen und versäumt darüber die übliche Zeit der Ehe. Das schadet aber nichts. Sie wird für ihre Reinheit belohnt und findet schließlich, wenn auch spät, doch noch den für sie bestimmten Gatten.

SECHS AUF FÜNFTEM PLATZ BEDEUTET:
Der Herrscher I verheiratete seine Tochter.
Da waren die gestickten Kleider der Fürstin
nicht so prächtig
Wie die der Dienerin.
Der Mond, der fast voll ist, bringt Heil.

Der Herrscher I ist Tang, der Vollender. Er hat ein Gesetz erlassen, daß die kaiserlichen Prinzessinnen in der Ehe ebenfalls ihren Männern untertan sein müssen (vgl. Nr. 11, Strich 5). Der Kaiser wartet nicht auf Werbung, sondern gibt seine Tochter nach freiem Ermessen in die Ehe. Darum ist die Initiative auf Seiten der Familie des Mädchens hier in der Ordnung.
Wir sehen hier ein Mädchen vornehmer Abkunft, die in bescheidene Verhältnisse heiratet und sich mit Anmut der neuen Lage anzupassen versteht. Sie ist frei von aller Eitelkeit äußeren Schmuckes, vergißt ihren Rang in der Ehe und stellt sich unter ihren Gatten, wie der Mond, der noch nicht ganz voll ist, der Sonne nicht direkt gegenüber tritt.

OBEN EINE SECHS BEDEUTET:
Die Frau hält den Korb, aber es sind keine Früchte darin.
Der Mann sticht das Schaf, aber es fließt kein Blut.
Nichts, das fördernd wäre.

Beim Opfer für die Ahnen mußte die Frau die Früchte in einem Korb darbringen, der Mann persönlich das Opfertier schlachten. Hier werden die Formen nur oberflächlich erfüllt. Die Frau nimmt einen leeren Korb, der Mann sticht ein schon vorher geschlachtetes Schaf, nur eben um die Form zu wahren. Aber diese unfromme, frivole Gesinnung verheißt kein Glück für die Ehe.

豐

55. FONG / DIE FÜLLE

☳☲ *oben Dschen, das Erregende, der Donner*
unten Li, das Haftende, die Flamme

Dschen ist die Bewegung, Li die Flamme, deren Eigenschaft die Klarheit ist. Im Innern Klarheit, nach außen Bewegung, das gibt Größe und Fülle. Es ist eine Zeit hoher Kultur, die durch das Zeichen dargestellt wird. Allerdings liegt in dem Umstand, daß es sich um ein Höchstes handelt, auch der Gedanke schon angedeutet, daß dieser außerordentliche Zustand der Fülle sich nicht dauernd wird halten lassen.

DAS URTEIL
Die Fülle hat Gelingen.
Der König erreicht sie.
Sei nicht traurig; du mußt sein wie die Sonne am Mittag.

Eine Zeit höchster Größe und Fülle herbeizuführen ist nicht jedem Sterblichen beschieden. Es muß ein geborener Herrscher der Menschen sein, der so etwas vermag, weil sein Wille auf das Große gerichtet ist. Die Zeit einer solchen Fülle ist meist kurz. Ein Weiser könnte daher angesichts des folgenden Niedergangs wohl traurig werden. Doch ziemt sich solche Trauer nicht für ihn. Nur ein Mann, der innerlich frei von Sorge und Kummer ist, kann eine Zeit der Fülle heraufführen. Er muß sein wie die Sonne am Mittag, die alles unter dem Himmel erleuchtet und erfreut.

DAS BILD

Donner und Blitz kommen beide: das Bild der Fülle.
So entscheidet der Edle die Prozesse und führt die Strafen aus.

Das Zeichen hat eine gewisse Beziehung zu dem Zeichen »das Durchbeißen«, Nr. 21, wo ebenfalls Donner und Blitz beisammen sind, aber in umgekehrter Reihenfolge. Während dort die Gesetze festgelegt werden, werden sie hier ausgeführt und angewandt. Innen die Klarheit ermöglicht eine genaue Prüfung des Sachverhalts, und außen die Erschütterung sorgt für strenge und präzise Durchführung der Strafen.

DIE EINZELNEN LINIEN:

ANFANGS EINE NEUN BEDEUTET:

Wenn man seinem bestimmten Herrn begegnet,
So mag man zehn Tage beisammen sein, und es ist kein Fehler.
Hingehen findet Anerkennung.

Um eine Zeit der Fülle herbeizuführen, bedarf es der Vereinigung von Klarheit und energischer Bewegung. Wo diese beiden Eigenschaften in zwei Menschen sich finden, da passen diese Menschen zueinander, und auch wenn sie zur Zeit der Fülle einen vollen Kreislauf beisammen sind, ist es nicht zu lang und kein Fehler. Darum mag man hingehen, um zu wirken; es wird Anerkennung finden.

SECHS AUF ZWEITEM PLATZ BEDEUTET:

Der Vorhang ist von solcher Fülle,
Daß man am Mittag die Polsterne sieht.
Durch Hingehen erreicht man Mißtrauen und Haß.
Wenn man durch Wahrheit ihn erweckt, kommt Heil.

Oft kommt es vor, daß sich zwischen den Herrscher, der das Große will, und den Mann, der das Große ausführen könnte, Intrigen und Parteiränke eindrängen, die verfinsternd wirken wie eine Sonnenfinsternis. Dann sieht man statt der Sonne die Nordsterne am Himmel. Der Herr wird in den Schatten gedrängt durch eine Partei, die die Herrschaft an sich gerissen. Wollte man in solcher Zeit etwas Energisches unternehmen, so würde man nur auf Mißtrauen und Neid stoßen, die alle Bewegung unmöglich machen würden. Da gilt es dann, innerlich in der Macht der Wahrheit zu stehen, die schließlich so stark ist, daß sie im Unsichtbaren auf den Herrscher wirkt, so daß alles gut geht.

NEUN AUF DRITTEM PLATZ BEDEUTET:
Das Gestrüpp ist von solcher Fülle,
Daß man am Mittag die kleinen Sterne sieht.
Er bricht seinen rechten Arm. Kein Makel.

Hier wird als Bild die fortschreitende Bedeckung der Sonne geschildert. An diesem Punkt ist die Totalität erreicht, darum sieht man am Mittag selbst die kleinen Sterne.

Auf gesellschaftliche Verhältnisse übertragen ist hier der Fürst so verfinstert, daß auch die unbedeutendsten Menschen sich hervordrängen können. Da ist es für einen tüchtigen Mann, der die rechte Hand des Herrschers sein könnte, unmöglich, etwas zu unternehmen. Es ist, als wäre die Hand gebrochen. Aber es ist nicht seine Schuld, daß er auf diese Weise am Handeln verhindert ist.

NEUN AUF VIERTEM PLATZ BEDEUTET:
Der Vorhang ist von solcher Fülle,
Daß man am Mittag die Polsterne sieht.
Er begegnet seinem gleichen Herrn. Heil!

Hier ist die Finsternis schon im Abnehmen, darum findet sich das einander Entsprechende zusammen. Auch hier muß die Ergänzung gefunden werden: zur Handelsfreudigkeit die nötige Weisheit. Dann wird alles gut gehen. Es ist hier die umgekehrte Ergänzung in Betracht gezogen wie beim ersten Strich. Dort sollte die Weisheit durch Energie ergänzt werden, hier die Energie durch Weisheit.

SECHS AUF FÜNFTEM PLATZ BEDEUTET:
Es kommen Linien, es naht Segen und Ruhm. Heil!

Der herrschende Mann ist bescheiden, so daß er für Rat der Tüchtigen zugänglich ist. So kommen Männer in seine Umgebung, die ihm die Richtlinien des Handelns nahebringen. Dadurch kommt Segen, Ruhm und Heil für ihn und alles Volk.

OBEN EINE SECHS BEDEUTET:
Sein Haus ist in Fülle.
Er verdeckt seine Sippe.
Er späht durch das Tor
Und merkt niemand mehr.
Drei Jahre lang sieht er nichts. Unheil!

Es ist hier ein Mann gezeichnet, der durch seinen Hochmut und Eigenwillen das Gegenteil erreicht von dem, was er erstrebt. Er sucht Fülle und Pracht für seine Wohnung. Er will unbedingt Herr sein in seinem Haus. Aber dadurch entfremdet er sich seine Familie, so daß er schließlich ganz vereinsamt dasteht.

旅

56. LÜ / DER WANDERER

☲ *oben Li, das Haftende, das Feuer*
☶ *unten Gen, das Stillehalten, der Berg*

Der Berg (Gen) steht still, oben das Feuer (Li) flammt auf und verweilt nicht. Darum bleiben sie nicht beisammen. Fremde, Trennung ist das Los des Wanderers.

DAS URTEIL
Der Wanderer. Durch Kleinheit Gelingen.
Dem Wanderer ist Beharrlichkeit von Heil.

Als Wanderer und Fremdling darf man nicht schroff sein und hoch hinaus wollen. Man hat keinen großen Bekanntenkreis, darum darf man sich nicht brüsten. Man muß vorsichtig und zurückhaltend sein, so schützt man sich vor Übel. Wenn man gegen die andern zuvorkommend ist, so erringt man Erfolge. Der Wanderer hat keine feste Stätte, die Straße ist seine Heimat. Darum muß er dafür sorgen, daß er innerlich recht und fest ist, daß er nur an guten Orten verweilt und nur mit guten Menschen verkehrt. Dann hat er Heil und kann unangefochten seine Straße ziehen.

DAS BILD
Auf dem Berg ist Feuer: das Bild des Wanderers.
So ist der Edle klar und vorsichtig in der Anwendung
von Strafen und verschleppt keine Streitigkeiten.

Wenn das Gras auf dem Berge abbrennt, so gibt es einen hellen Schein. Aber das Feuer verweilt nicht, sondern wandert der neuen Nahrung nach. Es ist nur eine rasch vorübergehende Erscheinung. So soll es auch mit Strafen und Prozessen sein. Sie müssen eine rasch vorübergehende Erscheinung sein und dürfen sich nicht verschleppen. Die Gefängnisse müssen etwas sein, das die Leute nur vorübergehend, wie Gäste, aufnimmt. Sie dürfen nicht zu Wohnräumen der Menschen werden.

DIE EINZELNEN LINIEN:
ANFANGS EINE SECHS BEDEUTET:
Wenn der Wanderer sich mit kleinlichen Dingen abgibt,
So zieht er sich dadurch Unglück zu.

Ein Wanderer darf sich nicht entwürdigen und sich mit gemeinen Dingen am Weg abgeben. Gerade je niedriger und wehrloser seine Stellung nach außen hin ist, desto mehr muß er innerlich seine Würde wahren. Denn wenn ein Fremder denkt, dadurch freundliche Aufnahme zu finden, daß er sich zu Scherzen und Lächerlichkeiten hergibt, so irrt er sich. Die Folgen sind nur Verachtung und beleidigende Behandlung.

SECHS AUF ZWEITEM PLATZ BEDEUTET:
Der Wanderer kommt zur Herberge.
Er hat seinen Besitz bei sich.
Er erlangt eines jungen Dieners Beharrlichkeit.

Der Wanderer, der hier gezeichnet wird, ist bescheiden und zurückhaltend. Innerlich verliert er sich nicht selbst, darum findet er einen Ruheort. Nach außen hin verliert er nicht die Zuneigung der Menschen, darum fördern ihn alle, so daß er Besitz erwerben kann. Außerdem findet sich ein treuer und zuverlässiger Diener bei ihm ein, wie er für den Wanderer von unschätzbarem Wert ist.

NEUN AUF DRITTEM PLATZ BEDEUTET:
Dem Wanderer verbrennt seine Herberge.
Er verliert die Beharrlichkeit seines jungen Dieners.
Gefahr.

Ein gewalttätiger Fremder weiß sich nicht zu benehmen. Er mischt sich in Angelegenheiten und Streitigkeiten, die ihn nichts angehen. Dadurch verliert er seinen Ruheplatz. Er behandelt seinen Diener fremd und hochfahrend. Dadurch verliert er dessen Treue. Wenn man als Fremder niemand mehr hat, auf den man sich verlassen kann, so ist das sehr gefährlich.

NEUN AUF VIERTEM PLATZ BEDEUTET:
Der Wanderer ruht an einem Unterkunftsort.
Er erlangt seinen Besitz und eine Axt.
Mein Herz ist nicht froh.

Hier ist ein Wanderer gezeichnet, der sich äußerlich zu bescheiden versteht, obwohl er innerlich stark und vorwärtsdringend ist. Darum findet er wenigstens einen Unterkunftsort, an dem er weilen kann. Auch gelingt es ihm, Besitz zu erwerben. Aber er ist mit seinem Besitz nicht in Sicherheit. Er muß stets auf der Hut sein, bereit, sich mit bewaffneter Hand zu verteidigen. Darum fühlt er sich nicht wohl. Es kommt ihm dauernd zum Bewußtsein, daß er ein Fremder ist in fremdem Land.

SECHS AUF FÜNFTEM PLATZ BEDEUTET:
Er schießt einen Fasan; auf den ersten Pfeil fällt er.
Schließlich kommt dadurch Lob und Amt.

Die Staatsmänner auf Reisen pflegten sich bei den Fürsten durch das Geschenk eines Fasans einzuführen. Der Wanderer will hier in Fürstendienste treten. Er schießt zu diesem Zweck einen Fasan, den er beim ersten Schuß erlegt. So findet er Freunde, die ihn loben und empfehlen, und wird schließlich von dem Fürsten angenommen, der ihm ein Amt verleiht.
Oft kommen Verhältnisse vor, die einen veranlassen, in der Fremde seine Heimat zu suchen. Wenn man es versteht, die Lage zu treffen und sich in der rechten Weise einzuführen, so mag man einen Freundeskreis und Wirkungskreis auch in der Fremde finden.

OBEN EINE NEUN BEDEUTET:
Dem Vogel verbrennt sein Nest.
Der Wanderer lacht erst,
Dann muß er klagen und weinen.
Er verliert die Kuh im Leichtsinn. Unheil!

Das Bild des Vogels, dem sein Nest verbrennt, zeigt den Verlust des Ruheorts. Wenn der Vogel beim Bau seines Nestes leichtsinnig und unvorsichtig war, so kann ihm dieses Unglück begegnen. So auch dem Wanderer. Wenn er sich gehen läßt in Scherz und Lachen und nicht mehr daran denkt, daß er ein Wanderer ist, so wird er später zu weinen und zu klagen haben. Denn wenn man im Leichtsinn seine Kuh, d.i. seine bescheidene Anpassungsfähigkeit, verliert, so ist das vom Übel.

巽

57. SUN / DAS SANFTE, DAS EINDRINGLICHE, DER WIND

oben Sun, das Sanfte, der Wind, das Holz
unten Sun, das Sanfte, der Wind, das Holz

Sun ist eines der acht Doppelzeichen. Es ist die älteste Tochter, hat als Bild den Wind oder das Holz, als Eigenschaft die Sanftheit, die jedoch eindringt wie der Wind oder das Holz mit seinen Wurzeln.
Das Dunkle, das an sich starr und unbeweglich ist, wird aufgelöst durch das eindringende lichte Prinzip, dem es sich unterordnet in Sanftheit. In der Natur ist es der Wind, der die angehäuften Wolken auseinandertreibt und heitre Himmelsklarheit schafft. Im Menschenleben ist es die durchdringende Klarheit des Urteils, die alle dunklen Hintergedanken zunichte macht. Im Leben der Gemeinschaft ist es der mächtige Einfluß einer bedeutenden Persönlichkeit, die alle lichtscheuen Machenschaften aufdeckt und auseinandertreibt.

DAS URTEIL
Das Sanfte. Durch Kleines Gelingen.
Fördernd ist es, zu haben, wohin man geht.
Fördernd ist es, den großen Mann zu sehen.

Eindringlichkeit erzeugt allmähliche und unscheinbare Wirkungen. Es soll nicht durch Vergewaltigung gewirkt werden, sondern durch ununterbrochene Beeinflussung. Diese Wirkungen sind weniger in die Augen fallend als die durch Überrumpelung gewonnenen, aber sie sind nachhaltiger und völliger. Damit man auf diese Weise

wirken kann, muß man ein klares Ziel haben; denn nur dadurch, daß die eindringliche Beeinflussung immer in derselben Richtung wirkt, wird etwas erreicht.
Das Kleine kann nur dann etwas erreichen, wenn es sich einem bedeutenden Manne unterordnet, der die Fähigkeit besitzt, Ordnung zu schaffen.

DAS BILD
Einander folgende Winde: das Bild des Sanft-Eindringenden.
So verbreitet der Edle seine Gebote
Und wirkt seine Geschäfte.

Das Eindringliche des Windes beruht auf seiner Unaufhörlichkeit. Dadurch wird er so machtvoll. Er nimmt die Zeit als Mittel zur Wirkung. So muß auch der Gedanke des Herrschers in die Volksseele eindringen. Auch dazu ist eine dauernde Einwirkung durch Aufklärung und Gebot von Nöten. Erst wenn das Gebot in die Volksseele übergegangen ist, ist ein darauf bezügliches Handeln möglich. Unvorbereitetes Handeln schreckt nur zurück und wirkt abstoßend.

DIE EINZELNEN LINIEN:
ANFANGS EINE SECHS BEDEUTET:
Beim Vorgehen und Rückweichen
Ist fördernd die Beharrlichkeit eines Kriegers.

Das sanfte Wesen geht oft bis zur Unentschlossenheit. Man fühlt nicht die Kraft, entschlossen fortzuschreiten. Tausend Bedenken erheben sich, aber man hat auch nicht Lust, sich zurückzuziehen, sondern treibt unentschlossen hin und her. In solchem Fall ist eine militärische Entschlossenheit das Richtige, daß man entschieden das tut, was die Ordnung erfordert. Entschlossene Disziplin ist weit besser als unentschlossene Zuchtlosigkeit.

NEUN AUF ZWEITEM PLATZ BEDEUTET:
Eindringen unter das Bett.
Man benützt Priester und Magier in großer Zahl.
Heil! Kein Makel.

Zuweilen hat man es mit verborgenen Feinden zu tun, ungreifbaren Einflüssen, die sich in die dunkelsten Winkel verkriechen und von dort aus die Leute suggestiv beeinflussen. In solchen Fällen ist es nötig, diesen Dingen bis in die geheimsten Winkel nachzuspüren, um festzustellen, um was für Einflüsse es sich handelt – dies die Aufgabe der Priester –, und sie zu beseitigen – dies die Aufgabe der Magier. Gerade das Anonyme solcher Umtriebe erfordert besonders unermüdliche Energie, die sich aber belohnt macht. Denn wenn solche unkontrollierbaren Einflüsse erst ans Licht gebracht und gebrandmarkt sind, haben sie ihre Macht über die Menschen verloren.

NEUN AUF DRITTEM PLATZ BEDEUTET:
Wiederholtes Eindringen. Beschämung.

Das eindringliche Nachdenken darf nicht zu weit getrieben werden; sonst hemmt es die Entschlußfähigkeit. Wenn eine Sache gründlich durchgedacht ist, dann gilt es, sich zu entscheiden und zu handeln. Durch wiederholtes Durchdenken kommt man immer aufs neue in Bedenklichkeiten und dadurch in Beschämung, weil man sich zum Handeln als unfähig erweist.

SECHS AUF VIERTEM PLATZ BEDEUTET:
Reue schwindet.
Auf der Jagd fängt man drei Arten von Wild.

Wenn man angeborene Bescheidenheit infolge der verantwortungsvollen Stelle, die man bekleidet, und der Erfahrungen, die man gesammelt hat, mit energischer Betätigung verbindet, so erreicht man sicher einen großen Erfolg. Die drei Arten von Tieren dienten zu Opfern für die Götter, zur Bewirtung der Gäste und zum täglichen Gebrauch. Wenn man für alle drei Zwecke etwas erlegte, so war das Jagdergebnis besonders gut.

NEUN AUF FÜNFTEM PLATZ BEDEUTET:
Beharrlichkeit bringt Heil. Reue schwindet.
Nichts, das nicht fördernd ist.
Kein Anfang, aber ein Ende.
Vor der Änderung drei Tage, nach der Änderung drei Tage.
Heil!

Während bei der »Arbeit am Verdorbenen« (Nr. 18) ein ganz neuer Ausgangspunkt geschaffen werden muß, handelt es sich hier nur um Reformen. Der Anfang war nicht gut, aber man ist an einen Zeitpunkt gekommen, da eine neue Richtung eingeschlagen werden kann. Man muß ändern und bessern. Das muß man tun in Beständigkeit, d.h. in rechter und fester Gesinnung, dann wird es gelingen, und die Reue schwindet. Nur ist es zu beachten, daß solche Verbesserungen sorgfältiger Überlegung bedürfen. Ehe man die Änderung bewerkstelligt, ist wiederholte Überlegung nötig, und nachdem die Änderung da ist, muß man auch noch eine Zeitlang sorgfältig untersuchen, wie die Besserungen sich in Wirklichkeit ausnehmen. Solche sorgfältige Arbeit ist von Heil begleitet.

OBEN EINE NEUN BEDEUTET:
Eindringen unter das Bett.
Er verliert seinen Besitz und seine Axt.
Beharrlichkeit bringt Unheil.

Die Erkenntnis ist eindringlich genug. Man dringt den schädlichen Einflüssen bis in die geheimsten Winkel nach. Aber man hat keine Kraft mehr, sie entscheidend zu bekämpfen. In diesem Fall ist jeder Versuch, in die persönlichen Gebiete der Finsternis einzudringen, nur vom Übel.

兑

58. DUI / DAS HEITERE, DER SEE

䷹ *oben Dui, das Heitere, der See*
unten Dui, das Heitere, der See

Dui ist wie Sun eines der acht Doppelzeichen. Dui bedeutet die jüngste Tochter, hat als Bild den lächelnden See, als Eigenschaft die Freude. Die Freude beruht nicht, wie es wohl scheinen könnte, auf der Weichheit, die sich in der oberen Linie zeigt. Die Eigenschaft des weichen bzw. dunklen Prinzips ist nicht Freude, sondern Schwermut. Vielmehr beruht die Freude darauf, daß innen zwei starke Striche sind, die sich äußern durch das Mittel der Weichheit.
Wahre Freude beruht also darauf, daß im Innern Festigkeit und Stärke vorhanden ist, die nach außen hin weich und milde auftritt.

DAS URTEIL
Das Heitere. Gelingen. Günstig ist Beharrlichkeit.

Die fröhliche Stimmung wirkt ansteckend, darum hat sie Erfolg. Aber die Freude bedarf als Grundlage der Beständigkeit, damit sie nicht zu unbeherrschter Lustigkeit ausartet. Wahrheit und Stärke muß im Herzen wohnen, während die Milde nach außen im Verkehr zutage tritt. Auf diese Weise nimmt man Gott und den Menschen gegenüber die rechte Stellung ein und erreicht etwas. Durch bloßes Einschüchtern ohne Milde läßt sich unter Umständen für den Augenblick etwas erreichen, aber nicht für die Dauer. Wenn man dagegen durch Freundlichkeit die Herzen der Menschen gewinnt, so bewirkt man, daß sie alle Beschwerden gern auf sich nehmen, ja, wenn es sein muß, selbst den Tod nicht scheuen. So groß ist die Macht der Freude über die Menschen.

DAS BILD
Aufeinander beruhende Seen: das Bild des Heiteren.
So tut sich der Edle mit seinen Freunden zusammen
zur Besprechung und Einübung.

Ein See verdunstet nach oben und erschöpft sich dadurch allmählich. Wenn aber zwei Seen miteinander in Verbindung sind, so erschöpfen sie sich nicht so leicht, weil einer den andern bereichert. So ist es auch auf wissenschaftlichem Gebiet. Die Wissenschaft soll eine erfrischende und belebende Kraft sein. Das kann sie nur werden im belebenden Verkehr mit gleichgesinnten Freunden, mit denen man sich bespricht und übt in der Anwendung der Lebenswahrheiten. So wird das Wissen vielseitig und bekommt eine heitere Leichtigkeit, während das Wissen der Autodidakten immer etwas Schweres und Einseitiges behält.

DIE EINZELNEN LINIEN:
ANFANGS EINE NEUN BEDEUTET:
Zufriedene Heiterkeit. Heil!

Eine stille, wortlose, in sich gesammelte Freude, die nichts von außen begehrt und mit allem zufrieden ist, bleibt frei von allen egoistischen Zu- und Abneigungen. In dieser Freiheit liegt das Heil, denn sie birgt die ruhige Sicherheit des in sich gefestigten Herzens.

NEUN AUF ZWEITEM PLATZ BEDEUTET:
Wahrhaftige Heiterkeit. Heil! Die Reue schwindet.

Oft befindet man sich in Beziehung zu minderwertigen Menschen, aus deren Mitte andere Freuden winken, als sie dem höheren Menschen gemäß sind. Wollte man an solchen Freuden teilnehmen, so würde das sicher Reue nach sich ziehen; denn ein höherer Mensch ist mit niederen Freuden nicht wirklich zu befriedigen. Wenn man infolge dieser Erkenntnis sich in seinem Willen nicht beirren läßt, so daß man nicht an dieser Art Gefallen findet, dann wagt einem selbst eine zweifelhafte Umgebung keine unedlen Freuden anzubieten, da sie einen ja doch nicht erfreuen würden. – Damit aber ist jeder Anlaß zum Bedauern beseitigt.

SECHS AUF DRITTEM PLATZ BEDEUTET:
Kommende Heiterkeit. Unheil!

Die wahre Freude muß aus dem eigenen Innern quellen. Wenn man aber innerlich leer ist, so daß man sich an die Außenwelt verliert, so kommen die Freuden von außen herbei. Das ist es, was manche Menschen als Zerstreuung begrüßen. Menschen, die aus innerer Haltlosigkeit das Bedürfnis nach Zerstreuung haben, werden stets Gelegenheit haben, sich zu zerstreuen. Sie ziehen die äußerlichen Freuden durch die Leere ihres Wesens an sich. Dadurch verlieren sie sich immer mehr, was natürlich vom Übel ist.

NEUN AUF VIERTEM PLATZ BEDEUTET:
Überlegte Heiterkeit ist nicht beruhigt.
Nach Abtun der Fehler hat man Freude.

Oft befindet sich der Mensch mitten inne zwischen verschiedenen Arten der Freude. Solange man noch nicht entschieden ist, welche Art der Freude man wählen will, die höhere oder die niedere, solange befindet man sich innerlich in Unruhe. Erst wenn man klar erkannt hat, daß die Leidenschaft Leiden bringt, vermag man sich so zu entscheiden, daß man das Niedere von sich abtut und die höheren Freuden erstrebt. Ist diese Entscheidung besiegelt, so hat man die wahre innere Heiterkeit und Ruhe gefunden, und der innere Widerstreit ist überwunden.

NEUN AUF FÜNFTEM PLATZ BEDEUTET:
Wahrhaftigkeit gegen das Zersetzende ist gefährlich.

Auch dem besten Menschen nahen sich gefährliche Elemente. Wenn man sich mit diesen einläßt, so wirkt ihr zersetzender Einfluß ganz langsam, aber sicher und zieht seine Gefahren unvermeidlich hinten nach. Wer aber die Lage erkennt und die Gefahr zu durchschauen versteht, der weiß sich zu hüten und bleibt frei von Schaden.

OBEN EINE SECHS BEDEUTET:
Verführende Heiterkeit.

Wenn man innerlich eitel ist, so lockt man die Freuden der Zerstreuung an und hat unter ihnen zu leiden (vgl. Sechs auf drittem Platz). Wenn man innerlich nicht gefestigt ist, so wirken die Freuden der Außenwelt, denen man sich nicht entzieht, so stark auf einen ein, daß man mitgerissen wird. Hier ist von Gefahr, von Heil oder Unheil nicht mehr die Rede. Man hat die Steuerung des Lebens aus der Hand gegeben, und es hängt vom Zufall und äußeren Einflüssen ab, was aus einem wird.

渙

59. HUAN / DIE AUFLÖSUNG

䷺ *oben Sun, das Sanfte, der Wind*
unten Kan, das Abgründige, das Wasser

Der Wind, der oben über das Wasser fährt, zerstreut es und löst es auf in Schaum und Dunst. Darin liegt auch der Gedanke, daß die Lebensenergie, wenn sie sich im Menschen staut (was durch die Eigenschaft des unteren Zeichens als Gefahr angedeutet ist), durch die Sanftheit wieder zerstreut und aufgelöst wird.

DAS URTEIL
Die Auflösung: Gelingen. Der König naht seinem Tempel.
Fördernd ist es, das große Wasser zu durchqueren.
Fördernd ist Beharrlichkeit.

Das Zeichen hat in seinem Text Ähnlichkeit mit dem Zeichen Tsui, »die Sammlung« (Nr. 45). Dort handelt es sich um Sammlung des Getrennten, wie das Wasser sich in Seen auf der Erde sammelt. Hier handelt es sich um Zerstreuung und Auflösung des trennenden Egoismus. Das Zeichen »die Auflösung« zeigt sozusagen den Weg, der zur Sammlung führt. Daher erklärt sich die Ähnlichkeit des Textes.
Zur Überwindung des trennenden Egoismus der Menschen bedarf es der religiösen Kräfte. Die gemeinsame Feier der großen Opferfeste und Gottesdienste, die zugleich den Zusammenhang und die soziale Gliederung von Familie und Staat zum Ausdruck brachten, war das Mittel, das die großen Herrscher anwandten, um die

Herzen in gemeinsamer Wallung des Gefühls durch heilige Musik und Pracht der Zeremonien zum Bewußtsein des gemeinsamen Ursprungs aller Wesen zu bringen, wodurch die Trennung überwunden, die Erstarrung aufgelöst wurde. Ein weiteres Mittel ist das Zusammenwirken an gemeinsamen großen Unternehmungen, die dem Willen ein großes Ziel vorhalten und in der Richtung auf dieses Ziel alles Trennende auflösen, wie in einem Schiff, das einen großen Strom durchquert, alle Insassen sich in der gemeinsamen Arbeit einigen müssen.
Zu solcher Auflösung der Härte des Egoismus ist aber nur jemand fähig, der selbst von allen egoistischen Nebengedanken frei in Gerechtigkeit und Beständigkeit verharrt.

DAS BILD

Der Wind fährt über das Wasser: das Bild der Auflösung.
So opferten die alten Könige dem Herrn und bauten Tempel.

Das Wasser beginnt im Herbst und Winter zu erstarren und zu Eis zu gefrieren. Wenn die milden Lüfte des Frühlings kommen, löst sich die Erstarrung, und das in Eisschollen Zerstreute vereinigt sich wieder. So ist es auch mit dem Sinn des Volkes. Durch Härte und Selbstsucht erstarrt das Herz, und in dieser Erstarrung trennt es sich von allem andern. Egoismus und Habsucht isolieren die Menschen. Darum muß eine fromme Rührung das Menschenherz ergreifen. Es muß gelöst werden in heiligen Schauern der Ewigkeit, die es erschüttern durch die Ahnung des gemeinsamen Schöpfers aller Wesen und einigen durch die Macht der Gemeinschaftsgefühle bei der heiligen Feier der Anbetung des Göttlichen.

DIE EINZELNEN LINIEN:
ANFANGS EINE SECHS BEDEUTET:
Er bringt Hilfe mit der Macht eines Pferdes.

Hier handelt es sich darum, daß, noch ehe die Trennung vollzogen ist, die ersten Anfänge dazu überwunden werden; daß die Wolken zerstreut werden, noch ehe Sturm und Regen eingetreten ist. In solchen Zeiten, da geheime Abweichungen der Stimmungen auftreten und gegenseitige Mißverständnisse die Folge sind, muß man rasch und stark handeln, um diese Mißverständnisse und das gegenseitige Mißtrauen aufzulösen.

NEUN AUF ZWEITEM PLATZ BEDEUTET:
Bei der Auflösung läuft er seiner Stütze zu.
Die Reue schwindet.

Wenn man in sich selbst die Anfänge der Entfremdung von andern, des Menschenhasses und der Mißstimmung entdeckt, dann gilt es diese Stockungen zu zerstreuen. Man muß sich innerlich aufmachen, seiner Stütze zueilen. Eine solche Stütze des Menschen liegt nie im Haß, sondern immer in einer gemäßigten und gerechten, mit Wohlwollen gepaarten Beurteilung der Menschen. Wenn man diesen freien Blick auf die Menschheit wieder gewinnt, unter Zerstreuung alles schwarzgalligen Unmuts, verschwindet aller Anlaß zur Reue.

SECHS AUF DRITTEM PLATZ BEDEUTET:
Er löst sein Ich auf. Keine Reue.

Die Arbeit kann unter Umständen so schwer werden, daß man nicht mehr an sich selbst denken kann. Man muß die eigene Person vollkommen auf die Seite setzen, alles zerstreuen, was das Ich trennend um sich sammeln möchte. Nur auf der Grundlage eines großen Verzichtes gewinnt man die Kraft zu großen Leistungen. Dadurch, daß man sein Ziel außer sich hat in einer großen Sache, kann man diesen Standpunkt gewinnen.

SECHS AUF VIERTEM PLATZ BEDEUTET:
Er löst sich von seiner Schar. Erhabenes Heil!
Durch Auflösung folgt Anhäufung.
Das ist etwas, an das Gewöhnliche nicht denken.

Wenn man an einer Aufgabe arbeitet, die ins große Ganze geht, muß man alle Privatfreundschaften beiseite lassen. Nur wenn man über den Parteien steht, leistet man etwas Ausschlaggebendes. Wer diesen Verzicht auf das Nahe wagt, wird die Fernen gewinnen. Aber man muß einen weiten Überblick über die Zusammenhänge des Lebens haben, wie ihn nur ungewöhnliche Menschen erlangen, um diesen Standpunkt verstehen zu können.

NEUN AUF FÜNFTEM PLATZ BEDEUTET:
Auflösend wie Schweiß sind seine lauten Rufe.
Auflösung! Ein König weilt ohne Makel.

In Zeiten allgemeiner Auflösung und Trennung ist ein großer Gedanke der Organisationspunkt der Genesung. Wie eine Krankheit durch lösenden Schweiß ihre Krise findet, so ist in Zeiten allgemeiner Stockung ein großer, suggestiver Gedanke eine wahre Erlösung. Die Menschen haben etwas, um das sie sich sammeln können, einen herrschenden Mann, der die Mißverständnisse zerstreuen kann.

OBEN EINE NEUN BEDEUTET:
Er löst sein Blut auf.
Weggehen, Sichfernhalten, Hinausgehen ist ohne Makel.

Das Auflösen des Blutes bedeutet auflösen, was Blut und Wunden bringen könnte, die Gefahr vermeiden. Es ist hier aber nicht der Gedanke ausgesprochen, daß man nur für sich selbst Schwierigkeiten umgeht, sondern der, daß man die Seinen rettet, ihnen hilft wegzugehen, noch ehe die Gefahr da ist, sich fernzuhalten von einer schon vorhandenen Gefahr und den Ausweg zu finden aus einer Gefahr, die sie schon ergriffen hat. Auf diese Weise tut man das Rechte.

節

60. DSIÄ / DIE BESCHRÄNKUNG

䷻ *oben Kan, das Abgründige, das Wasser*
unten Dui, das Heitere, der See

Der See hat einen beschränkten Raum. Wenn mehr Wasser hineinkommt, so fließt er über. Darum muß man ihm Schranken setzen. Es sind im Bild die Wasser unten und die Wasser oben, zwischen denen die Feste des Himmels als Schranke ist.

Das chinesische Wort für Beschränkung bedeutet eigentlich die festen Glieder, durch die die Bambusstengel eingeteilt sind. Im gewöhnlichen Leben ist damit gemeint die Sparsamkeit, die feste Schranken für ihre Ausgaben hat. Im moralischen Leben sind es die festen Schranken, die sich der Edle steckt für seine Handlungen, die Schranken der Treue und der Uneigennützigkeit.

DAS URTEIL
Beschränkung: Gelingen.
Bittere Beschränkung darf man nicht beharrlich üben.

Schranken sind bemühend. Aber sie richten etwas aus. Durch Sparsamkeit im gewöhnlichen Leben ist man gerüstet auf Zeiten der Not. Durch Zurückhalten erspart man sich Beschämung. Aber ebenso sind Schranken in der Ordnung der Weltverhältnisse unentbehrlich. Die Natur hat feste Schranken für Sommer und Winter, Tag und Nacht, und durch diese Schranken erhält das Jahr seine Bedeutung. So dient die Sparsamkeit dazu, daß durch feste Schranken in den Ausgaben die Güter erhalten bleiben und die Menschen nicht geschädigt werden.

Nur ist auch in der Beschränkung Maßhalten nötig. Wollte man seiner eigenen Natur allzu bittere Schranken auferlegen, so würde sie darunter leiden. Wollte man die Beschränkung der andern zu weit treiben, so würden sie sich empören. Darum sind auch in der Beschränkung Schranken nötig.

DAS BILD
Oberhalb des Sees ist Wasser:
Das Bild der Beschränkung.
So schafft der Edle Zahl und Maß und untersucht,
Was Tugend und rechter Wandel ist.

Der See ist etwas Endliches; das Wasser ist uner-schöpflich. Der See kann nur ein bestimmtes Maß des unendlichen Wassers fassen. Darin besteht seine Eigenart. Durch Sonderung und Aufrichtung von Schranken gewinnt auch im Leben das Individuum seine Bedeutung. Hier handelt es sich nun darum, diese Sonderungen, die sozusagen das Rückgrat der Moral sind, ganz klar festzusetzen. Unbeschränkte Möglichkeiten sind nichts, was für den Menschen geeignet ist. Dadurch würde sein Leben nur zerfließen im Grenzenlosen. Um stark zu werden, bedarf es der freien Schrankensetzung der Pflicht.
Nur indem der Einzelne sich mit diesen Schranken umgibt und frei für sich das Gebot der Pflicht festsetzt, gewinnt er die Bedeutung als freier Geist.

DIE EINZELNEN LINIEN:
ANFANGS EINE NEUN BEDEUTET:
Nicht zu Tür und Hof hinausgehen ist kein Makel.

Oft möchte man etwas unternehmen, sieht sich aber unübersteigbaren Schranken gegenüber. Da gilt es, die

Einsicht zu haben, wo man innehalten muß. Wenn man das richtig versteht und nicht über die Schranken hinausgeht, die einem gesteckt sind, dann sammelt man eine Kraft, daß man imstande ist, energisch zu handeln, wenn die Zeit dazu gekommen ist. Verschwiegenheit ist bei Vorbereitung wichtiger Dinge von prinzipieller Wichtigkeit.
Kungtse sagt darüber: »Wo Unordnung entsteht, da sind die Worte die Stufe dazu. Wenn der Fürst nicht verschwiegen ist, so verliert er den Diener. Wenn der Diener nicht verschwiegen ist, so verliert er das Leben. Wenn Sachen im Keime nicht verschwiegen behandelt werden, so schadet das der Vollendung. Darum ist der Edle sorgfältig im Verschweigen und geht nicht hinaus.«

NEUN AUF ZWEITEM PLATZ BEDEUTET:
Nicht zu Tor und Hof hinausgehen bringt Unheil.

Wenn die Zeit des Handelns gekommen ist, gilt es rasches Zugreifen. Wie das Wasser anfangs in einem See sich sammelt, ohne hinauszufließen, sich aber sicher einen Weg öffnet, wenn der See voll ist, so ist es auch im Menschenleben. Es ist ganz gut zu zögern, solange die Zeit noch nicht gekommen ist, aber nicht länger. Wenn die Hindernisse beseitigt sind, so daß man handeln kann, ist das ängstliche Zögern ein Fehler, der sicher Unheil bringt, weil man die Gelegenheit versäumt hat.

SECHS AUF DRITTEM PLATZ BEDEUTET:
Wer keine Beschränkung kennt, wird zu klagen haben.
Kein Makel.

Wenn man nur auf Freuden und Genuß bedacht ist, verliert man leicht das Gefühl für die notwendigen Schranken. Aber wenn man sich der Verschwendung hingibt, wird man die Folgen unter Bedauern zu erfahren haben. Man darf die Fehler nicht an andern suchen wollen. Nur wenn man seinen Fehler selbst einsieht, wird man durch solche unangenehmen Erlebnisse frei von Fehlern.

SECHS AUF VIERTEM PLATZ BEDEUTET:
Zufriedene Beschränkung. Gelingen.

Jede Beschränkung hat ihren Wert. Aber wenn diese Beschränkung noch dauernde Anstrengung erfordert, dann ist sie mit zu viel Kraftaufwand verbunden. Wo die Beschränkung aber etwas Natürliches ist, wie es z.B. in der Natur des Wassers liegt, nach unten zu fließen, da führt sie notwendig zu Erfolg, weil sie in diesem Fall eine Kraftersparnis bedeutet. Die Energie, die sonst im vergeblichen Kampf mit dem Objekt sich erschöpft, kommt restlos der Sache zugut, und der Erfolg kann nicht ausbleiben.

NEUN AUF FÜNFTEM PLATZ BEDEUTET:
Süße Beschränkung bringt Heil. Hingehen bringt Achtung.

Die Beschränkung muß in der richtigen Weise durchgeführt werden, um zu wirken. Wenn man nur andern Schranken auferlegen und sich selbst ihnen entziehen will, werden diese Schranken immer bitter empfunden und erzeugen Widerstreben. Wenn dagegen jemand, der in leitender Stellung ist, selbst mit der Beschränkung beginnt, wenig Leistungen von seinen Leuten verlangt und mit bescheidenen Mitteln etwas zustande bringt, so kommt dadurch Heil. Wo ein solches Vorbild wirkt, da findet es Nachfolge, so daß geraten muß, was man unternimmt.

OBEN EINE SECHS BEDEUTET:
Bittere Beschränkung: Beharrlichkeit bringt Unheil.
Reue schwindet.

Wenn man zu streng ist in der Beschränkung, so halten es die Menschen nicht aus. Je konsequenter man in solcher Strenge ist, desto mehr ist es vom Übel; denn ein Rückschlag läßt sich auf die Dauer nicht vermeiden. So rächt sich auch der gequälte Körper, wenn man mit zu strenger Askese vorgehen will. Aber wenn diese rücksichtslose Strenge auch nicht etwas ist, das sich dauernd und regelmäßig anwenden ließe, so kann es doch Zeiten geben, da sie das einzige Mittel ist, sich vor Verschuldung und Reue zu wahren. Es sind das die Situationen, da Rücksichtslosigkeit gegen die eigene Person das einzige Mittel ist, die Seele zu retten, die sonst in Halbheit und Versuchung unterginge.

中孚

61. DSCHUNG FU / INNERE WAHRHEIT

䷼ *oben Sun, das Sanfte, der Wind*
unten Dui, das Heitere, der See

Über dem See weht der Wind und bewegt die Oberfläche des Wassers. So zeigen sich sichtbare Wirkungen des Unsichtbaren. Das Zeichen besteht oben und unten aus festen Strichen, während es in der Mitte frei ist. Das deutet auf die Freiheit des Herzens von Voreingenommenheiten, so daß es fähig ist zur Aufnahme der Wahrheit. Die beiden Teilzeichen haben umgekehrt in der Mitte einen festen Strich. Das deutet auf die Kraft der inneren Wahrheit in ihren Wirkungen.

Die Eigenschaften der Teilzeichen sind: oben Sanftheit, Nachgiebigkeit gegen die Unteren, unten: Fröhlichkeit im Gehorsam gegen die Oberen. Solche Zustände schaffen die Grundlage eines gegenseitigen Vertrauens, das Erfolge ermöglicht.

Das Zeichen Fu (Wahrheit) ist eigentlich das Bild eines Vogelfußes über einem Jungen. Es enthält die Idee des Brütens. Das Ei ist hohl. Die Kraft des Lichten muß belebend von außen wirken. Aber es muß doch schon ein Keim des Lebens im Innern sein, damit das Leben geweckt werden kann. Es lassen sich weitgehende Spekulationen an diese Gedanken knüpfen.

DAS URTEIL

Innere Wahrheit: Schweine und Fische. Heil!
Fördernd ist es, das große Wasser zu durchqueren.
Fördernd ist Beharrlichkeit.

Schweine und Fische sind die ungeistigsten und daher am schwersten zu beeinflussenden Tiere. Die Kraft der inneren Wahrheit muß einen hohen Grad erreicht haben, ehe sich ihr Einfluß auch auf solche Wesen erstreckt. Wenn man solchen widerspenstigen, schwer zu beeinflussenden Menschen gegenübersteht, beruht das ganze Geheimnis des Erfolgs darauf, daß man den richtigen Weg findet, um Zugang zu ihnen zu finden. Man muß sich erst innerlich ganz frei machen von seinen Voreingenommenheiten. Man muß sozusagen die Psyche des andern ganz unbefangen auf sich wirken lassen; dann kommt man ihm innerlich nah, versteht ihn und bekommt Macht über ihn, so daß die Kraft der eigenen Person durch die geöffnete Pforte Einfluß auf den andern gewinnt. Wenn man so keine Hindernisse unüberwindlich findet, dann mag man auch die gefährlichsten Dinge unternehmen – wie das Durchqueren des großen Wassers –, und es wird gelingen. Nur ist es wichtig, daß man versteht, worauf die Kraft innerer Wahrheit beruht. Sie ist nicht identisch mit einfacher Intimität oder geheimem Zusammenhalten. Solch intimes Zusammenhalten kann auch unter Räubern stattfinden. Auch in diesem Fall bedeutet es freilich eine Kraft. Aber sie gereicht nicht zum Heil, weil sie nicht unüberwindlich ist. Alles Zusammengehen auf Grund von Interessengemeinschaft geht nur bis an einen gewissen Punkt. Wo die Interessengemeinschaft aufhört, hört auch das Zusammenhalten auf; und intimste Freundschaft schlägt oft in Haß um. Nur wo die Grundlage das Rechte, die Beständigkeit ist, bleibt die Verbindung so fest, daß sie alles überwindet.

DAS BILD
Über dem See ist der Wind:
Das Bild der inneren Wahrheit.
So bespricht der Edle die Strafsachen,
Um Hinrichtungen aufzuhalten.

Der Wind bewegt das Wasser, weil er in seine Zwischenräume einzudringen vermag. So sucht der Edle, wo er Fehler der Menschen abzuurteilen hat, in ihr Inneres verständnisvoll einzudringen und dadurch eine liebevolle Beurteilung der Umstände zu gewinnen. Die ganze antike Rechtsprechung der Chinesen war von diesem Grundsatz geleitet. Höchstes Verständnis, das zu verzeihen versteht, galt als höchste Gerechtigkeit. Eine solche Rechtsprechung war nicht erfolglos; denn der moralische Eindruck sollte so stark sein, daß ein Mißbrauch solcher Milde nicht zu befürchten war. Denn sie entsprang nicht der Schwäche, sondern überlegener Klarheit.

DIE EINZELNEN LINIEN:
ANFANGS EINE NEUN BEDEUTET:
Bereitsein bringt Heil.
Sind Hintergedanken da, so ist das beunruhigend.

Die Hauptsache für die Kraft innerer Wahrheit ist, daß man in sich gefestigt und bereit ist. Aus dieser inneren Haltung entspringt das richtige Verhalten zur Außenwelt. Wenn man dagegen geheime Beziehungen besonderer Art pflegen wollte, so würde einen das um die innere Selbständigkeit bringen, und je mehr man sich gesichert fühlte in dem Bewußtsein, in andern seinen Rückhalt zu finden, desto mehr käme man in Unruhe und Sorgen, ob nun auch diese geheimen Verbindungen wirklich haltbar sind. Dadurch verliert man den inneren Frieden und die Kraft innerer Wahrheit.

NEUN AUF ZWEITEM PLATZ BEDEUTET:
Ein rufender Kranich im Schatten. Sein Junges antwortet ihm.
Ich habe einen guten Becher. Ich will ihn mit dir teilen.

Hier ist von unwillkürlichem Einfluß des inneren Wesens auf gleichgestimmte Menschen die Rede. Der Kranich braucht sich nicht auf hohem Hügel zu zeigen. Wenn er auch ganz im Verborgenen seinen Ruf ertönen läßt, sein Junges hört seine Stimme und kennt sie und gibt ihm Antwort. Wo eine fröhliche Stimmung ist, da findet sich auch ein Genosse ein, der einen Becher Wein mit einem teilt.

So zeigt sich das Echo, das durch Sympathie im Menschen erweckt wird. Wo eine Stimmung sich wahr und rein ausspricht, wo eine Tat der klare Ausdruck der Gesinnung ist, da wirken sie geheimnisvoll in die Ferne, zunächst auf solche, die innerlich aufnahmebereit sind. Aber diese Kreise erweitern sich. Die Wurzel aller Wirkung liegt im eignen Innern. Wenn das sich ganz wahr und stark in Wort und Tat äußert, dann ist die Wirkung groß. Die Wirkung ist nur das Spiegelbild dessen, was aus der eigenen Brust hervorgeht. Jede Absicht auf Wirkung würde diese Wirkung nur zerstören.

Kungtse sagt darüber: »Der Edle weilt in seinem Zimmer. Äußert er seine Worte gut, so findet er Zustimmung aus einer Entfernung von über tausend Meilen. Wieviel mehr aus der Nähe! Weilt der Edle in seinem Zimmer und äußert seine Worte nicht gut, so findet er Widerspruch aus einer Entfernung von über tausend Meilen. Wieviel mehr noch aus der Nähe! Die Worte gehen von der eigenen Person aus und wirken auf die Menschen. Die Werke entstehen in der Nähe und werden sichtbar in der Ferne. Worte und Werke sind des Edlen Türangel und Armbrustfeder. Indem sich diese Angel und Feder bewegen, bringen sie Ehre oder Schande. Durch Worte und Werke bewegt der Edle Himmel und Erde. Muß man da nicht vorsichtig sein!«

SECHS AUF DRITTEM PLATZ BEDEUTET:
Er findet einen Genossen, bald trommelt er, bald hört er auf.
Bald schluchzt er, bald singt er.

Hier ist die Kraftquelle nicht im eigenen Ich, sondern in der Beziehung zu andern Menschen. Wenn man auch noch so nahe mit ihnen steht, wenn unser Schwerpunkt auf ihnen beruht, so läßt sich nicht vermelden, daß man umhergeworfen wird zwischen Freude und Leid. Himmelhoch jauchzend, zu Tode betrübt, das ist das Schicksal derer, die abhängen von der inneren Übereinstimmung mit andern Menschen, die sie lieben. Hier wird nur das Gesetz ausgesprochen, daß dem so ist. Ob dieser Zustand als lästig oder als höchstes Glück der Liebe empfunden wird, bleibt der subjektiven Beurteilung des Betroffenen überlassen.

SECHS AUF VIERTEM PLATZ BEDEUTET:
Der Mond, der beinahe voll ist.
Das Gespannpferd geht verloren.
Kein Makel.

Um die Kraft der inneren Wahrheit zu steigern, muß man sich dem Höheren zuwenden, von dem man Erleuchtung empfangen kann wie der Mond von der Sonne. Dabei ist aber eine gewisse Demut nötig, wie der Mond sie hat, der nicht ganz voll ist. Tritt der Mond als Vollmond der Sonne direkt gegenüber, so beginnt er auch sofort wieder abzunehmen. Wie man der Quelle der Erleuchtung gegenüber demütig und ehrfurchtsvoll sein muß, so muß man andererseits auf menschliche Parteiungen verzichten. Nur wenn man seinen Weg geht wie ein Pferd, das geradeaus läuft, ohne nach seinem Mitpferd zu schielen, behält man die innere Freiheit, die vorwärtsbringt.

NEUN AUF FÜNFTEM PLATZ BEDEUTET:
Er besitzt Wahrheit, die verkettet.
Kein Makel.

Hier ist der Herr gezeichnet, der durch die Kraft seines Wesens alles zusammenhält. Nur wenn seine Charakterstärke so umfassend ist, daß er alle beeinflussen kann, die zu seiner Herrschaft gehören, ist er so, wie er sein muß. Die Suggestivkraft muß vom Herrscher ausgehen. Sie wird alle die Seinigen fest zusammenknüpfen und einigen. Ohne diese Zentralkraft ist alle äußere Einigung nur Lüge, die im entscheidenden Augenblick zerbricht.

OBEN EINE NEUN BEDEUTET:
Hahnenruf, der zum Himmel dringt.
Beharrlichkeit bringt Unheil!

Der Hahn ist zuverlässig. Er ruft, wenn es Morgen wird. Er kann aber nicht selbst zum Himmel fliegen. Er kräht nur. So soll durch bloße Worte Glaube erweckt werden. Das gelingt wohl gelegentlich. Aber wenn man es dauernd betreibt, so ist das vom Übel.

小過

62. SIAU GO
DES KLEINEN ÜBERGEWICHT

䷽ *oben Dschen, das Erregende, der Donner*
unten Gen, das Stillehalten, der Berg

Während bei dem Zeichen »des Großen Übergewicht« (Nr. 28) die starken Striche im Übergewicht sind, und zwar innen, eingeschlossen zwischen die beiden Striche zu Anfang und zu Ende, sind hier die schwachen Striche im Übergewicht, ebenfalls außen, während die starken innen sind. Darauf beruht eben der Ausnahmezustand. Sind die starken Striche außen, so haben wir die Zeichen I, »Ernährung«, und Dschung Fu, »innere Wahrheit«, die beide nicht Ausnahmezustände bezeichnen. Wenn die Starken innen im Übergewicht sind, so müssen sie sich durchsetzen. Das schafft Kampf und Ausnahmezustände im Großen. Hier dagegen muß notgedrungen das Schwache die Vertretung nach außen übernehmen. Wenn man an einem entscheidenden Platz steht, dem man seinem Wesen nach eigentlich nicht gewachsen ist, so ist außerordentliche Vorsicht nötig.

DAS URTEIL
Des Kleinen Übergewicht. Gelingen.
Fördernd ist Beharrlichkeit.
Man mag kleine Dinge tun, man soll nicht große Dinge tun.
Der fliegende Vogel bringt die Botschaft:
Es ist nicht gut, nach oben zu streben,
Es ist gut, unten zu bleiben. Großes Heil.

Außerordentliche Bescheidenheit und Gewissenhaftigkeit wird sicher von Erfolg belohnt werden, nur ist es wichtig, daß sie nicht leere Formel und kriechendes Wesen wird, sondern mit der rechten Würde im persönlichen Auftreten verbunden bleibt, so daß man sich nicht wegwirft. Man muß verstehen, was die Forderungen der Zeit sind, um die rechte Ergänzung für die Mängel und Schäden der Zeit zu finden. Immerhin darf man sich nicht auf große Erfolge gefaßt machen, da dazu die nötige Stärke fehlt. Darum ist die Botschaft so wichtig, nicht nach hohen Dingen zu streben, sondern sich zu den niedrigen zu halten. Daß diese Botschaft durch einen Vogel gebracht wird, ergibt sich aus der Gestalt des Zeichens. Die vier starken, schweren Striche im Innern, die nur von zwei schwachen Strichen außen gestützt werden (vgl. Nr. 28 Da Go), geben das Bild des lastenden Firstbalkens. Hier sind die tragenden leichten Striche außen und in der Überzahl; das gibt das Bild des schwebenden Vogels. Aber der Vogel soll sich nicht überheben und in die Sonne fliegen wollen, sondern sich herablassen auf die Erde, wo sein Nest ist. Damit gibt er die Botschaft, die das Zeichen verkündet.

DAS BILD
Auf dem Berg ist der Donner:
Das Bild von des Kleinen Übergewicht.
So legt der Edle im Wandel
Das Übergewicht auf die Ehrerbietung.
Bei Trauerfällen legt er das Übergewicht auf die Trauer.
Bei seinen Ausgaben legt er
Das Übergewicht auf die Sparsamkeit.

Der Donner auf dem Berge ist anders als der in der Ebene. In den Bergen ist der Donner viel näher, während er außerhalb der Gebirge weniger hörbar ist als der Donner eines gewöhnlichen Gewitters. So entnimmt der Edle diesem Bild die Aufforderung, in allen Dingen die Pflicht näher und unmittelbarer ins Auge zu fassen als die Menschen des Alltags, obwohl infolge davon sein Betragen von außen her gesehen kleinlich erscheinen könnte. Er nimmt es ausnahmsweise genau mit seinen Handlungen, bei Trauerfällen steht ihm die innere Ergriffenheit weit näher als äußerer Formelkram, und so ist er bei Aufwendungen für seine eigene Person außerordentlich einfach und anspruchslos. Dieses alles bewirkt, daß er den Menschen der Masse gegenüber eine Ausnahmeerscheinung ist. Aber das Wesen dieser Ausnahme liegt darin, daß sie nach außen hin auf der Seite des Geringen sich befindet.

DIE EINZELNEN LINIEN:
ANFANGS EINE SECHS BEDEUTET:
Der Vogel kommt durch Fliegen ins Unheil.

Der Vogel soll zunächst im Nest bleiben, bis er flügge ist. Will er vorher fliegen, so zieht er sich Unheil zu. Außerordentliche Maßnahmen dürfen erst getroffen werden, wenn es nicht mehr anders geht. Zunächst muß man sich so iange als möglich ins Herkömmliche fügen, sonst verbraucht man sich und seine Kraft und erreicht doch nichts.

SECHS AUF ZWEITEM PLATZ BEDEUTET:
Sie geht an ihrem Ahnherrn vorbei und trifft die Ahnfrau.
Er erreicht nicht seinen Fürsten und trifft den Beamten.
Kein Makel.

Zwei Ausnahmefälle sind hier genannt: Im Ahnentempel, wo Generationenwechsel stattfindet, steht der Enkel auf

derselben Seite wie der Großvater, darum hat er zu ihm die nächsten Beziehungen. Hier ist die Frau des Enkels gezeichnet, die beim Opfer am Ahnherrn vorübergeht und sich der Ahnfrau zuwendet. Dieses außerordentliche Verhalten ist aber ein Ausdruck ihrer Bescheidenheit. Sie wagt es eher, vor die Ahnfrau zu treten, der sie sich durch ihr Geschlecht verwandt fühlt; darum ist dieses Abweichen von der Regel kein Fehler.
Ein anderes Bild ist das des Beamten, der zunächst ordnungsgemäß bei seinem Fürsten Audienz sucht. Wenn er ihn aber nicht trifft, sucht er nichts mit Gewalt zu erzwingen, sondern findet sich in gewissenhafter Pflichterfüllung zurecht, indem er sich einreiht in die Zahl der Beamten. Auch diese außerordentliche Zurückhaltung ist in Ausnahmezeiten kein Fehler. (Als Regel gilt, daß jeder Beamte zunächst eine Audienz bei seinem Fürsten hat, durch den er angestellt wird. Hier geht die Anstellung von dem Minister aus.)

NEUN AUF DRITTEM PLATZ BEDEUTET:
Wenn man sich nicht außerordentlich vorsieht,
So kommt etwa einer von hinten und schlägt einen.
Unheil!

Zu Zeiten ist außerordentliche Vorsicht unbedingt nötig. Aber gerade in solchen Lebenslagen gibt es gerade und starke Persönlichkeiten, die im Bewußtsein ihres guten Rechts es verschmähen, sich vorzusehen, weil sie das für kleinlich halten. Vielmehr gehen sie stolz und unbekümmert ihre Straße. Aber dieses Selbstvertrauen täuscht sie. Es gibt Gefahren, die aus dem Hinterhalt sich nahen und denen sie nicht gewachsen sind.
Immerhin handelt es sich um eine Gefahr, der man nicht unbedingt ausgesetzt ist, sondern die sich vermeiden läßt,

wenn man die Zeitlage versteht, die eben eine Hinwendung auf das Kleine, Unbedeutende in außerordentlicher Weise verlangt.

NEUN AUF VIERTEM PLATZ BEDEUTET:
Kein Makel. Ohne vorbeizugehen, trifft er ihn.
Hingehen bringt Gefahr. Man muß sich hüten.
Handle nicht. Sei dauernd beharrlich.

Die Härte des Charakters ist durch die Weichheit der Stellung gemildert, so daß man keinen Fehler macht. Man befindet sich in einer Lage, da man sich aufs äußerste zurückhalten muß. Man darf von sich aus nichts unternehmen, um das Gewünschte zu treffen. Und wenn man hingehen wollte, um gewaltsam sein Ziel zu erreichen, so käme man in Gefahr. Darum muß man sich hüten und nicht handeln, sondern dauernd die innere Beharrlichkeit wahren.

SECHS AUF FÜNFTEM PLATZ BEDEUTET:
Dichte Wolken, kein Regen von unserm westlichen Gebiet.
Der Fürst schießt und trifft jenen in der Höhle.

Da hier ein hoher Platz ist, ist aus dem Bild des fliegenden Vogels das der fliegenden Wolken geworden. Aber ob die Wolken auch noch so dicht sind, sie fliegen am Himmel dahin und spenden keinen Regen. So kann in außerordentlichen Zeiten wohl ein geborener Herrscher da sein, der berufen wäre, die Welt in Ordnung zu bringen, aber er vermag nichts auszurichten und dem Volk seinen Segen nicht zuzuwenden, weil er allein steht und keinen Gehilfen hat.
In solchen Zelten muß man nach Gehilfen suchen, mit denen zusammen man das Werk vollbringen kann. Aber

diese Gehilfen muß man bescheiden in der Verborgenheit suchen, in die sie sich zurückgezogen haben. Nicht auf Berühmtheit und großen Namen kommt es an, sondern auf wirkliche Leistungen.
Durch solche Bescheidenheit findet man den rechten Mann und vermag das außerordentliche Werk trotz aller Schwierigkeit zu vollenden.

OBEN EINE SECHS BEDEUTET:
Ohne ihn zu treffen, geht er an ihm vorbei.
Der fliegende Vogel verläßt ihn. Unheil!
Das bedeutet Unglück und Schaden.

Wenn man über das Ziel hinausschießt, so kann man es nicht treffen. Wenn der Vogel nicht in sein Nest will, sondern immer höher hinaus, so fällt er schließlich dem Jäger ins Netz. Wer in Zeiten des Außerordentlichen im Kleinen nicht Halt zu machen weiß, sondern unruhig immer weiter will, der zieht sich Unheil durch Götter und Menschen zu, weil er sich von der Naturordnung entfernt.

既濟

63. GI DSI / NACH DER VOLLENDUNG

䷾ *oben Kan, das Abgründige, das Wasser*
unten Li, das Haftende, das Feuer

Das Zeichen ist die Ausgestaltung des Zeichens Tai, »der Friede« (Nr. 11). Der Übergang aus der Verwirrung zur Ordnung ist vollzogen, und nun ist auch im Einzelnen alles auf seinem Platz. Die starken Linien sind auf den starken, die schwachen Linien sind auf den schwachen Plätzen. Das ist ein sehr günstiger Aspekt. Allein er gibt doch zu denken. Gerade wenn das vollkommene Gleichgewicht erreicht ist, kann jede Bewegung dazu führen, daß aus dem Zustand der Ordnung wieder der Zerfall entsteht. Dem einen starken Strich, der nach oben gegangen ist und so die Ordnung im Einzelnen vollkommen gemacht hat, folgen die anderen ihrer Natur entsprechend nach, und so entsteht dann plötzlich wieder das Zeichen Pi, »die Stockung« (Nr. 12). So deutet das Zeichen auf die Verhältnisse eines Höhepunktes, die äußerste Vorsicht nötig machen.

DAS URTEIL

Gelingen im Kleinen. Fördernd ist Beharrlichkeit.
Im Anfang Heil, am Ende Wirren.

Der Übergang von der alten in die neue Zeit ist schon vollzogen. Prinzipiell ist alles schon geregelt. Nur noch im Einzelnen läßt sich Erfolg erzielen. Dabei kommt es jedoch darauf an, daß man stets die rechte Gesinnung wahrt. Es geht alles seinen Gang wie von selbst. Das verführt zu leicht dazu, daß man in seiner Anspannung erlahmt und die Dinge laufen läßt, ohne sich im Einzelnen darum zu kümmern. Diese Gleichgültigkeit ist aber die Wurzel allen Übels. Aus ihr entspringen mit Notwendigkeit Verfallserscheinungen. Hier ist die Regel aufgestellt, wie es in der Geschichte zu gehen pflegt. Aber diese Regel ist kein unausweichliches Gesetz. Wer sie versteht, der vermag durch unausgesetzte Beständigkeit und Vorsicht ihre Wirkungen zu vermeiden.

DAS BILD
Das Wasser ist oberhalb des Feuers:
Das Bild des Zustands nach der Vollendung.
So bedenkt der Edle das Unglück
Und rüstet sich im voraus dagegen.

Wenn das Wasser im Kessel über dem Feuer hängt, so stehen beide Elemente in Beziehung, und es wird dadurch Kraft erzeugt. (Vgl. die Entstehung des Dampfes.) Allein die dadurch entstehende Spannung gebietet Vorsicht. Läuft das Wasser über, so wird das Feuer ausgelöscht, und seine Kraftwirkung geht verloren. Ist die Hitze zu groß, so verdampft das Wasser und geht in die Luft. Die Elemente, die hier in Beziehung zueinander stehen und so Kraft wirken, sind an sich einander feindlich. Nur die äußerste Vorsicht kann Schaden verhüten. So gibt es auch im Leben Verhältnisse, da alle Kräfte ausgeglichen sind und zusammenwirken und daher scheinbar alles in bester Ordnung ist. Der Weise allein erkennt in solchen Zeiten die Momente der Gefahr und weiß durch rechtzeitige Vorkehrungen, sie zu bannen.

DIE EINZELNEN LINIEN:
ANFANGS EINE NEUN BEDEUTET:
Er hemmt seine Räder.
Er kommt mit dem Schwanz ins Wasser.
Kein Makel.

In Zeiten nach einem großen Übergang ist alles auf Fortschritt und Entwicklung aus und drängt voran. Aber dieses Vorwärtsdrängen zu Beginn ist nicht gut und führt sicher zu Verlust und Sturz, indem man über das Ziel hinausschießt. Ein starker Charakter läßt sich daher durch den allgemeinen Schwindel nicht anstecken, sondern hemmt rechtzeitig seinen Lauf. So wird er wohl nicht ganz unberührt bleiben von den unheilvollen Folgen des allgemeinen Drängens, aber es trifft ihn nur von hinten wie einen Fuchs, der das Wasser schon überschritten hat und nur noch mit dem Schwanz ins Wasser kommt, und kann ihm nicht wesentlich schaden, da sein Verhalten das Richtige getroffen hat.

SECHS AUF ZWEITEM PLATZ BEDEUTET:
Die Frau verliert ihren Wagenvorhang.
Lauf ihm nicht nach, am siebten Tage bekommst du es.

Wenn eine Frau im Wagen fuhr, hatte sie einen Vorhang, der sie den Blicken der Neugierigen verbarg. Kam dieser Vorhang abhanden, so wäre es gegen die gute Sitte gewesen weiterzufahren. Auf das öffentliche Leben übertragen, bedeutet es, daß einem, wenn man etwas leisten will, von maßgebender Seite nicht das Vertrauen entgegengebracht wird, dessen man sozusagen zu seinem persönlichen Schutz bedarf. Gerade in Zeiten nach der Vollendung kann man finden, daß die Herrschenden stolz und selbstbewußt werden und sich nicht mehr darum kümmern, unbekannten Talenten mit Aufmerksamkeit entgegenzukommen.
Hieraus entsteht nun in der Regel die Streberei. Wenn einem von oben her kein Vertrauen entgegengebracht wird, so sucht man Mittel und Wege, um es zu finden und sich ans Licht zu bringen. Von einem solchen unwürdigen

Verfahren wird jedoch abgeraten. »Such nicht danach.« Wirf dich nicht an die Außenwelt weg, sondern warte ruhig und bilde selbständig deinen persönlichen Wert aus. Die Zeiten ändern sich. Sind die sechs Stufen des Zeichens vorüber, so kommt die neue Ära. Was einem gehört, kann man nicht auf die Dauer verlieren. Es kommt ganz von selbst zu einem. Man muß nur warten können.

NEUN AUF DRITTEM PLATZ BEDEUTET:
Der hohe Ahn züchtigt das Teufelsland.
Nach drei Jahren überwindet er es.
Gemeine darf man nicht verwenden.

Der »hohe Ahn« ist der dynastische Titel des Herrschers Wu Ding aus der Yin-Dynastie. Nachdem er mit starker Hand die Zustände im Reich geordnet hatte, führte er langwierige Kolonialkriege zur Unterwerfung der von Hunnen bewohnten nördlichen Grenzgebiete, aus denen dauernd Einfälle drohten.
Die Situation, die gezeichnet ist, ist die, daß nach Zeiten der Vollendung, wenn eine neue Macht aufgekommen ist und im Innern alles in Ordnung ist, mit einer gewissen Notwendigkeit die koloniale Expansion beginnt. Hierbei ist in der Regel mit langwierigen Kämpfen zu rechnen. Aber dabei ist eine richtige Kolonialpolitik besonders wichtig. Man darf die sauer erworbenen Gebiete nicht als eine Versorgungsanstalt betrachten für Menschen, die sich in der Heimat irgendwie unmöglich gemacht haben, aber für die Kolonien noch gerade gut genug sind. Dadurch verdirbt man von vornherein jeden Erfolg. Das gilt im Großen wie im Kleinen; denn nicht nur aufsteigende Staaten treiben Kolonialpolitik. Jeder aufstrebenden Unternehmung liegen der Trieb nach Expansion und die damit verbundenen Gefahren nahe.

SECHS AUF VIERTEM PLATZ BEDEUTET:
Die schönsten Kleider geben Lumpen.
Den ganzen Tag sei vorsichtig.

In Zeiten der Kulturblüte kommen immer zuweilen Erschütterungen vor, die einen inneren Schaden der Gesellschaft aufdecken und dann zunächst allgemeines Aufsehen erregen. Da jedoch die allgemeine Lage günstig ist, lassen sich solche Schäden unschwer flicken und vor der Öffentlichkeit verheimlichen. Dann verschwindet wieder alles aus dem Gedächtnis, und es sieht so aus, als herrschte eitel Friede. Dem Denkenden jedoch sind solche Vorfälle ernste Winke, die er nicht vernachlässigt. Nur dadurch kann man die üblen Folgen abwenden.

NEUN AUF FÜNFTEM PLATZ BEDEUTET:
Der Nachbar im Osten, der einen Ochsen schlachtet,
Bekommt nicht so viel wirkliches Glück
Wie der Nachbar im Westen mit seinem kleinen Opfer.

Auch die religiöse Haltung wird durch die seelische Stimmung in Zeiten nach der Vollendung beeinflußt. An Stelle der einfachen alten Formen tritt bei den Gottesdiensten immer reichere Ausgestaltung und immer größerer äußerer Prunk. Aber dieser Prachtentfaltung fehlt der innere Ernst. Menschliche Willkür tritt an die Stelle des gewissenhaften Innehaltens des göttlichen Willens. Aber während der Mensch sieht, was vor Augen ist, sieht Gott das Herz an. Darum ruht nicht so viel Segen auf dem mächtigen, aber kalten Gottesdienste, wie auf einem einfachen, frommen Opfer ruht.

OBEN EINE SECHS BEDEUTET:
Er kommt mit dem Haupt ins Wasser. Gefahr.

Hier ist zum Schluß nochmals eine Warnung beigefügt. Nach dem Übergang über ein Wasser kann man nur dann mit dem Kopf ins Wasser kommen, wenn man sich leichtsinnig wieder dem Wasser zuwendet. Solange man vorwärts schreitet und nicht zurücksieht, entgeht man dieser Gefahr. Allein es liegt etwas Verlockendes darin, stehenzubleiben und auf die überwundene Gefahr zurückzublicken. Solche eitle Selbstbespiegelung bringt aber kein Glück. Man gerät dadurch in Gefahr, und wenn man sich nicht noch entschließt, unaufhaltsam fortzuschreiten, so fällt man dieser Gefahr zum Opfer.

未濟

64. WE DSI / VOR DER VOLLENDUNG

䷿ *oben Li, das Haftende, die Flamme*
unten Kan, das Abgründige, das Wasser

Es ist in dem Zeichen die Zeit angedeutet, da der Übergang aus der Unordnung zur Ordnung noch nicht vollendet ist. Der Umschwung ist zwar schon vorbereitet, indem alle Striche des oberen Trigramms zu denen des unteren in Beziehung stehen. Aber sie sind noch nicht auf ihrem Platz. Während das vorige Zeichen dem Herbst gleicht, der den Übergang vom Sommer zum Winter bildet, ist dieses Zeichen wie der Frühling, der aus der Stockungszeit des Winters in die fruchtbare Zeit des Sommers führt. Mit diesem hoffnungsvollen Ausblick schließt das Buch der Wandlungen ab.

DAS URTEIL
Vor der Vollendung: Gelingen.
Wenn aber der kleine Fuchs,
Wenn er beinahe den Übergang vollendet hat,
Mit dem Schwanz ins Wasser kommt,
Dann ist nichts, das fördernd wäre.

Die Verhältnisse sind schwierig. Die Aufgabe ist groß und verantwortungsvoll. Es handelt sich um nichts Geringeres, als die Welt aus der Verwirrung in die Ordnung zurückzuführen. Dennoch ist es eine Aufgabe, die Erfolg verheißt, da ein Ziel vorhanden ist, das die auseinanderstrebenden Kräfte zu vereinigen vermag. Nur muß man zunächst noch leise und behutsam vorgehen. Man muß vorgehen wie ein alter Fuchs, der übers Eis geht. In China ist

die Vorsicht des Fuchses, wenn er über Eis geht, sprichwörtlich. Er horcht stets auf das Krachen und sucht sich sorgfältig und umsichtig die sichersten Stellen aus. Ein junger Fuchs, der diese Vorsicht noch nicht kennt, geht kühnlich darauf los, und da kann es vorkommen, daß er hineinfällt, wenn er beinahe schon über das Wasser ist, und seinen Schwanz naß macht. Dann war natürlich die ganze Mühe vergeblich.
Dementsprechend ist in Zeiten vor der Vollendung Überlegung und Vorsicht die Grundbedingung des Erfolges.

DAS BILD
Das Feuer ist oberhalb des Wassers:
Das Bild des Zustands vor dem Übergang.
So ist der Edle vorsichtig in der Unterscheidung der Dinge,
Damit jedes auf seinen Platz kommt.

Wenn das Feuer, das ohnehin nach oben dringt, oben und das Wasser, dessen Bewegung abwärts geht, unten ist, so gehen ihre Wirkungen auseinander und bleiben ohne Beziehung. Will man eine Wirkung erreichen, so muß man erst erforschen, was die Natur der in Betracht kommenden Kräfte ist und welches der ihnen zukommende Platz ist. Bringt man die Kräfte an der rechten Stelle zum Einsatz, so haben sie die gewünschte Wirkung, und die Vollendung wird erreicht. Um aber die äußeren Kräfte richtig handhaben zu können, ist es vor allem nötig, daß man selbst den richtigen Standpunkt einnimmt. Denn nur von da aus kann man richtig wirken.

DIE EINZELNEN LINIEN:
ANFANGS EINE SECHS BEDEUTET:
Er kommt mit dem Schwanz ins Wasser.
Beschämend.

In Zeiten der Unordnung ist es verlockend, sich möglichst rasch vorzudrängen, um etwas Sichtbares zu leisten. Aber diese Begeisterung führt zu nichts als Mißerfolg und Beschämung, solange die Zeit noch nicht gekommen ist, etwas zu wirken. In dieser Zeit ist es klug, wenn man sich durch Zurückhaltung den Schimpf des Mißlingens erspart. (Man beachte den Unterschied der Situation vom ersten Strich des vorigen Zeichens.)

NEUN AUF ZWEITEM PLATZ BEDEUTET:
Er hemmt seine Räder.
Beharrlichkeit bringt Heil.

Auch hier ist die Zeit zum Handeln noch nicht gekommen. Aber die Geduld, die von nöten ist, darf nicht ein träges Warten sein, das in den Tag hineinlebt. Das würde dauernd zu keinem Erfolg führen. Sondern man muß in sich die Kraft ausbilden, die einen befähigt, voranzukommen. Man muß gleichsam einen Wagen haben, um den Übergang zu vollziehen. Aber man muß ihn noch hemmen. Geduld im höchsten Sinn ist gehemmte Kraft. Daher darf man nicht einschlafen und das Ziel aus dem Auge verlieren. Wenn man stark und beständig in seinem Entschluß bleibt, dann geht schließlich alles gut.

SECHS AUF DRITTEM PLATZ BEDEUTET:
Vor der Vollendung bringt Angriff Unheil.
Fördernd ist es, das große Wasser zu durchqueren.

Die Zeit des Übergangs ist da. Aber man hat nicht die Kraft, den Übergang zu vollenden. Wollte man versuchen, ihn zu erzwingen, so wäre das unheilvoll, eben weil dann der Zusammenbruch unvermeidlich wäre. Was ist aber zu tun? Man muß eine neue Lage schaffen, man muß die

Kräfte tüchtiger Gehilfen heranziehen und mit ihnen gEmeinsam den entscheidenden Schritt tun, das große Wasser durchqueren. Dann wird die Vollendung möglich werden.

NEUN AUF VIERTEM PLATZ BEDEUTET:
Beharrlichkeit bringt Heil. Reue schwindet.
Erschütterung, um das Teufelsland zu züchtigen.
Drei Jahre lang gibt es Belohnungen mit großen Reichen.

Nun ist die Zeit des Kampfes. Der Übergang muß vollzogen werden. Man muß sich in seinem Entschluß ganz stark machen; das bringt Heil. Alle Bedenken, die einem in solch ernsten Kampfzeiten aufsteigen können, müssen schweigen. Es gilt einen heißen Kampf, das Teufelsland, die Mächte des Zerfalls zu erschüttern und zu züchtigen. Aber der Kampf hat auch seinen Lohn. Jetzt ist die Zeit, Grundlagen der Macht und Herrschaft zu legen für die Zukunft.

SECHS AUF FÜNFTEM PLATZ BEDEUTET:
Beharrlichkeit bringt Heil. Keine Reue.
Das Licht des Edlen ist wahrhaftig.
Heil.

Der Sieg ist errungen. Die Kraft der Beständigkeit ist nicht zu Schanden geworden. Es ist alles gut gegangen. Alle Bedenken sind überwunden. Der Erfolg hat die Tat gerechtfertigt. Aufs neue strahlt das Licht einer edlen Persönlichkeit und setzt sich durch unter Menschen, die daran glauben und sich darum sammeln. Die neue Zeit und mit ihr das Heil ist da. Und wie die Sonne nach dem Regen doppelt schön erstrahlt oder der Wald nach einem Brande aus den verkohlten Trümmern mit vermehrter Frische grünt, so hebt sich die neue Zeit vom Elend der alten um so glänzender ab.

OBEN EINE NEUN BEDEUTET:
In wahrem Vertrauen trinkt man Wein.
Kein Makel. Wenn man aber sein Haupt naß macht,
So verliert man das in Wahrheit.

Vor der Vollendung an der Grenze der neuen Zeit ist man im vollen gegenseitigen Vertrauen mit den Seinen zusammen und verbringt die Zeit des Wartens beim Wein. Da die neue Zeit schon unmittelbar vor der Tür steht, ist das kein Makel. Nur muß man dabei auf das rechte Maß bedacht sein. Wenn man sich den Kopf im Übermut begießt, so verliert man die günstige Lage durch Unmäßigkeit.

Bemerkung: Wie das Zeichen »Nach der Vollendung« den allmählichen Übergang aus der Zeit des Aufstiegs über die Kulturhöhe zur Stockungszeit darstellt, so stellt das Zeichen »Vor der Vollendung« den Übergang aus dem Chaos zur Ordnung dar. Dieses Zeichen steht am Ende des Buchs der Wandlungen. es weist darauf hin, daß in jedem Ende ein neuer Anfang liegt. So gibt es den Menschen Hoffnung. Das Buch der Wandlungen ist ein Buch der Zukunft.

Zur Übersetzung

von Richard Wilhelm (1923)

Die Übersetzung des Buchs der Wandlungen geht nunmehr schon ins zehnte Jahr. Als nach der chinesischen Revolution Tsingtau der Aufenthaltsort einer Reihe der bedeutendsten chinesischen Gelehrten der alten Schule wurde, fand ich unter ihnen meinen verehrten Lehrer Lau Nai Süan, dem ich nicht nur eine tiefere Einführung in die Werke des Mong Dsï, in die »Höhere Bildung« und »Maß und Mitte« verdanke, sondern der mir auch zum erstenmal die Wunder des Buchs der Wandlungen erschloß. Wie bezaubert durchwanderte ich unter seiner kundigen Führung diese fremde und doch so vertraute Welt. Die Übersetzung entstand nach ausführlicher Besprechung des Textes. Aus dem Deutschen wurde ins Chinesische zurückübersetzt, und erst, wenn man den Sinn des Textes restlos zur Darstellung gebracht hatte, konnte die Übersetzung als solche gelten. Mitten in diese Tätigkeit brach der Schrecken des Weltkriegs ein. Die chinesischen Gelehrten wurden nach allen Himmelsrichtungen verweht, und auch Herr Lau reiste nach Küfu, der Heimat des Kungtse, mit dessen Familie er verwandt war. Die Übersetzung des Buchs der Wandlungen blieb nun liegen, obwohl neben den Arbeiten des chinesischen Roten Kreuzes, die ich während der Belagerung Tsingtaus zu leiten hatte, die Beschäftigung mit der alten chinesischen Weisheit keinen Tag ruhte. Merkwürdiges Zusammentreffen: draußen im Gelände las der japanische General Kamio in seinen Erholungspausen in den Werken des Mong Dsï, ich als Deutscher vertiefte mich in meinen freien Stunden in chinesische Weisheit. Am glücklichsten aber war ein alter Chinese, der in seine heiligen Bücher so versunken war, daß er auch durch eine Granate, die neben ihm niederging, nicht aus der Ruhe gebracht werden konnte. Er faßte nach ihr – sie war ein Blindgänger –,

dann zog er die Hand zurück und sagte, sie sei sehr heiß, um sich dann seinen Büchern wieder zuzuwenden.
Tsingtau war erobert. Unter mancherlei anderen Arbeiten ließ sich auch wieder Zeit erübrigen für eingehende Übersetzungsarbeit. Aber der Lehrer, mit dem ich die Übersetzung begonnen hatte, war weit entfernt, und mir war es unmöglich, Tsingtau zu verlassen. Wie erfreut war ich daher, als mitten in meine Erwägungen hinein ein Brief von Herrn Lau kam, daß er bereit sei, die unterbrochene Lektüre mit mir fortzusetzen. Er kam, und die liegengebliebene Übersetzung wurde zu Ende gebracht. Es waren schöne Stunden innerer Erhebung, die ich mit dem alten Meister damals verlebte. Als die Übersetzung in den Hauptzügen vollendet war, rief mich das Schicksal nach Deutschland zurück. Der alte Meister schied unterdessen aus der Welt.
Habent sua fata libelli. In Deutschland schien ich so weit wie möglich entfernt von alter chinesischer Weisheit – wiewohl gar mancher Ratschlag aus dem geheimnisvollen Buch auch in Europa da und dort auf guten Boden fiel. Ich war daher freudig erstaunt, als ich dem Buch der Wandlungen, und zwar in einer wunderschönen Ausgabe, die ich in Peking tagelang in allen Buchhandlungen vergeblich gesucht hatte, in Friedenau im Hause eines lieben Freundes begegnete. Der Freund war zudem ein wirklich guter Freund und machte diese freudige Begegnung zu einem dauernden Besitz, indem er mir das Buch überließ, das mich seither um die halbe Welt auf mancher Reise begleitet hat.
Ich kam nach China zurück. Neue Aufgaben traten an mich heran. In Peking eröffnete sich eine ganz neue Welt mit andern Menschen und andern Interessen. Doch bot sich auch hier bald gar manche Förderung, und in den

warmen Tagen eines Pekinger Sommers kam schließlich diese Arbeit zu Ende, die, wieder und wieder umgeschmolzen, nun endlich eine Form erlangt hat, die zwar noch lange nicht meinem Wunsche Genüge tut, aber doch so weit entwickelt ist, daß ich jetzt das Gefühl habe, sie hinaussenden zu können in die Welt. Möge denen, die die Übersetzung lesen, dieselbe Freude an wahrer Weisheit zuteil werden, die ich empfunden während meiner Arbeit.

Peking, im Sommer 1923

Editorische Notiz

Für die vorliegende Ausgabe des »I Ging« wurde die Originalausgabe von Richard Wilhelms Übersetzung aus dem Chinesischen ins Deutsche verwendet, wie sie 1924 zuerst im Eugen Diederichs Verlag in Jena erschienen war. Der Übersetzer starb übrigens im selben Jahr wie sein Freund und Verleger Eugen Diederichs, der eine am 1. März 1930, der andere ein halbes Jahr später. Und im Erscheinungsjahr dieser Neuausgabe des »I Ging«, 2004, jährt sich die erste Veröffentlichung dieser Bahn brechenden deutschen Übertragung genau zum achtzigsten Mal.

Richard Wilhelm hatte seiner Übersetzung umfangreiche Materialien (Kommentare, Erläuterungen, zusätzliche Texte) zum »I Ging« hinzugefügt, wozu er das Ganze in drei Bücher teilte (Erstes und Zweites Buch in einem Band und das Dritte Buch als ein zweiter Band). Die vorliegende Ausgabe beschränkt sich auf das erste Buch der Originalausgabe, das für den Einstieg in die Beschäftigung mit dem »I Ging« und für das Orakeln mit ihm entscheidend ist. Bis auf wenige Ausnahmen enthalten alle deutschsprachigen I-Ging-Ausgaben nur dieses erste Buch, auf das sich, so hat es die Praxis erwiesen, auch die allermeisten I-Ging-Benutzer beim Orakeln konzentrieren.

Der Text wird hier originalgetreu wiedergegeben; offensichtliche orthographische Fehler wurden jedoch berichtigt und die Interpunktion behutsam einem neueren Standard angeglichen: Maßgeblich war hierfür die so genannte alte Rechtschreibung, wie sie bis 1998 gültig war.

Zum Autor der Einleitung

Dr. Georg Zimmermann ist Sinologe. Er hat sich über 35 Jahre mit dem I Ging befasst. Seit zehn Jahren gibt er regelmäßig Einführungs- und Vertiefungskurse zum I Ging, I-Ging-Beraterausbildungen sowie Lebensberatungen anhand des I Ging. Von ihm sind folgende Bücher über das I Ging erschienen: »I Ging leicht gemacht – Das Einführungsbuch« (1999), »I Ging für Meister« (2000) und »I Ging« (2003).

Inzwischen hat er eine vollständige Neuübersetzung des I Ging erarbeitet. Sie basiert auf dem von Wilhelm gelegten Fundament unter Einbeziehung seiner reichen Erfahrung durch Kurse und Lebensberatungen, aber auch unter Berücksichtigung der umfangreichen Kommentarliteratur und der neueren Forschungsergebnisse der chinesischen, japanischen und westlichen wissenschaftlichen Literatur; sie ist in zeitgemäßer Sprache abgefasst. Sie kann unter zimmermann.reihwa@freesurf.ch oder der Anschrift: Dr. Georg Zimmermann, Schönaustrasse 47, CH-4058 Basel, bezogen werden.